A ameaça atômica
Reflexões radicais sobre a era nuclear
Die atomare Drohung. Radikale Überlegungen zum atomaren Zeitalter
Günther Anders

© Günther Anders
© C. H. Beck, 2003
© n-1 edições, 2023
ISBN 978-65-81097-91-2

Embora adote a maioria dos usos editoriais do âmbito brasileiro, a n-1 edições não segue necessariamente as convenções das instituições normativas, pois considera a edição um trabalho de criação que deve interagir com a pluralidade de linguagens e a especificidade de cada obra publicada.

COORDENAÇÃO EDITORIAL Peter Pál Pelbart e Ricardo Muniz Fernandes
DIREÇÃO DE ARTE Ricardo Muniz Fernandes
TRADUÇÃO © Gabriel Valladão Silva
REVISÃO TÉCNICA Felipe Catalani
GESTÃO EDITORIAL Gabriel de Godoy
ASSISTÊNCIA EDITORIAL Inês Mendonça
PREPARAÇÃO Graziela Marcolin
REVISÃO Fernanda Mello
EDIÇÃO EM LaTeX Guilherme Araújo
CAPA Gabriel Godoy

A reprodução parcial deste livro sem fins lucrativos, para uso privado ou coletivo, em qualquer meio impresso ou eletrônico, está autorizada, desde que citada a fonte. Se for necessária a reprodução na íntegra, solicita-se entrar em contato com os editores.

A tradução desta obra foi apoiada pelo programa de fomento à tradução do Goethe-Institut.

1ª edição | Novembro, 2023
n-1edicoes.org

Günther Anders

A AMEAÇA ATÔMICA
reflexões radicais sobre a era nuclear

tradução
Gabriel Valladão Silva

n-1
edições

A Max Born, *in memoriam*

Mesmo que jamais ocorra,
a possibilidade de nossa aniquilação definitiva
é a aniquilação definitiva de nossas possibilidades.

Posfácio
felipe catalani

XII
243

O prazo

XI
191

A mais
monstruosa
das datas

X
189

O juramento
de Hipócrates

IX
157

A banalização
e seus métodos

VIII
145

As raízes da cegueira
diante do apocalipse

VII
125

prefácio 11
nota preliminar 13

I O futuro pranteado
17

II O salto
27

III Sobre responsabilidade hoje
41

IV O assassinato atômico não é um suicídio
73

V Imoralidade na era nuclear
85

VI Teses para a era nuclear
111

Prefácio

Quando esta coletânea de ensaios foi lançada pela primeira vez, nove anos atrás, ela não continha "trabalhos recentes", e sim trabalhos que haviam sido produzidos de 1958 a 1967. Mas eles eram de uma atualidade insuperável – não estou tentando com isso louvar os meus textos, mas me refiro ao fato de que o perigo mundial neles apresentado ainda era tão agudo no ano de 1972 quanto no de 1958, quando foi escrito o primeiro artigo.

O que valia para o ano de 1972 vale agora também para o de 1981. As reflexões apresentadas neste livro não podem se tornar obsoletas, pois seu objeto – o perigo da catástrofe total – persiste ininterruptamente. Porém, ele persiste não apenas porque somos incapazes de desaprender os métodos da autoextinção, mas também porque nos acostumamos de maneira espantosa ao fato da ameaça, isto é, porque não nos assustamos mais com ela: a expressão "conviver com a bomba" já se tornou tediosa para nós. Não estamos apenas "cegos diante do apocalipse" (foi assim que chamei nosso estado trinta anos atrás), mas, uma vez que agora afirmamos saber o que está em jogo, estamos *apáticos diante do apocalipse*.

Na verdade, não houve nenhuma mudança fundamental desde a redação, há trinta anos, de meu primeiro artigo sobre este "objeto". A absurda multiplicação dos coeficientes de poder de explosão e de alcance assim como o aumento incalculável do número de armas estocadas e de regiões em perigo devido a esse estoque não são nada fundamentalmente novo. Tudo isso só comprova o já então denunciado idiotismo específico dos tecnocratas, homens de Estado e militares, os quais não conseguem compreender que alcançamos o "fim do comparativo", que não é possível aumentar ainda mais a aniquilação da vida na Terra, já há muito possível, para não dizer provável, que não existe o comparativo "mais morto". Também o aumento do número de proprietários de armas – certamente, hoje não há quase nenhum Estado que não possua arma nuclear ou não possa produzi-la – não é algo fundamentalmente novo, eu tratei desse problema já em meu artigo de 1958 sobre a construção da bomba francesa que abria a coletânea. Também a invenção da bomba de nêutrons, apesar de sua nuance perversa – pois ela parece anunciar que a preservação das coisas mortas seria mais importante que a dos seres humanos –, não representa nada de fundamentalmente novo: seu objetivo, a aniquilação da humanidade, isto é, o "aniquilismo", é o mesmo dos modelos mais antigos.

Não, o que é fundamentalmente novo na situação atual é o fato de que milhares de pessoas, talvez centenas de milhares, que há vinte anos teriam se juntado sem hesitar ao "movimento antiatômico" – os filhos daqueles que marcharam há vinte anos –, que agora elas, por mais paradoxal que isso soe, *são afastadas do problema da guerra nuclear pelo próprio problema nuclear*. O que isso quer dizer?

Sem dúvida, sou o último a subestimar o potencial de aniquilação que nos espreita nos *reatores nucleares*. Mas a juventude de hoje focou tão exclusivamente no problema dos reatores que quase não vê mais o perigo da guerra nuclear. *De fato, o movimento antienergia nuclear ofuscou o movimento antiguerra nuclear*.

É a essa jovem geração de "verdes", cujos pais organizaram as Marchas de Páscoa, as quais, contudo, limitavam-se a evitar "Harrisburgs" – o que, naturalmente, é também imprescindível –, é a ela que dedico a segunda edição de meu livro, que, infelizmente, nunca envelhece, para que nenhum piadista cínico fale de "meninos verdes".

GÜNTHER ANDERS
Viena, fevereiro de 1981

Nota preliminar

Neste volume está compilado tudo o que escrevi sobre a situação atômica, exceto os textos já publicados em outros livros. Os textos foram redigidos há mais ou menos uma década, os primeiros surgiram já em 1958, ou seja, antes de minha viagem a Hiroshima e antes de meu livro *Der Mann auf der Brücke* [*O homem sobre a ponte*], no qual fiz um relato dela. Uma peça bastante breve, escrita à ocasião do vigésimo aniversário do bombardeio de Hiroshima, provém do ano de 1965.

Originalmente, eu esperava publicar as presentes investigações logo após sua conclusão. Se me abstive de fazê-lo então foi porque me ocorreram certas dúvidas durante o trabalho. Os textos, achava eu, decerto não sem razão, não davam uma resposta definitiva à questão do que poderia ser feito contra o perigo atômico que nos ameaçava. Por isso comecei a hesitar e acabei guardando os trabalhos.

Minha dúvida dizia respeito principalmente às partes em que eu tratava da chamada "greve de produtos". Ela significava para mim uma greve que não visava, como de costume, um aumento de salário, uma redução da jornada de trabalho ou coisa que o valha, mas a recusa a fabricar produtos moralmente indefensáveis, nesse caso, portanto, armas nucleares.

Em 1958, quando comecei a redigir os textos, essa greve certamente não me parecia ser algo fácil, mas, não obstante, realizável. Em seus primeiros dias, o "movimento antinuclear" parecia consideravelmente mais cheio de esperanças que hoje. A isso somou-se que, no nível pessoal, imediatamente após o meu retorno do Japão, eu ainda estava muito impressionado com o movimento de massa que lá ocorria, o que me impediu durante algum tempo de reconhecer a dimensão total das dificuldades ligadas àquilo que me parecia ser a única salvação. Contudo, ainda durante o processo de redação, essas complicações se tornaram cada vez mais claras para mim. Eu não ocultei essas dúvidas, pelo contrário, formulei-as abertamente em meus textos; e foi principalmente a aparente falta de resultados dessa apresentação que, à época, me levou a desistir da publicação.

Agora, cerca de uma década depois, recuperei e examinei mais uma vez os textos daquela época, e finalmente decidi publicá-los. Não porque o que escrevi então me pareça mais efetivo hoje, nem porque eu considere mais fácil executar a "greve de produtos" hoje do que naquela época, mas principalmente pela seguinte razão: hoje, a discussão exaustiva dos problemas é mais urgente do que à época. E isso porque, entrementes, o "movimento antinuclear", que chegou ao ápice há dez anos – basta pensar nas Marchas de Páscoa na Inglaterra e na "luta contra a morte atômica" na Alemanha –, morreu, ou pelo menos está minguando. Ele morreu em parte de tédio (porque defendia sempre o mesmo objetivo, inevitavelmente); em parte devido à importância que (também com razão) a oposição à guerra do Vietnã adquiriu nos mesmos círculos que há dez anos compunham a base do "movimento antinuclear"; e finalmente por causa do aumento diário (igualmente justificado) do medo de diversos tipos de poluição ambiental, a qual também está adquirindo dimensões apocalípticas.

Certamente, esta última razão tem suas próprias justificativas. Graças ao medo dos diversos perigos aos quais a humanidade está exposta, a ameaça absoluta representada pelas armas atômicas tornou-se, aos olhos de milhões, uma ameaça relativa, ou pelo menos – o que, em última instância, é quase a mesma coisa – uma ameaça entre outras. Afinal (e é compreensível que esses milhões de pessoas pensem assim, não devemos censurá-las por isso), não podemos nos preocupar diariamente com todas as ameaças ao mesmo tempo. Além disso – e esta suspeita não me parece injustificada –, o encobrimento do medo atômico por outros medos haverá de ser oportuno para certos círculos políticos e militares; se é que esses grupos não exageraram diversos medos e ainda seguem manipulando-os até hoje para enfraquecer o movimento antiatômico. Seja como for, o "perigo atômico" não ocupa mais o primeiro plano da discussão pública, a oposição também quase já não trata dele, que foi praticamente esquecido. Diante dessa ameaça que consiste em esquecer a ameaça pareceu-me aconselhável trazer a questão ao primeiro plano mais uma vez. Pode ser que meus textos daquela época não tenham esgotado o tema e que tenham deixado certas questões decisivas sem nenhuma resposta – para mim, trata-se agora, acima de tudo, de voltar novamente o olhar para essa questão, cuja periculosidade não diminuiu em nada nesse meio-tempo.

Por fim, há ainda uma última razão que me levou a decidir publicar estes textos antigos. Acontece que, no decorrer dos dez anos que se passaram desde a redação destas anotações, cheguei à conclusão de que as insuficiências de meus ensaios não se deviam unicamente a um fracasso pessoal meu, a deficiências em minhas teorias ou a fraquezas em minha apresentação. Muito antes, creio agora que essas insuficiências (isto é, o fato de que não fui capaz de apontar uma saída para a calamidade) estavam fundadas na própria coisa, e que, como eu, também os outros autores que se dedicaram a esse tema não estavam em condições de dar uma resposta satisfatória aos problemas atômicos. Em suma: temo que as dificuldades da situação atômica sejam tais que não possam ser superadas por nós.

Se é esse o caso, ainda me parece melhor apresentar os trabalhos preliminares que redigi há dez anos do que me refugiar na posição do tudo ou nada radical, isto é, do nada, e me abster completamente. Pois o que eu ofereci há dez anos era mais do que nada; afinal, apesar de tudo, pelo menos expus de maneira direta as aporias inerentes à situação atômica. E são essas aporias que apresento agora.

Concluo com três breves observações técnicas:

1. A sequência dos textos é essencialmente cronológica.

2. As alterações que fiz neles foram mínimas. Não mudei nada do conteúdo, somente tornei mais fluidas algumas passagens mais convolutas. Os textos que já haviam sido publicados em revistas – a saber: "O futuro pranteado", "O salto", "Teses sobre a época atômica" e "A mais monstruosa das datas" – não foram tocados.

3. Finalmente, para sempre lembrar que não se trata de um livro escrito hoje, acrescentei a cada texto o ano em que foi redigido.

GÜNTHER ANDERS
Viena, dezembro de 1971

O futuro pranteado[1]

Quando Noé voltou para casa de sua centésima tentativa de advertência, ele não podia mais ocultar de si que realmente não tinha mais sentido seguir fazendo o mesmo que fizera cem vezes, por conta própria e sem nunca receber nenhum conselho de seu deus. Pois também desta vez ele não lograra recrutar um concidadão sequer para a construção de sua arca. Também desta vez os poucos que ele conseguira abordar não ansiavam por nada além das mais recentes novidades; e também estes se esquivaram imediatamente quando ele avisou sobre o dilúvio (sobre o "seu dilúvio", como eles diziam), pois já tinham ouvido falar dele ontem e anteontem e antes de anteontem.

Então, Noé ficou irado, rasgou as páginas em que ele, no curso de longos anos de trabalho, projetara sua frota de cem arcas e, jogando-as para o seu deus, disse: "Pode ficar com elas". Em seguida, começou a andar de um lado para o outro como um leão na jaula.

"Cem vezes", queixou-se ele, "dei prova de minha paciência. Meus pés estão inchados, minha garganta está ferida de tanto gritar, deixei meus negócios se deteriorarem e tornei-me um estranho para meu primogênito. Mas não atentei para minhas feridas, afastei-me de meu filho quando ele me repreendeu – pois não era capaz de me conformar com os mortos de amanhã – e saí todos os dias à caça para abrir os olhos dos cegos e gritar nos ouvidos entupidos dos surdos que o dilúvio não é meu, mas Teu, e que eles

1. Publicado originalmente em 1961.

agora vão ter que pôr as próprias mãos à obra. E tomei Teu partido e disse a eles que também Tu, em Tua enorme paciência, queres vê-los salvos, mesmo que somente na véspera de sua ruína. Eu os interpelei como um mendigo, agarrei-me às suas vestes como um bandido, saltei atrás deles quando fugiam de mim e não temi sua ira nem a fama de ridículo. Mas Tu te afastaste de mim, também Tu te fizeste de cego, de surdo, quando chamei por Ti em meu desespero e implorei que me instruísses para retê-los e penetrar sua obstinação. Mas agora basta. Pois o prazo que me deste é demasiado curto para lamentos e vou me poupar de seguir lamentando suas deficiências. Pelo contrário, quero valer-me de suas fraquezas tais como Tu as criaste e fazer delas minha força. Iludirei aqueles que vivem na ilusão. Seduzirei novamente os seduzidos. Tornarei ainda mais curiosos os curiosos. Os que não se deixam interpelar deverão me perseguir com suas perguntas. E os medrosos devem tornar-se ainda mais medrosos, até que se deem conta da verdade. Eu os ludibriarei para assustá-los. E os assustarei para que compreendam. E os farei compreender para que ajam."

"Aviso-te, portanto. Não banques o espantado quando me descobrires entre os comediantes. Teu espanto não me afetará, Tua mágoa não me tirará o sono. Abriste mão da força de Tua ameaça quando me fizeste a mais extrema ameaça, e não poderás roubar pela segunda vez o sono daquele que já está insone. Não interfiras, pois, se me encontrares sendo charlatão, pois foste Tu quem me forçou a berrar com uma voz estranha, e é a Teu pedido que cometerei meu sacrilégio. Temo menos ser renegado por Ti do que renegar aquilo que devo fazer. A salvação de meu vizinho me é mais cara que a certeza arrogante de minha obediência. A verdade maquiada é melhor do que a discrição modesta. A verdade gritada é mais veraz que a verdade que não alcança seu destinatário. O sacrilégio desesperado é mais virtuoso que a virtude que jamais se desespera."
– Foi assim, pois, que ele avisou seu deus, com ira e amor ao mesmo tempo, e foi imediatamente realizar o seu anúncio.

Quando, alguns momentos depois, saiu para a rua, ele fez o que havia dito. Pois agora interpretava um papel, e até mesmo um papel que ia contra os costumes de seu povo e ofendia rudemente os mais sagrados decretos de seu deus. Não bastava que ele agora, de repente, andasse curvado e se apresentasse como um homem derrotado – ele também estava vestido com um saco e coberto de cinzas, isto é, com as vestes de luto, cujo uso, a não ser após a morte de um próximo, constituía uma contravenção gravíssima, e que ninguém sequer pensava em usar em outras situações. Ele também nunca mais havia tocado nessas vestes desde o falecimento de seu pai, muito tempo atrás, e menos ainda cogitado usá-las, pois ele era Noé, o favorecido, o homem que (condenado, por razões inescrutáveis, à felicidade) era célebre por, durante décadas, não ter perdido nenhum filho, nenhuma mulher, nenhuma colheita, nenhuma cabeça de gado e nenhum escravo, que chegava a ter a reputação de que nem mesmo seria possível que ele perdesse qualquer coisa. Agora, porém, diante desta cena não havia dúvida: alguém tinha que ter morrido, e não apenas qualquer um de sua vasta estirpe, mas alguém muito próximo. Pois ele despejara cinzas até mesmo sobre a cabeça, o que só era permitido e ordenado àqueles que perdem um filho ou uma de suas mulheres preferidas.

Foi assim, então, no luto mais profundo, disfarçado com a roupa da verdade, um ator da dor que era sua verdadeira dor, um sobrevivente dos mortos de amanhã, foi assim que ele saiu, no calor do meio-dia, para sua rua deserta. E ele estava firmemente decidido agora a utilizar com grande sabedoria aquelas fraquezas e vícios de seus concidadãos que até então repreendera, sua curiosidade, seu prazer com a desgraça alheia e sua superstição; e a instigar dessa vez a abordar, sem nenhum escrúpulo, os indolentes que ele jamais conseguira abordar e cuja razão jamais conseguira tocar. E lá ficou à espera.

E, como a curiosidade é confiável, ele não teve que esperar muito. Pois na janela aberta da casa em frente estava uma mulher que havia anos não tinha nada melhor para fazer que passar o dia todo à espreita da mais nova novidade, muito embora nenhuma novidade jamais tenha se embrenhado nessa viela. Assim que Noé viu a velha, decidido a se valer dela, ele desmoronou de maneira ainda mais lastimável, e por fim se consolidou na imagem viva de um homem completamente arruinado, oferecendo a ela a satisfação com o espetáculo de sua humilhação.

E, de fato, ele não se enganara em seu cálculo. Pois já apareciam mais duas mulheres apertadas contra a primeira e, enquanto uma apontava para ele, a outra apontava para o lado oposto da rua, pois também lá ele já tinha seu público, em uma das varandas já se disputava o melhor lugar. E também essa disputa parecia ser devida a ele. De repente, todas as sacadas e galerias estavam se enchendo de curiosos, todas as janelas ocupadas, como se uma trupe de equilibristas estivesse desfilando pela rua. E até mesmo sobre um telhado apareceu um rapaz que, com um pão na boca, escalava uma chaminé para, pelo amor de Deus, não perder nada do espetáculo representado pelo Noé em luto.

"A sopa começa a ferver", pensou Noé, não sem satisfação, "já sinto cheiro de quermesse. E não me admiraria se as pessoas lá em cima logo começassem a apostar qual de meus entes queridos teria morrido." Assim pensava ele e, de fato, sua avaliação de seus concidadãos não estava errada. Pois, como ele era "Noé, o favorecido", não havia ninguém na cidade que fosse tão odiado por todos, mesmo por aqueles que pensavam amá-lo, ninguém a quem se tivesse desejado tanto e com tanto fervor a pobreza, a lepra ou a morte quanto a ele. Jamais acontecera que alguém da casa de Noé simplesmente tivesse ido desta para uma melhor, sem doença, infortúnio ou assassinato. E, embora tenha vindo muito tarde a oportunidade de finalmente ver Noé, esse homem insuportavelmente vigoroso, humilhado, de poder ter compaixão por ele, a alegria com o fato de esse desejo, carregado em vão de ano em ano, estar se realizando era suficientemente grande para absolvê-los dos mil dias de desfavor e das mil noites de inveja e para preenchê-los com a pia satisfação de saber que quem persiste, afinal, pode contar com a justa recompensa divina.

Era essa a situação do grande ator Noé e de seu público quando seus coadjuvantes entraram em cena para inadvertidamente dar a deixa para que ele iniciasse sua peça. Pois agora aproximavam-se os cinco devotos que, proseando em seu retorno do templo, descobriram o homem arruinado e, após terem se entendido aos sussurros, dirigiram-se a ele para lhe dar apoio.

"Algum dos seus morreu?", inquiriu o primeiro, com respeito.

Noé pareceu primeiro ter que despertar da rigidez de sua dor.

"Se alguém morreu?", ele repetiu devagar. E, algum tempo depois, sem erguer o olhar: "Não vês?".

Os cinco assentiram afetuosamente.

"O que foi que ele disse?", ecoou o grito de um dos espectadores lá de cima.

"Ele disse que algum dos dele morreu!", alguém gritou da rua de maneira igualmente sonora.

"Isso dá para ver!", veio a resposta do alto. "Mas quem?"

"Quem dos seus morreu?", inquiriu delicadamente o segundo.

"Quem dos meus morreu?", repetiu Noé devagar. E, algum tempo depois, sem erguer o olhar: "Não sabes? Muitos dos meus morreram."

Os cinco entreolharam-se, inquisitivos.

"O que foi que ele disse?", ecoou lá do alto.

"Ele disse que morreram muitos dos dele!", o intérprete gritou de volta de maneira igualmente sonora.

Então começou uma inquietação lá em cima. "Nomes!", alguém gritou, e outro: "Quem são esses muitos?".

"Quem são esses muitos?", inquiriu o terceiro, pleno de compaixão.

"Quem esses muitos são?", repetiu Noé devagar. E, algum tempo depois, sem erguer o olhar: "Mas não sabes quem? Nós todos somos esses muitos."

Os cinco franziram a testa.

"O que foi que ele disse agora?", ecoou lá de cima.

"Ele disse que nós todos somos esses muitos!", gritou o intérprete sonoramente para o alto.

"Eu não!", exclamou alguém, e outro perguntou: "Quando é que isso teria acontecido?".

"Quando aconteceu essa desgraça, querido Noé?", perguntou o quarto, então.

"Quando essa desgraça aconteceu?", repetiu Noé devagar. E, após uma pausa, sem erguer o olhar: "Realmente não sabes? Aconteceu amanhã."

Os cinco entreolharam-se assustados.

"O que foi que ele disse agora?", ecoou lá de cima.

"Ele disse que aconteceu amanhã!", repetiu o intérprete para o alto.

"Amanhã é bom!", caçoou um, e outro: "Por que não depois de amanhã?", e um terceiro: "Isso sim é novidade!". E eles riam e batiam com o dedo na testa.

"Realmente, meu querido Noé", disse o quinto, "isso é algo novo para nós. Como será possível?"

"Como será possível?", repetiu Noé devagar. E, após uma pausa, sem erguer o olhar: "Realmente não sabes? Porque depois de amanhã será algo que *terá sido*."

Os cinco não ousavam mais olhar uns para os outros.

"O que foi que ele disse agora?", veio lá de cima.

Mas então o velho se cansou de seus ajudantes. Com um único gesto, ele afastou de si o intérprete. E, com sua postura, novamente ereto em sua intimidadora grandeza, ele fez as risadas se calarem imediatamente. Amedrontados, os cinco deram um passo para trás, e até os que estavam no camarote pareciam de repente tentar empurrar os que se apertavam contra eles para ter um pouco de ar. Somente agora eles perceberam que não apenas suas vestes estavam cobertas de cinzas, mas também seu rosto, e que ele parecia saído da sepultura. E não havia ninguém entre eles que não se perguntasse em segredo se aquele que estava ali entre eles, selvagem e ameaçador, era realmente *o seu* Noé, ou se não era alguém ainda mais imponente que ele que apenas se utilizava da imagem de Noé para iludi-los e assustá-los ou mesmo julgá-los nesse disfarce.

"Vós ouvistes", começou Noé outra vez. "Depois de amanhã o dilúvio será algo que *terá sido*. E vós sabeis o que isso significa. Ou pretendeis não saber nem mesmo isso?"

Então, pela primeira vez, ninguém abriu a boca para responder.

"Se não sabeis", continuou ele, trançando um arco com a mão esquerda que parecia abarcar a criação inteira: os cinco diante dele; as centenas que enchiam as galerias; a cidade que se estendia por detrás de suas casas; as colinas que ascendiam por detrás de sua cidade; e o mundo que começava além de suas colinas e não terminava em lugar algum, "é isto o que quero dizer: se depois de amanhã o dilúvio for algo que *tiver sido*, então isso quer dizer que isto aqui, a saber, tudo o que existiu *antes* do dilúvio, será algo que *nunca* existiu. Sim, nunca. E vós sabeis por que nunca. Ou pretendeis não saber nem mesmo isso?"

Então, pela segunda vez, ninguém abriu a boca. E Noé sentiu que se aproximava o momento de seu ataque.

"Porque", Noé explicou por eles, "se o dilúvio vier amanhã, será tarde demais para nos recordarmos e tarde demais para nos lamentarmos. E porque então não existirá mais ninguém que possa se lembrar de nós, nem ninguém que possa se lamentar por nós. Sim, ninguém. E vós também sabeis por que ninguém. Ou pretendeis não saber nem mesmo isso?"

Então, pela terceira vez, todos ficaram calados. E Noé sabia que agora eles estavam quase prontos para o seu ataque.

"Porque não haverá diferença", respondeu Noé em seu lugar, "entre os que lastimam e os que são lastimados, porque os enlutados serão levados pelas águas junto com os mortos, os benzedores junto com os benzidos, os futuros junto com os passados, e porque nós todos haveremos de ficar sem nosso *kadish*."

Como não havia nada que pudesse apavorá-los mais profundamente que a perspectiva desesperadora de uma morte sem *kadish*, e como somente uma tal morte significava para eles a verdadeira morte, Noé fez uma pausa para aguardar que esse pavor tomasse conta deles completamente. Os lábios de um dos cinco tremiam, mas de sua boca não saía voz alguma. Então, satisfeito, Noé reconheceu o efeito de suas palavras e soube que seu momento chegara.

"Estou aqui diante de vós", continuou ele, "porque me foi incumbida uma tarefa. A tarefa de me antecipar a esse pior dos males. 'Inverte o tempo', disse-me a voz, 'adianta a dor já hoje, verte as lágrimas de antemão! E reza a oração fúnebre que aprendeste quando criança para dizê-la diante da sepultura de teu pai, reza-a agora para os filhos que morrerão amanhã, e para os netos que jamais nascerão! Pois depois de amanhã será tarde demais!' Eis a tarefa."

Os cinco que o circundavam tentavam erguer as mãos em defesa. Mas nem isso conseguiam mais fazer. Pois Noé, que não aceitava mais delongas, já começara a entoar o *kadish* em prantos. E por mais sacrílego que isso pudesse ser, triplamente sacrílego, entoá-lo no lugar errado, à hora errada e para as pessoas erradas – como uns consideravam impensável que uma tal desonra do costume imposto pelo próprio Deus pudesse ser tolerada sem consentimento de Deus; e como outros já não tinham mais certeza de se, tendo sido incluídos na bênção, ainda pertenciam de fato aos vivos ou se já não teriam morrido; e como teria sido mais um sacrilégio interromper a bênção uma vez começada; e como até mesmo os cinco não conheciam nenhuma regra que previsse a penitência de um crime tão monstruoso –, por todas essas razões ninguém interrompeu Noé nem o impediu de cantar o texto até a última palavra. Nas pausas entre as estrofes insinuavam-se vozes das ruas vizinhas, os gritos dos condutores de jumentos e dos vendedores de frutas, mas elas pareciam já inválidas e pertencentes ao passado. E assim aconteceu que, de repente, esse escândalo passou a ser algo que *aconteceu*, isto é, que não estava mais acontecendo, e que não era mais possível desfazer isso que ocorrera de uma vez por todas.

Os cinco permaneceram parados, como se tivessem perdido a orientação, e como se não soubessem em que parte do tempo haviam se perdido, se no tempo de anteontem ou no de depois de amanhã. E eles não ousavam se mexer, e olhavam horrorizados para Noé, perguntando-se se ele ainda estaria em condições de encontrar o caminho de volta, de dar o sinal para que o tempo reiniciasse, e ainda de libertá-los do abraço ferrenho em que os mantinha.

Noé, porém, agia como se nada sentisse de seu pavor. Há meses ele esperava por este instante, e a última coisa que lhe passava pela cabeça agora era liberá-los precocemente de sua prisão. Os gritos dos condutores de jumentos perderam-se nos arredores da cidade, os vendedores de frutas já encerravam sua jornada, as sombras começaram a se alongar, uma nuvem densa e branca que antes não estava lá começou a crescer por cima dos telhados – mas os cinco ainda permaneciam parados, como que paralisados, e as varandas permaneciam cheias das vítimas imóveis de sua bênção. E ninguém teria sabido dizer quanto tempo ficou lá, imóvel, até que Noé estendesse a mão para verificar se já chovia, dizendo: "Ainda há tempo", e depois: "É hoje", e os libertasse com as seguintes palavras: "A apresentação terminou", desaparecendo em seguida em sua casa.

Chegando lá, ele removeu suas vestes de saco, lavou-se, e logo já estava sentado novamente diante de sua mesa de trabalho. Mas, mal ele terminara de projetar uma primeira nova arca, *a* arca, quando alguém bateu à porta.

Quem entrou foi um carpinteiro com um machado na mão direita. E Noé perguntou: "Que desejas?". E ele disse: "Está escurecendo lá fora. Deixa-me ajudar na construção. Para que teu *kadish* não se realize!". E Noé lhe deu boas-vindas. E bateram uma segunda vez.

Quem entrou foi um telhadeiro arrastando um cesto cheio de ripas. E ele disse: "Está chovendo nas colinas. Deixa-me ajudar na construção. Para que não se realize!". E Noé deu boas-vindas também a ele. E bateram uma terceira vez.

Quem entrou foi um timoneiro, limpando a primeira gota dos cabelos. E ele disse: "De que nos servirão amanhã os mapas? Venho de mãos vazias. Mas deixa-me ajudar na construção. Para que não se realize!". E Noé deu boas-vindas também a ele, e bateram uma quarta vez e muitas vezes mais. Então Noé esticou bem as pernas, pois agora sua tensão passara, e disse: "Está na hora. Podemos começar." E quando eles saíram juntos para o pátio as gotas já batiam no telhado de alcatrão do galpão de ferramentas, e eles começaram seu trabalho sob uma chuva torrencial.

E não apenas a arca jamais teria sido construída, a *única* e lastimável arca que finalmente foi feita no lugar da orgulhosa frota que outrora ele projetara e esperara construir, mas também nós não existiríamos, nós, seus tatara-tataranetos, e nenhum de nós jamais teria tido a alegria de admirar a beleza do mundo reverdecido, e também Deus não reinaria sobre suas criaturas, mas sobre um terreno mudo que o entediaria por toda a eternidade, se Noé não tivesse juntado a coragem de se zangar, de fazer teatro, de se vestir com saco e cinzas, de inverter o tempo, de verter lágrimas de antemão e de dar a bênção fúnebre aos ainda vivos e aos ainda não nascidos.

||

O salto[1]

1. Tornar-se uma grande potência por via da onipotência

Até hoje a diferença entre os grandes Estados chamados "potências mundiais" e os Estados não pertencentes a essa classe foi considerada uma verdadeira diferença qualitativa. E com razão. Porque o potencial territorial, populacional, industrial, de exportação, em suma: o potencial de poder dos grandes Estados excedia de tal maneira o dos Estados médios e pequenos que era legítimo e razoável empregar a expressão hegeliana "salto da quantidade para a qualidade" para designar a transformação pela qual um Estado passava para se elevar à posição de grande Estado.

Mas eu falo no pretérito. Pois a época em que essa distinção qualitativa era legítima parece agora chegar ao fim. E isso porque, entrementes, um *novo salto* ocorreu. E esse salto, que se deu há treze anos, no dia do bombardeio de Hiroshima e Nagasaki, não era apenas um novo salto, mas *um novo tipo de salto*; um salto de tipo tão inaudito e monstruoso que seria enganoso subsumi-lo sob a classe habitual dos "saltos para a nova qualidade". Seu tipo era novo na medida em que ele representava *um salto para o absoluto*, e porque, enquanto tal, ele se distinguia mais uma vez dos "saltos para a nova qualidade" familiares a nós – mais uma vez de maneira qualitativa, se assim quisermos.

O que queremos dizer com a nova expressão "salto para o absoluto"?

1. Publicado em *Blätter für deutsche und inernationale Politik*, em agosto de 1958.

Nosso *status divino*: o fato de que, por meio da posse das "armas nucleares",[2] adquirimos *onipotência*. Pois *o novo salto* de que se trata é o salto *do status de grande potência para o status de onipotência.*

Naturalmente, nosso status não é um "status divino" pleno em sentido teológico. É evidente que ele não inclui a onipotência da criação. Não obstante, trata-se, pelo menos – e isso é suficientemente monstruoso –, de "onipotência" *no sentido negativo*; quer dizer, na medida em que a decisão apocalíptica sobre a futura existência ou inexistência da espécie humana (supostamente até mesmo de toda a vida na Terra) está unicamente em nossas mãos. Politicamente isso significa – já que a palavrinha *nós* não se refere a pessoas privadas como eu e você – que, *se antes os construtos políticos*, independentemente de seu tamanho, *tinham seu potencial de poder essencialmente limitado, este potencial agora se tornou ilimitado.*

Este fato pode ser iluminado de diferentes pontos de vista. Cada uma dessas iluminações torna visível um absurdo.

Primeiro absurdo: o infinito elevado ad infinitum. Um "poder ilimitado" em sentido metafórico também já existiu no passado, por exemplo, em guerras coloniais em que o potencial de poder do conquistador excedia tanto o poder bélico dos nativos que ele o reduzia (relativamente) a nada. Hoje não se trata desse ilimitado metafórico. O potencial de poder que um Estado pode adquirir ou possuir hoje não é apenas maior em relação a este ou aquele inimigo, isto é, relativo, mas é o maior em sentido *absoluto.* O "absolutamente maior" quer dizer:

1. que a posse de uma quantidade maior de poder é impensável;

2. que, na verdade, uma quantidade de poder maior não seria maior que aquela que já se possui, pois o proprietário de quatro mil bombas de hidrogênio,[3] por exemplo, não possui

---

2. Esta expressão só é adotada aqui por falta de um vocabulário adequado. Sobre em que medida não se trata mais de "armas" cf. meu livro, *Die Antiquiertheit des Menschen*, pp. 247 ss.
3. As cifras são arbitrárias.

mais que o proprietário de duas mil, porque cada Estado que disponha de mais que um certo estoque mínimo de armas nucleares *já é*, com isso, onipotente.

Não se pode dizer que esse pensamento dificulte nossas reflexões. Mas é evidente que ele encontrará resistências de outro tipo. Em todo caso, ele não consegue se impor. Pelo contrário, apesar do absurdo da analogia, considera-se autoevidente que essa onipotência pode ser acumulada e "aprimorada" da mesma maneira que a qualidade de outros produtos de hoje, que *o infinito poderia ser elevado ad infinitum*. Portanto, sem hesitar (quer dizer: sem nem mesmo perceber que se trata de um raciocínio por analogia), conclui-se, a partir da regra que vale para a maioria dos produtos normais de ontem e hoje, algo sobre os atuais produtos "absolutos", que são de um tipo totalmente diferente e que exigem um tratamento (tanto teórico quanto prático) totalmente novo.

Em outro lugar[4] levantamos a tese de que o ser humano atual não estaria em condições de *representar* para si em suas verdadeiras dimensões e em seus verdadeiros efeitos aquilo que ele efetivamente *produz*; que ele seria "antiquado", por acreditar poder dar conta de seus produtos atuais com categorias e procedimentos do passado; e que essa "discrepância prometeica" entre suas duas faculdades – "produzir" e "representar" – comporia a essência, ou melhor, a escandalosa falta de essência do ser humano atual. Seus esforços por elevar *ad infinitum* o "infinito" produzido por ele mesmo são uma prova adicional, ou pelo menos uma nova ilustração, da veracidade de nossa tese.

Segundo absurdo: a pluralidade da onipotência. A onipotência adquirida por meio da posse das "armas nucleares" não se encontra nas mãos de um só Estado. Desde que os Estados Unidos perderam o monopólio nuclear, a *onipotência* tornou-se uma qualidade de outros Estados, ela foi "pluralizada". De um ponto de vista filosófico isso quer dizer: uma vez que muitas potências

---

4. Ver *Die Antiquiertheit des Menschen*, op. cit.,p p. 17 ss.

possuem o maior poder possível, não existe mais um "maior" em sentido superlativo, o superlativo perdeu o sentido. E como, afinal, também não é possível distinguir entre "onipotência maior" ou "menor", o comparativo também perdeu o sentido. A corrida entre os parceiros ou inimigos – que, dado que os detentores da onipotência evidentemente ainda "não sabem o que possuem", foi o grande acontecimento das últimas décadas – é, ou pelo menos tornou-se, uma luta absurda.

Terceiro absurdo: "tornar-se uma grande potência por meio da onipotência". Estados que em todos os outros aspectos (não nucleares) são pequenos, até mesmo incomparavelmente menores que outros, poderiam procurar alcançar o mesmo poder que as grandes potências por meio da aquisição dessa onipotência, o que, aliás, já estão fazendo. O caso da França (e não apenas ele) mostra que Estados que decaíram da classe das grandes potências e que provavelmente não mais estariam em condições de retornar a essa posição, e que, por outro lado, sigam considerando desejável esse objetivo político pré-nuclear, já estão engajados em *utilizar o status de onipotência como atalho para reconquistar o status de grande potência*, isto é, *reconquistar uma grandeza relativa pelo atalho da grandeza absoluta.* Por mais absurdo que esse atalho possa parecer, o verdadeiro absurdo consiste no fato de que é possível trilhar um tal caminho. Quer dizer: que aqueles que seriam incapazes de se apropriar da grandeza relativa, isto é, do status de grande potência no sentido tradicional, com meios tradicionais, estejam efetivamente em condição de adquirir a grandeza absoluta. Pois a aquisição desta última é uma tarefa meramente técnica, que hoje pode ser resolvida por qualquer um dos Estados industrial e cientificamente desenvolvidos, e que amanhã, portanto, poderá ser resolvida por todo e qualquer Estado.

De Gaulle, por exemplo, fez dessa ação de "tornar-se uma grande potência por via da onipotência" seu programa explícito.

É evidente que aquilo que hoje parece adequado para a França será acessível para todos os demais Estados amanhã:[5] que, portanto, todos tentarão trilhar esse caminho.

Sem dúvida, hoje, as grandes potências ainda detêm o monopólio da onipotência, hoje a equação "grande potência = onipotência" ainda é válida. Mas, apesar de todos os esforços para eternizar essa equação, é provável que amanhã reine uma equação muito mais diabólica, a saber, a inversão da primeira. A equação de amanhã não será: "toda grande potência é uma potência nuclear", mas: "toda potência nuclear é uma grande potência". Toda potência: pois ninguém mais haverá de perguntar se um Estado que conseguiu penetrar o âmbito da onipotência deu seu salto a partir do trampolim de um grande ou de um pequeno Estado, pois então não existirão mais diferenças nem quantitativas, nem qualitativas que não tenham se tornado *quantités* ou *qualités négligéables* por meio da obtenção da plena onipotência.

Aquilo que as religiões proferiram desde sempre – que diante da onipotência divina se apagam as diferenças de poder e de grandeza entre reis e mendigos – valerá também para a *nossa* futura onipotência. Diante do trono dos detentores da onipotência as diferenças de poder que outrora existiram entre os poderes menores encolherão a ponto de se tornarem grandezas infinitesimais; todos os *have nots* levarão à existência de criaturas, de candidatos à morte meramente tolerados, que só seguirão existindo porque sua existência política ou física por acaso não foi – ou ainda não foi – liquidada.

Em linguagem mais corriqueira, isso tudo quer dizer o seguinte: um Luxemburgo com bombas atômicas – escolho de propósito o exemplo mais absurdo – é mais poderoso que uma França sem elas. Nesse caso, a França seria apenas tolerada. Quem quer que adquira a onipotência concentrada nesses aparelhos passa a *ser* uma grande potência, e uma tal que não é em nada menor

---

5. Ele será "acessível" inclusive do ponto de vista financeiro, conforme Edward Teller comunicou recentemente de maneira triunfal. Hoje, o progresso consiste em tornar o possível fim do mundo cada vez mais barato.

que qualquer outra, justamente porque, no absoluto, não existem mais diferenças; justamente porque ela estaria sempre em condições de exercer uma chantagem total sobre qualquer outra potência, mesmo contra uma que se valha da mesma ameaça, por meio de um "se não..., então..."; porque, mesmo que o proprietário não formule sua chantagem de maneira explícita, pelo simples fato da posse, ele se torna, ele *é tornado* chantagista total; porque, nessa situação, ele não pode se comportar de outra maneira que não como um chantagista. Pois, hoje, aquilo que "somos" não depende daquilo que fazemos ou deixamos de fazer, mas daquilo que temos ou deixamos de ter. Porém, em se tratando do ter relativo à onipotência nuclear, o ter já é um fazer; de fato, ele é o único fazer que importa. Se o mundo treme em constante temor de ser aniquilado por este ou aquele, então o fato da chantagem já está dado, por mais que os proprietários desses aparelhos se sintam honestos em nível privado. Portanto, o absurdo é que, *uma vez em posse do aparelho, torna-se objetivamente impossível ser moral.* O subjuntivo, o *poderíamos* já é a realidade – e a realidade moral – mais terrível. A crença de que o juízo moral só estaria em jogo no momento de *fazer uso* da coisa que se possui é sem sentido, pois, nesse caso, possuir já é fazer uso (isto é, chantagear).

Quarto absurdo: a impotência do onipotente. No entanto, a descrição feita até aqui, segundo a qual poderia parecer que somente os *have nots* seriam chantageados e desapossados, é incompleta; ou melhor: ela chega a ser totalmente errada. Pois o absurdo da situação consiste no fato de que os chantagistas automaticamente também se tornam chantageados, que os *haves* não estão em uma situação melhor que os *have nots*, que sua situação provavelmente é muito pior ainda que a deles, pois: "plataformas de lançamento atraem a ruína", isto é: a existência dos aparelhos da onipotência é um verdadeiro convite ao ataque. E isso, por sua vez, quer dizer que, dado que cada chantagista leva ao aumento da chantagem dos demais, ele se chantageia a si mesmo indiretamente.

A situação dos chantagistas chantageados é bastante angustiante. Mas é natural que o mundo inteiro se torne cada vez mais chantageado quanto mais chantagistas chantageados existirem. É plausível considerar que só teremos chance de desmantelar esse sistema de chantagem mútua já existente se o número de chantagistas for mantido tão baixo quanto possível.[6]

Em outras palavras: uma vez que todo *proprietário da onipotência* não apenas pode extinguir totalmente o outro proprietário, mas pode também ser extinguido por ele, cada um deles não é apenas totalmente poderoso, mas também *totalmente impotente*. Também esse tipo de impotência nunca existiu antes, havia apenas impotências relativas. E é evidente que o fato de a onipotência total ser ao mesmo tempo uma impotência total constitui um absurdo.

2. Totalitarismo atômico

Combinamos as expressões *ilimitado* e *potencial de poder*. Essa combinação – "potencial de poder ilimitado" – soa familiar. Mas trata-se de um tipo sombrio de familiaridade, pois ela é a fórmula com que estávamos acostumados a caracterizar exclusivamente os Estados *totalitários*. Naturalmente, não é por acaso que a mesma expressão possa ser empregada nessas duas situações distintas e seja adequada a ambas. Muito antes, isso se deve ao fato de que *totalitarismo e onipotência nuclear* constituem *um par*. É preciso que estabeleçamos de uma vez por todas que *a onipotência nuclear é o complemento, na política externa, do terror na política interna* do Estado total. De fato, o totalitarismo, que é por natureza chantagista e expansionista, permanecerá incompleto e estilisticamente ambíguo enquanto ainda precisar se contentar, para a execução de suas ações na política externa, com um estilo que, comparado com o de suas medidas na política interna, é antiquado e imperfeito. O totalitarismo de Hitler ainda era

---

6. Ou seja, não gritando "eu também", como ocorreu recentemente em Bonn – e isso ainda poucos dias antes da primeira renúncia a um experimento –, o que, de fato, do ponto de vista da história mundial, é totalmente ridículo. Na realidade, porém, não há nada de ridículo nisso, uma vez que hoje (e é essa a tragédia de nossa situação atual) não existem mais instâncias diante das quais possamos fazer papel de ridículo.

imperfeito. Somente o monopólio nuclear teria consolidado o Estado nacional-socialista, a saber: a coordenação e sincronização completas das políticas interna e externa, isto é, o terror em escala global. É desnecessário dizer a bênção que foi o fato de que Hitler, à época, não foi melhor servido pelos cientistas ou de que não pôde se servir melhor da tecnologia; de que ele não teve sucesso em realizar a mais plena coordenação (a qual ele pretendia iniciar com o lançamento de seus foguetes sobre a Inglaterra) até o último minuto, até o último momento crucial para a guerra. Mas, do ponto de vista da história mundial, esse fracasso não deixa de ser um acaso: se observarmos a época como um todo, não podemos falar de um fracasso na coordenação entre a tecnologia e a determinação de objetivos na política externa. Pelo contrário: essa coordenação *deu certo* e *segue dando certo*, e com tal perfeição que nem mesmo seria possível imaginar uma física e uma tecnologia historicamente mais adequadas, produzidas numa medida mais exata. Nem mesmo uma harmonia preestabelecida poderia resultar mais perfeita que a harmonia que de fato existiu entre o estado da Física e as exigências totalitárias. E é simplesmente de arrepiar a "inocência" com que a ciência preparava justamente o prato pelo qual o totalitarismo ansiava, ainda que, no caso de Hitler, esse prato não tenha ficado pronto a tempo. Sem necessitar de um programa desse tipo, a física se certificou de que, como *Pascual Jordan* disse com uma franqueza que jamais deve ser esquecida, "o sentido e o significado da pesquisa em física – por mais que seus criadores e admiradores frequentemente a valorizem por si mesma – estão dados de maneira inalterável por meio de seu papel como *instrumento de poder tecnológico e militar*".[7] E hoje temos a "segunda parte" do totalitarismo diante de nós: um tipo de política externa que (independentemente da ameaça de liquidação total) ameaça constantemente e a qualquer momento pode tentar levar também ao totalitarismo no sentido

---

7. Pascual Jordan, *Die Physik und das Geheimnis des Lebens*, Braunschweig, 1941. (Grifo no original.)

tradicional, isto é, na política interna, assim como este último ameaçara o tempo todo tornar-se "total", isto é, expandir-se para formar uma política externa do tipo atômica.

Nossa época como um todo só pode ser entendida (e então combatida) se compreendermos essas duas formas de terror como irmanadas, e se reconhecermos que, de um ponto de vista mais amplo, é quase indiferente se o terror na política externa vem após o terror na política interna, ou se ele o precede. Este segundo caso ameaçou ocorrer nos Estados Unidos, por exemplo. Pois as tendências totalitárias na política interna que se desenvolveram rapidamente sob McCarthy eram em grande parte consequência do monopólio nuclear que a América detinha à época. E, sem esse monopólio, elas jamais teriam tido as oportunidades e a virulência que de fato tiveram.

3. O fim da política

Naturalmente, a "onipotência" política é um fato muito mais que político. Deixemos de lado a questão de se alguma vez já existiram fatos "apenas políticos". Hoje, em todo caso, eles não existem. E *a crença de que hoje*, na "era do ilimitado", *seria possível tratar fatos como "puramente políticos", ou até mesmo como "puramente táticos"*, de que, ao discuti-los, poderíamos nos manter no interior das fronteiras dessa área de expertise da "política", supostamente delimitada de maneira meticulosa por outras províncias – essa crença não é apenas limitada, mas ela *define*, muito antes, *a limitação de hoje*. E essa limitação de hoje é tanto mais funesta na medida em que não representa tanto um defeito intelectual, mas – o que é muito mais fatal – um defeito da *fantasia*, sim, um defeito total dela, portanto, um *defeito de caráter*. Se os maiorais da política atual têm um orgulho especial em exibir publicamente esse defeito, sim, em ostentá-lo como símbolo de sua integridade, isso se deve provavelmente ao fato de que eles são demasiado "limitados" (em nosso sentido específico) para imaginar as dimensões e as consequências de sua limitação. *A grandeza de uma estupidez sempre é proporcional à grandeza das consequências não vistas. E, como já foi dito, hoje as consequências não vistas são ilimitadas.*

Em outras palavras: pertence à essência do poder ilimitado de que agora nós nos tornamos, ou melhor, nossos Estados se tornaram proprietários que ele rompa também os limites da área de expertise chamada "política". *O fato da fissão nuclear não pulveriza apenas átomos, mas também as paredes que separam os âmbitos de expertise.* Não há nenhuma medida ligada ao emprego da "onipotência", isto é, dos monstros nucleares, não existe nem mesmo uma ameaça nuclear que não seja, automaticamente, mais que política; o que não quer dizer apenas que toda medida é um pouco "impura" (isto é, que ela deixa seu leito e transborda um pouco para áreas vizinhas), mas que sua irrupção em áreas vizinhas, em todas as outras áreas, pertence essencialmente a ela; que, graças a seus efeitos, ela, por princípio, imiscui-se por toda parte, dispondo de tudo, até mesmo da questão do "ser ou não ser". Por isso (se nos for permitido incluir a qualidade infernal na província da teologia) poderíamos até mesmo formular que não há um passo ligado aos monstros nucleares que não salte para dentro do âmbito teológico. Teológico porque a possível extinção da humanidade (caso seja possível classificá-la) só pode ser classificada como ação apocalíptica, isto é, por meio de analogias teológicas. Naturalmente, como evento classificável unicamente em termos teológicos, ela não tem mais nada a ver com aquilo que, outrora, designou-se ingenuamente como "passos políticos".

Nada é mais sem sentido que o costume atual de medir as dimensões do problema de maneira "puramente tática"; que a ideia de utilizar o desmedido ou a ameaça com o desmedido para pequenas petulâncias ou objetivos parciais; que a esperança de poder mover a própria situação nuclear como peça no tabuleiro da política, embora *ela mesma seja o tabuleiro* sobre o qual as peças da negociação e satisfação política e tática precisariam ser posicionadas com toda cautela – esse estilo de argumentação e ação, que é dominante por quase toda parte, mas especialmente entre os defensores do armamentismo nuclear, não é apenas um testemunho de uma limitação intelectual constrangedora, mas ultrajante, pois a ideia de poder empregar o infinito para alcançar objetivos finitos não é, em primeira instância, um defeito intelectual, mas um defeito moral. Quase mais assustador que a consciência da existência de um aparelho ilimitado é pensar nas pessoas limitadas e medíocres que ousam não apenas falar sobre tal aparelho, mas também decidir sobre seu ser e sua aplicação; a consciência, portanto, de que nos encontramos nas mãos de pessoas medíocres que estão representando Deus.

Justamente *porque* os detentores desse aparelho são medíocres, a esperança sempre repetida de que os proprietários das bombas se deixariam intimidar automaticamente pelo tamanho da ameaça que têm em mãos é totalmente injustificada. Do ponto de vista da psicologia do poder, essa esperança é ingênua. A realidade é muito antes o contrário. Não apenas porque a mera posse de qualquer arma já torna seu proprietário *trigger happy*, mas porque existe uma regra que, caso fosse proferida (ela jamais o foi até agora), diria o exato oposto do que esse argumento tranquilizador nos quer fazer crer. Essa regra poderia ser designada como *acúmulo de desinibição com o acúmulo de poder*. Ela afirma que a inibição de fazer uso do poder diminui à medida que o poder que se tem em mãos aumenta. Essa lei tem sua raiz no fato já mencionado da "discrepância prometeica", isto é, no fato de que nós não estamos em condições de "representar" o que nós mesmos somos capazes de produzir e "aprontar"; que efeitos se tornam menos representáveis à medida que eles crescem; que, por exemplo, se tem menos inibição para liquidar cem pessoas de uma vez só do que para matar uma única pessoa.

Mas também essa reflexão ainda é insuficiente, em certa medida ela ainda é demasiado otimista. Em primeiro lugar porque bombas atômicas *já foram lançadas*, o que gostaríamos de esquecer. Em segundo lugar, porque se pressupõe que os proprietários dos aparelhos sejam instâncias ou homens que não são ruins no sentido convencional. Naturalmente, nada garante que essa pressuposição possa ser feita sempre. Muito antes, é perfeitamente possível que algum dia, em algum lugar, um verdadeiro criminoso disponha de "armas nucleares" e não seja capaz de resistir à sua tentação herostrática. Não há nada mais irracional do que especular com base na razão.

4. Nós somos onipotentes porque somos impotentes

Repetidas vezes falamos do "salto" monstruoso que demos. Resta apenas a questão: trata-se *realmente* de um "salto"? Com isso quero dizer o seguinte: resta a questão de se o status em que agora nos encontramos, sem mediação e plenos de horror, foi alcançado porque *nós mesmos* demos um salto. Ora, seria justificado culpar o automatismo do progresso técnico por ter nos catapultado a esse novo estado e nos forçado a saltar. Pois, por mais prometeicos que sejamos, também somos miseráveis, quer dizer: prometeidas cegos e desenfreados. Prometeidas incapazes de ver o que fazem, e de chegar lá aonde gostariam de chegar. Não se trata de uma mera repetição da verdade do "aprendiz de feiticeiro", a saber: que somos impotentes *embora* sejamos poderosos – essa situação já é antiquada –, mas, pelo contrário, que *nos tornamos onipotentes porque somos impotentes* diante do motor autônomo de nossa própria produção e só podemos opor-lhe um freio insuficiente.

Anotemos este pensamento, pois ele é um elemento fundamental daquilo que chamamos anteriormente de "teologia nuclear". Por isso, repito: *a raiz de nossa onipotência, portanto, de nosso "status divino", é a nossa impotência.*

Naturalmente, essa proposição não pode servir de consolo. Nossa catástrofe não é melhorada pelo fato de que a adentramos com um tropeço. E essa proposição pode servir menos ainda como pílula para limpar a consciência, especialmente porque nós (ou pelo menos milhões dentre nós) demos as boas-vindas ao novo status no momento em que a ele chegamos (independentemente de se isso se deu por meio de um salto próprio ou se fomos impelidos), e isso com tal estardalhaço e de maneira tão expressa que essas boas-vindas não poderiam ter sido mais enfáticas, mesmo que tivéssemos atingido esse estado por livre e espontânea vontade. Uma vez que o início ocasionou bombardeios que não apenas eram desnecessários (cf. o *Franck Report*), mas que foram até mesmo abençoados pela Igreja e tornados objeto de orgulho nacional, ele tem que ser julgado moralmente como um início proposital, e não algo ocorrido devido a um tropeção, à maneira do aprendiz de feiticeiro.

Moralmente, os mais indiscutíveis são certamente aqueles que, por um lado, "não têm desejo de ter culpa" e projetam a culpa exclusivamente na tecnologia ou nos cientistas, e que, por outro lado, desejam *possuir* aquilo pelo qual eles não desejam ter culpa, estendendo agora suas mãos lavadas na inocência para agarrá-lo, com frescor e alegria, até mesmo com piedade. É conhecida a existência de um certo chefe de Estado europeu que não teve receio de confrontar os físicos que, por questão de consciência, advertiam sobre o perigo do armamento nuclear, com o seguinte argumento: "Meus senhores, quem foi que fez essas coisas? Terei sido eu? Mas agora façam-me o favor de não choramingar se as pessoas também querem possuí-las. Ademais, também vocês não têm nenhuma razão para se sentir culpados. Vocês não têm nenhum direito a esse sentimento, dado que o 'ter' ou 'não ter' que está em jogo agora pertence inequivocamente ao âmbito de expertise da política, com o qual vocês têm tão pouco a ver e do qual entendem tão pouco quanto eu tenho a ver com a ciência ou entendo dela. Cada macaco no seu galho." – Não há dúvida de que qualquer um que argumentasse de maneira análoga na vida privada perderia todo e qualquer crédito moral.

Sobre responsabilidade hoje[1]

O dever moral não se realiza simplesmente quando abdicamos de um trabalho no momento em que o reconhecemos como indefensável. Sem dúvida, uma tal recusa, por exemplo, a recusa de prestar serviços científicos, é um dever, mas ela é apenas o primeiro passo, apenas o começo da ação moral necessária. Não podemos de modo algum crer que já alcançaríamos nosso objetivo ao manter limpas as próprias mãos, ou que permanecer limpo seria o maior bem ou o objetivo final. A recusa em participar em um assassinato jamais substitui a abolição do homicídio. Ora, o prazer de quem lava suas mãos na inocência não pode ser muito puro se, durante e após a lavagem, ele sabe que, em segundo plano, seus colegas estão ocupados produzindo bombas "sujas" ou "limpas" em seu lugar, e isso com a consciência mais leve do mundo, isto é, sem consciência alguma. Sabê-lo deve reduzir um pouco o prazer de ter as próprias mãos limpas. Não se trata de assegurar a própria candura – pelo contrário, elevar esta última ao primeiro plano pode ser até mesmo altamente repreensível –, mas de assegurar a vida de milhões de pessoas.

1

Há exatamente meio ano estive diante de outra assembleia. Ela não aconteceu em um auditório, mas em uma praça de mercado

---

1. Palestra no congresso de estudantes contra o armamentismo nuclear em janeiro de 1959.

sob o sol impiedoso do mês de julho. Meus ouvintes não estavam sentados em bancos, mas na calçada. O discurso que fiz não era em alemão, mas em um inglês de antemão simplificado o máximo possível para facilitar a tradução imediata. Pois essa assembleia aconteceu em Kyoto, e aqueles para quem eu discursava eram milhares de pessoas que passavam por Kyoto em sua procissão pela paz, que ia de Hiroshima a Tóquio.

Portanto, venho, como se diz, do "Extremo Oriente". Não. Venho de lá, mas esse lugar não é mais o "Extremo Oriente". Porque o "Extremo Oriente" não existe mais. Porque não existem mais distâncias "extremas".

Essa breve frase contém *in nuce* toda a situação atual e todas as exigências morais da atualidade. E, dado que as duas assembleias – a de lá e a de cá – são vizinhas, minhas palavras aqui serão em princípio as mesmas que proferi lá.

Certamente, isso não quer dizer que a reação aqui será semelhante à reação de lá. Pois para as pessoas com quem falei lá a era nuclear já era uma "experiência", enquanto que aqui ela ainda é um "problema", como se diz de maneira tão bela.

Lá experienciei, aprendi com olhos e ouvidos, o que significa "experienciar a era nuclear". Quem alguma vez ouviu as histórias dos sobreviventes, os relatos proferidos com timidez e vergonha (como se a infelicidade fosse um vexame), retorna mudado à Europa. Portanto, não se surpreendam se minhas palavras soarem mais ríspidas e indignadas do que se costuma ouvir neste auditório. Mas creiam-me: a rispidez é somente filha da dor, e a indignação apenas o eco da vontade decidida de não descansar enquanto nós – e *nós* significa: eles lá e nós aqui – não tivermos aniquilado o perigo da aniquilação.

Vocês esperam que eu fale da "responsabilidade do cientista". Se eu tivesse perguntado aos meus amigos japoneses *se* é adequado que o cientista assuma a responsabilidade – e hoje isso quer dizer em primeiro lugar: responsabilidade de *alertar* – e, se sim, quão longe o cientista poderia ir nesse papel, meus amigos de lá estariam convencidos de que me entenderam mal. Pois essa formulação da questão já não é permitida. Se nos permitirmos admitir essa questão como problema e tratar dela como tal, já entramos em um compromisso, já nos comportamos como se-miderrotados. Pois essa questão pressupõe que nós, ao crermos poder assumir parte da responsabilidade, poderíamos estar cometendo uma ousadia, e que talvez não "possamos dever". Ou seja, ela torna problemático nosso direito a uma consciência moral.

"Mas por favor!", exclamarão os fiéis da competência, "É claro que vocês têm todo direito a uma consciência! Isso certamente não lhes será tirado! É só que, naturalmente, isso não quer dizer que vocês tenham o direito de se imiscuir na questão assim, sem mais!"

Mas será mesmo natural que uma coisa não queira dizer a outra? Para mim, o oposto parece totalmente antinatural. Sim, a mim, essa distinção, e também a concessão parcial que se refere a ela, parece altamente questionável. Afinal, a consciência não é um sentimento simpático ou honorável ou moralmente neutro entre outros, ao qual poderíamos nos entregar no fim da tarde, após a labuta diária, entre quatro paredes. Sem a ação, a consciência moral simplesmente não é nada. A consciência moral só é consciência moral quando ela nos diz o que devemos fazer ou deixar de fazer. Se nos é concedida apenas uma "consciência sem ação", isto é, apenas a liberdade de ouvir nosso chamado, mas não a liberdade de segui-lo, então essa concessão é um embuste que se apresenta como generosidade, pois o direito à consciência nos é tomado.

Agora, a consciência de quem é realmente consciencioso tem a propriedade desagradável de se fazer ouvir não apenas no interior do quadro meticulosamente observado da área em que cada um trabalha. Pois ou ela fica calada, ou nos convoca a nos imiscuir nas questões. Não nos deixemos intimidar pelo verbo *imiscuir-se*. Ele só assusta quem considera a divisão do trabalho o cúmulo da sabedoria e da virtude.

Mas será que podemos nos imiscuir? Se o Estado em que vocês vivem se chama Estado democrático, é justamente porque ele lhes garante o direito de participar em decisões que nada têm a ver com sua área de trabalho, independentemente de como vocês vivem, seja como sapateiros, médicos, mineiros, diretores de fábrica, operários ou estudantes. Quem limita a consciência dos cidadãos às áreas que lhes são atribuídas, a seus cargos, a seus campos de trabalho, substitui a consciência [*Gewissen*] pelo mero zelo [*Gewissenhaftigkeit*], a qual também pode ser – e de fato foi – exercida nos campos de extermínio. Estabeleçamos primeiramente que, dado que não temos razão para supor que os limites "zelosamente" traçados da divisão do trabalho devam sua existência e sua evolução a princípios morais, a função decisiva de nossa consciência é justamente ignorar os limites entre competências. Isso vale para todo mundo, especialmente quando atos ou resoluções que supostamente seriam monopólio de uma única área trazem consigo consequências ilimitadas, isto é, consequências decisivas para o destino de todos. E, dado que isso vale para todo mundo, e não apenas para nós, cientistas, também não vejo um problema filosófico especial na responsabilização dos cientistas. Como a consciência de nossos semelhantes não cientistas, também o chamado de nossa consciência não nos chama "enquanto" isso ou aquilo. Nossa consciência não usa títulos acadêmicos.

O que eu certamente vejo diante de mim, em um tamanho maior que o natural, é a dificuldade concreta encontrada pelo cientista quando ele segue sua consciência. O que eu temo é que ele esteja em perigo de ser considerado imoral. Pois não há nada que as pessoas imorais gostem mais de mobilizar contra as pessoas morais do que o vocabulário da moral. E o que me assusta como uma possibilidade extrema é que a situação que conhecemos da época do terror possa se repetir, a saber: que o cientista seja fisicamente impossibilitado de agir moralmente.

Mas, naturalmente, a rejeição de uma moral especial para cientistas não resolve os problemas com que eles se confrontam hoje. Pelo contrário, a situação em que eles já se encontram é tão sem precedentes que merece ser caracterizada com maior clareza. E, para a esfera pública, aquilo que já aconteceu – a saber: o fato de que são justamente os cientistas que, como falange dos moralistas, ouviram o chamado da consciência de maneira especialmente apurada e então o passaram adiante – é extremamente surpreendente. Para alguns, chega a ser humilhante. Afinal, estávamos acostumados a considerar a filosofia subjacente à prática científica como algo "além do bem e do mal". E a filosofia das ciências da natureza também já havia formulado isso frequentemente *expressis verbis*: a natureza não conhece fins e, portanto, também não conhece "valores"; o monismo rigoroso não conhece nenhum "dever". Estávamos habituados a isso, podíamos contar com isso, podíamos fazer ótimo uso disso. E então, de repente, quando se acreditava poder utilizar mais uma vez esses homens que trabalham além do bem e do mal, eles empacaram. Eles "traíram" sua neutralidade moral que servia tão bem aos nossos propósitos.

Mas, afinal, essa guinada da neutralidade em relação aos valores moralistas não é tão estranha. Justamente porque o trabalho da ciência da natureza era supostamente livre de fins e moralmente neutro, ele pôde ser empregado de maneira inesperada por todos os poderes para seus fins e também ser usurpado, muito mais que qualquer outra ciência. A situação teve que se agravar justamente porque o abismo entre a ausência de fins da pesquisa (ou a "ausência de valores" da área de pesquisa chamada "natureza") e os fins concretos para os quais os métodos de pesquisa e seus resultados foram empregados na prática (acima de tudo na prática militar) se tornou imenso (maior que entre a pesquisa em qualquer uma das ciências humanas e sua aplicação). Justamente por isso, era necessário que um choque moral ocorresse algum dia. Por isso era necessário que cientistas íntegros não fossem mais capazes de sustentar seu princípio da "ausência de fins", que eles tivessem de reconhecer o grande presente que sua ênfase no princípio de neutralidade foi para os beneficiários de seu trabalho, e em que medida esse princípio ameaçava tornar-se um mero álibi para eles próprios. Em suma: eles reconheceram o quão exploráveis e efetivamente explorados eles eram.

Não é de modo algum em sentido metafórico que utilizo esta

palavra historicamente carregada: *explorável*. Os explorados de hoje são, de fato, os cientistas da natureza. O fato de que esses homens, comparados com o proletariado explorado, têm excelentes salários não contraria em nada essa caracterização. Por mais generosamente compensados que sejam, o decisivo aqui é que eles realizam trabalhos que não devem mais pertencer a eles *post festum*, e que são recompensados justamente por abrir mão de sua propriedade científica.

Se era dever da crítica social do século xix demonstrar que o trabalhador da indústria não era proprietário dos meios de produção com que ele produzia o mundo dos produtos, o nosso dever hoje é constatar que, por meio de uma troca de papéis no jogo da exploração, os cientistas da natureza se tornaram as principais vítimas no processo produtivo atual.

Sempre ouvimos que "*como* cientistas, os pesquisadores não têm nenhum direito de se meter na política." Esse *como* é um conceito-chave. Devemos nos demorar nele, examiná-lo.

Há meio ano eu contemplava juntamente com um japonês e um amigo europeu uma parte dos escombros daquilo que outrora fora a maior igreja católica do Extremo Oriente, a catedral de Nagasaki. Contudo, esse fragmento já não está mais lá no lugar a que pertence, isto é, no lugar onde ele se tornou escombro: pois esse lugar também não existe mais. Ele se encontra semimusealizado, em uma área verde na qual a cena do crime foi transformada. *You brought it and you destroyed it*, disse o japonês de maneira inexpressiva, "Vocês trouxeram a igreja e vocês a destruíram." Ele deixou em aberto se, com esse *it*, ele se referisse apenas à igreja específica da qual provinha o fragmento de escombro. Em todo caso, ele continuou: "E agora, naturalmente, alguns de nós se perguntam como poderão continuar acreditando em vocês." Naturalmente, no idioma cerimonial dos japoneses a palavra *alguns* significa *muitos*. Eu fiquei calado. Mas meu companheiro enrubesceu. Pois na situação atual existe também, pela primeira vez, a divisão do trabalho entre *agir* e *se envergonhar*: uns realizam o ato e os outros se envergonham dele – em suma: meu amigo que enrubesceu no lugar de seus *fellow men* que tinham o ato em sua consciência tentou formular uma resposta. "Certamente", disse ele, hesitante, "aqueles que decidiram pelo bombardeio ou aqueles que o realizaram não o fizeram *como* cristãos" – ao que o japonês reagiu abanando decididamente a cabeça (o que, lá, equivale praticamente ao cúmulo da grosseria). "Com esse *como*", disse ele, sem levantar a voz, mas com convicção, "não há muito que eu possa fazer. Não vejo justificativas para uma tal divisão do trabalho hoje. A situação em que nos encontramos não é tal que uns possam assumir o negócio do amor ao próximo e os outros, seus funcionários, o negócio – nada cristão – do assassinato em massa." "Também não foi isso que eu quis dizer", objetou meu amigo, atônito. "Sei disso", corrigiu o japonês, "mas o que vale para a divisão do trabalho vale igualmente para a divisão do tempo. Pois tampouco vejo uma justificativa para esta última." "Como assim?", perguntou meu amigo. "Que não há justificativa para uma divisão do tempo que permita a alguém exercer o amor ao próximo *como* cristão até, digamos, às nove horas da manhã, para então introduzir uma pausa de várias horas na qual provoque algo como aqui em Nagasaki, e depois, digamos, às duas ou três da tarde, retomar o exercício do amor ao próximo." Ficamos mudos. "O bombardeio", explicou o japonês pacientemente, "não se torna mais escusável por ter ocorrido em uma pausa entre a atitude cristã *antes* do ato e a atitude cristã *após* o ato. Nesse caso, o vexame consiste justamente no fato de que os cristãos façam uma tal pausa em sua cristandade. A verdade é, pelo contrário, que a atitude cristã dos agentes, supostamente viva antes e depois do ato, perde sua credibilidade devido àquilo que cometem durante a pausa." Concordamos com isso, envergonhados. "Mas, infelizmente, isso ainda não é tudo", prosseguiu o japonês. "Vocês disseram que os americanos não teriam cometido esse ato 'como' cristãos. Se vocês dão tal ênfase a esse 'como', então vocês deveriam, não, vocês teriam que perguntar também *como o quê* morreram os duzentos mil atingidos por eles." Nós assentimos.

"*Como* cristãos?" Nada respondemos. "Ou *como* inimigos?" Seguimos mudos. "Sim, como o quê? Pois já não eram mais inimigos, dado que o Japão já estava arrasado e já tinha proferido sua disposição a se render. Enquanto soldados? Mas a diferença entre militares e civis já tinha sido apagada, e, de qualquer forma, a maioria dos que pereceram era de civis – e também não será exagero se considerarmos os soldados civis, já que, diante dessa sua arma enorme, eles eram tão indefesos quanto os civis, a saber, *absolutamente* indefesos. Mas deixemos isso de lado. A não ser que nos decidamos pela versão segundo a qual vocês teriam matado esses duzentos mil para ameaçar Stalin, ou seja, para fazê-lo saber, através do espetáculo do assassinato em massa, o que também ele e os seus teriam que sofrer eventualmente. Mas é claro que os que morreram nada sabiam desse 'como', não foi *como* qualquer coisa que morreram, eles foram simplesmente assassinados. Acreditem: seu excelente 'como' explodiu já no instante da primeira explosão atômica, isto é, daquela sobre Hiroshima." Nós assentimos. "Alegra-me", disse ele sorrindo, "que concordemos nesse ponto. Posso fazer ainda uma observação final?" "Por favor!" "Se aqueles", resumiu ele então, "que sofrem algo (independentemente de *como* o quê viveram, se como soldados ou como civis, se como xintoístas ou como cristãos, se como socialistas ou como apolíticos) perecem sem qualquer consideração por seu 'como', então os agentes (ou melhor: aqueles que poderiam se abster de agir ou impedir a ação) também precisam abdicar de seu 'como'. Eu lhes peço que jamais tomem posição diante daquilo que aconteceu ou que poderia acontecer *como* físicos, funcionários, especialistas militares, defensores dos valores culturais – todo 'como' foi descreditado por meio do bombardeio, pelo menos daquele sobre Nagasaki. Todo 'como' é inadequado."

Nós assentimos.

"E acreditem," concluiu ele, "não foram apenas os ataques a Hiroshima e Nagasaki que danificaram a honra do homem branco para nós, mas também a maneira como, desde então, foi – e como ainda é ou como é de novo – falado do que ocorreu e do que poderia ocorrer."

Foi o que disse o japonês. E é com vergonha que lhes comunico suas palavras.

Regra: Se os efeitos de nossos atos ou obras destroem o "enquanto" das pessoas, então perdemos, com isso, o direito de nos referirmos e de nos limitarmos ao nosso próprio "enquanto" com a finalidade de nos salvarmos. Se, portanto, nos mantivermos indiferentes diante da destruição causada por nós porque não fomos "nós", mas "nós enquanto..." (funcionários do Estado ou da indústria ou de um instituto ou enquanto cientistas) que causamos a destruição, essa indolência é sinal ou de hipocrisia, ou de estupidez. E frequentemente de ambos ao mesmo tempo.

Existe uma antiga história indiana, chamada "Fábula do mestre de banhos de Pentapur", que conta o seguinte: quando o mestre de banhos da marechal de Pentapur constatou com horror que ele não era mais capaz de parar a água do banho que corria, ele avisou a marechal, que estava deitada sobre seus tapetes no aposento ao lado, pois ele estava muito preocupado com seus tesouros insubstituíveis. Portanto, ele gritou, avisando que a água logo passaria por debaixo da porta. A marechal, porém, gritou de volta: "Primeiro você apronta, e agora ainda ousa se meter nos meus assuntos? Quem você pensa que é, gritando assim? Você é mestre de banhos! Você é responsável apenas pelo banheiro! Lembre-se disso!".

Dá na mesma dizer que a fábula serve para ensinar aos leitores o disparate do *como* ou para tornar claro que "consequências não ligam para divisórias".

De fato, a frase "consequências não ligam para divisórias" é um dos princípios mais fundamentais da ética. Não, é mais que um princípio, dado que ela diz respeito a um dos fatos que tornam necessária a moral.

Pois as consequências desconhecem os limites que estabelecemos entre os campos sociais ou profissionais ou científicos e são totalmente indiferentes a eles. Isso vale tanto mais quanto maior for o ato. Ou melhor: *temos o direito de chamar de "grandes" somente os atos cujas consequências ultrapassam as margens do rio de sua especialidade e inundam áreas vizinhas.* Se é esse o caso, então isso significa que os responsáveis, para que possam seguir sendo responsáveis, têm o dever de também extravasar as margens do rio de sua especialidade e ir atrás das consequências de seus atos ou obras; têm, portanto, o dever de recusar os supostos limites de sua área de trabalho como moralmente enganosos, ou até mesmo como imorais, na medida em que eles se apresentem com falsas pretensões. É essa, justamente, a tarefa da responsabilidade. Pois ela é o corretivo da divisão do trabalho. Inversamente, a frase "a responsabilidade tem que se manter dentro dos limites da área" só vale onde os limites são considerados naturais ou até mesmo fatos morais (como na sociedade das formigas ou no Estado total).

Conforme Kant descreveu, toda ação, no momento em que se realiza, penetra o reino das "aparições", no qual rege a causalidade. Então, cada ação passa a ser como um daqueles objetos artificiais lançados de maneira deliberada, e que, uma vez em movimento, tornam-se pequenos astros e, com isso, "natureza". Decerto, a pessoa que tem consciência de sua responsabilidade não tenta evitar esse fato – o que é impossível –, mas sim retardá-lo, ou seja, acompanhar os efeitos de seus atos pelo maior tempo possível, inclusive quando eles penetram o reino natural da causalidade; ou melhor, ela tenta dirigir o curso da causalidade pelo maior tempo possível, ou tenta estar avisada e avisar seus semelhantes dos efeitos agora "liberados" (a saber: liberados de nossa liberdade), ou, finalmente, tenta impedir aquelas ações que podem – ou até mesmo que vão – implicar efeitos imprevisíveis, incontroláveis, inimagináveis, irreparáveis.

Assim como o cientista da natureza que examina as causas tem que seguir para trás *ad infinitum*, o responsável tem que seguir *ad infinitum* para a frente. Enquanto o primeiro, começando pelo efeito, vai atrás de suas causas em direção às fontes, o responsável entende-se a si mesmo como fonte e persegue seu decurso em direção aos efeitos derradeiros.

Agora, avançar até o efeito que seja efetivamente o último é uma mera "ideia" no sentido kantiano, e sua realização não é possível a ninguém, por mais consciente que se seja da própria responsabilidade. Talvez por sorte, pois um escrúpulo infinito nos paralisaria totalmente. E, antes do início da era nuclear, a perseguição infinita da própria ação também seria supérflua na maioria dos casos, pois seus efeitos se perderiam em insignificâncias e na névoa dos dias vindouros.

Mas não é esse o caso hoje. O infinito se deslocou, em certa medida: já não é mais infinito agora o espaço de tempo que permite aos efeitos de nossos efeitos produzir sempre novas ondas – talvez agora esse espaço de tempo até mesmo chegue a ser finito. Mas, se ele for mesmo finito, é justamente porque o efeito imediato de nossas ações se tornou infinito. Pois infinito é o "fim da espécie humana", o qual nós – que, pelo menos de modo negativo, nos tornamos onipotentes – podemos provocar de uma só vez. (A questão dos efeitos secundários e terciários que esse fim poderia ter no infinito tempo pós-humano é uma questão vã que não interessa a nenhum de nós.) Agora, é compreensível que esse "deslocamento de lugar do infinito" tenha um significado decisivo para nossa responsabilidade. Se o poder de nossos produtos e as energias que podemos produzir ou liberar são infinitos, então também nossa responsabilidade será infinita.

Regra: *Nossa responsabilidade tem o mesmo alcance que os efeitos imediatos e mediatos de nossas ações, omissões ou obras.* No mínimo, ela tem que buscar ter o mesmo alcance e as mesmas dimensões que aquilo que causamos. Se uma ação que parta de nós tiver por essência a capacidade de romper fronteiras (e não apenas fronteiras geográficas entre países ou fronteiras temporais entre presente e futuro, mas também as fronteiras entre ser e não ser), então devemos tentar "dar conta" moralmente desse poder explosivo. Quer dizer: devemos tentar saltar tão longe quanto alcance a irrupção. A formulação mais breve dessa regra é a seguinte: *Permaneça moralmente a par dos efeitos dos seus atos!* Não os deixe escapar!

Quem criticar isso dizendo que se trata de uma "transgressão dos limites da competência" é *limitado*. E limitado em um sentido muito mais amplo que o sentido habitual da palavra *limitado*. Pois não me refiro aqui apenas à limitação intelectual, mas à inabilidade de superar os limites da imaginação cotidiana e à relutância em ver que esses limites têm de ser superados. Isso é uma *limitação moral*.

Com esse conceito de "limitação" chegamos à maldade específica, a saber, ao *malum* de hoje. Se quisermos entender o atual problema da responsabilidade, então será necessário que determinemos esse *malum*.

O *malum* de hoje distingue-se essencialmente daquele que, na tradição europeia, especificamente na tradição cristã, foi chamado de "mal". Se desconfiamos do ser humano hoje, não o fazemos com base em seu pecado original, mas com base em uma insuficiência suplementar, recentemente adquirida.

Comecemos pelo ponto de vista negativo: o status da maldade contra a qual é preciso lutar hoje não se define pelo fato de o ser humano ser *sarx*. A discrepância hoje relevante não é aquela entre a "carne" e o "espírito" ou entre a "inclinação" e o "dever". Trata-se, muito antes, da discrepância entre o ser humano enquanto ente producente e o ser humano enquanto ente que entende a produção. *O que nos torna ruins é que nós, enquanto agentes ou ativos, não nos encontramos à altura de nossos produtos:* nós não apreendemos quais atos nossas obras representam, simplesmente devido ao fato de que nós as produzimos e de que elas agora existem. Esse *nosso "não sabemos o que fazemos"* é nosso malum *de hoje*.

Portanto, *a clivagem* não separa o espírito e a carne, mas *o produto e o espírito*. Por exemplo: somos capazes de produzir a bomba.

Mas aparentemente não temos condições de imaginar o que agora nos tornamos, uma vez proprietários desse produto feito por nós mesmos, e o que nós, enquanto seus proprietários, somos capazes de fazer e já fizemos (em Hiroshima e Nagasaki) e seguimos fazendo todos os dias por meio de nossos experimentos nucleares, e como nós, agora, enquanto seus proprietários, deveríamos agir.

Esta é a primeira vez que essa diferença ocorre em nossa história, e, portanto, também na história da ética. O elemento "natureza" ("sensualidade", *cupiditas*), que, até agora, sempre serviu pelo menos para ajudar a definir o *malum*, não tem lugar aqui. Não é uma *cupiditas* positiva, oposta ao espírito, que nos situou ou situa no estado da maldade. Pelo contrário: uma vez que é a nossa imaginação que falha, é justamente o "espírito" que se revela "fraco".

Provavelmente nunca houve uma época na história mundial em que a ruindade pudesse ser relacionada de maneira tão exclusiva à limitação (para não dizer à estupidez), nenhuma época em que ambas tenham se tornado tão indistinguíveis uma da outra quanto hoje.

Naturalmente, não quero dizer com isso que os políticos de hoje, de um ponto de vista absoluto, sejam mais limitados que seus antecessores. Porém, não podemos avaliá-los com base nestes últimos, mas somente com base em sua tarefa atual, e infelizmente isso quer dizer: com base na tarefa desmedida com que são confrontados hoje. E, considerando a grandeza daquilo que eles teriam que imaginar e daquilo que eles, com base nessa imaginação, teriam que fazer ou deixar de fazer, eles são de fato incomparavelmente mais estúpidos que os homens de Estado jamais poderiam ter sido diante das tarefas que lhes cabiam. Não é uma ironia quando digo "Pobrezinhos!", pois esses pobrezinhos realmente não estão à altura de suas tarefas. Exigir de um general ou de um secretário ou de um prefeito de outrora que ele angarie um poder de imaginação adequado ao possível apocalipse, isto é, que ele estenda sua fantasia até o infinito, é excessivo. Mas a exigência moral atual, sim, até mesmo a exigência mínima hoje, consiste justamente nesse excesso. Pois se aqueles que conduzem o destino atual do mundo falharem diante dessa exigência (e até agora, dado que nem mesmo a compreenderam, eles falharam), então sua "ruindade" consiste nesse seu fracasso, uma vez que ele pode levar ao fim de todos nós.

Com certa razão poderíamos dizer que a situação "moral" (ou imoral) em que nós (no sentido de "nós, seres humanos") nos encontramos tem mais em comum com aquela à qual se referem as religiões do que com aquela de que tratam as éticas modernas. E isso não tanto porque nossa atual idolatria da produção seria aparentada à idolatria religiosa, mas porque nós (como no *peccatum originale*) também somos maus e incapazes de ser bons quando não fazemos nenhum mal específico; porque o mero estado em que nos encontramos já é o mal. Então, não faz diferença que os chefes de governo ou os ministros da defesa ou os parlamentares brinquem de maneira amistosa e benévola com seus vizinhos ou netos – sua afabilidade permanece sendo uma *qualité négligéable*, sua benevolência não tem nenhum valor: pois a única ação que pode ser imputada hoje como ação real consiste no fato de deixarmos tomar seu curso um mundo (que contemos com ele, que confiemos nele) do qual podemos nos considerar "senhores" enquanto produtores (ou enquanto exploradores de invenções), mas não em nenhum outro sentido. "As virtudes dos pagãos", diz Agostinho, "são vícios ofuscantes." Hoje, isso vale para todos nós, especialmente esses chefes de governo. Também as nossas virtudes, que brincam e se divertem fora do mundo tecnológico, são, se não verdadeiramente viciosas, pelo menos meras peças decorativas e embelezamento da situação: elas são meros acessórios que afastam a nós e aos outros do que é essencial. Pois, independentemente daquilo que venhamos a ser ou fazer em outros aspectos, somos maus simplesmente pelo fato de que vivemos neste mundo, isto é, em um mundo da chantagem nuclear.

Para tornar completamente claro o *malum* de hoje será útil confrontar as exigências atuais também com a formulação dos postulados temporalmente mais próximos de nós, a saber, os do Idealismo Alemão. Se, ao fazê-lo, chego à conclusão de que também Kant não é mais suficiente hoje, isso apenas prova que a revolução no tipo de produção e de produtos que ocorreu desde seus dias foi tão imensa que também os pressupostos adotados por ele foram anulados por meio dela.

Kant presumiu – e em seus dias certamente com razão – a existência, ou pelo menos a possibilidade, de ações individuais. Hoje, essa suposição não é mais válida. Pois para nossa situação é decisivo que tenhamos deixado de "agir" no sentido próprio da palavra, que, muito antes e sem que o saibamos, já agimos por meio daquilo que produzimos (pois o produzir devorou o agir). Isso quer dizer que nossas obras, nossos produtos sempre se antecipam aos atos que poderíamos executar com a ajuda dessas obras. *Queiramos ou não, nossos produtos já são nossos atos.* E aquilo que fazemos com esses atos tornados coisas, nossas supostas "verdadeiras ações", são sempre um epílogo posterior e incidental.

A isso soma-se que aquelas pessoas que são ativadas como sujeitos nessas ações não são mais "agentes" em sentido próprio, mas apenas "coagentes" ou "desencadeadores"; e isso vai tão longe a ponto de elas não saberem o que fazem – é preciso que citemos aqui mais uma vez essa sentença já usada diversas vezes –, no sentido mais simples e literal. Assim, por exemplo, o homem que lançou o míssil natalino americano (o significativo míssil da boa nova) não foi informado sobre a importância do ato de apertar o botão que o disparou. Agora, dado que todo aperto de um botão de disparo é igual ao outro, sua "ação" poderia igualmente ter acionado uma nova usina elétrica local. Nada indica que esse seja um caso isolado. Pelo contrário, tudo indica que tais casos estão se tornando normais. Quer dizer: tornar-se-á algo cotidiano que agentes sejam impedidos de saber o que fazem (e isso justamente em ações grandiosas, uma vez que elas poderiam ser "ameaçadas" por inibições morais obsoletas), e que eles não o saberão nem mesmo *post festum*. Há poucas coisas de que estou tão convicto quanto do fato de que o homem – provavelmente um de nossos contemporâneos – que, na erupção de uma guerra (naturalmente não declarada), disparar o primeiro míssil nuclear permanecerá totalmente inocente, no sentido mais macabro da palavra, isto é, que *post factum* (caso sobreviva) ele não vá saber que foi "aquele que". Há um ditado que foi frequentemente usado como divisa da contraespionagem durante a última Guerra Mundial que diz: *A chain is as weak as its weakest link.*[2] Hoje devemos disseminar uma outra variante: *An action is as morally blind as its blindest participant.*[3] Ou: "Uma ação é tão desprovida de consciência quanto o funcionário ligado a ela que foi privado da oportunidade de ter uma consciência."

Isso significa que, como o agir foi substituído (em parte pelo produzir, em parte pelo desencadeamento daquilo que foi produzido) e abolido por meio dessa substituição, também a possibilidade de agir bem foi, com isso, abolida.

Ou, em outras palavras: uma vez que nosso agir, por sua aparência ou seu tipo comportamental, não parece mais um "agir", mas sim um trabalhar ou um desencadear, também acreditamos que nada fazemos quando trabalhamos ou desencadeamos; parecemos, portanto, isentos da responsabilidade pelo trabalho ou pelo desencadeamento. Temos sempre um álibi, o álibi de não termos feito nada. São essa isenção em massa e esse álibi que constituem nossa situação moral – leia-se: amoral – de hoje.

E por isso as máximas práticas da ética existentes até agora tornaram-se insuficientes para nós. Nosso imperativo categórico teria primeiramente que voltar a soar: "Aja!". Ou mais especificamente (experimento aqui com as fórmulas mais diversas): "Compreenda que você continua agindo mesmo quando a sua ação não se parece mais com uma ação!". Ou: "Evite que a sua atividade, disfarçada de inação ou de participação ou de trabalho ou de desencadeamento, leve a efeitos pelos quais você jamais assumiria responsabilidade, caso eles fossem efeitos diretamente alcançáveis e visíveis do seu agir!". Ou: "Alcance a si mesmo novamente!" – de fato, uma tarefa imensuravelmente grande, já que aquilo que deve ser "alcançado" (as porcarias que produzimos e

---

2. *Uma corrente é tão fraca quanto seu elo mais fraco.* [N. T.]

3. *Uma ação é tão cega quanto seu participante mais cego.* [N. T.]

seus efeitos) tornou-se sem medida. E temos que "alcançar" essas porcarias não no sentido de que deveríamos nos tornar capazes de nos adaptar à desmesura que aprontamos – pelo contrário, isso constitui o *Human Engineering*, e nada é mais nefasto que o hábito de decretar que a *adaption* seria normal e que essa normalidade seria a norma. Pelo contrário, aqui, a palavra *alcançar* só pode ser empregada no sentido de recolher uma linha de pescar lançada longe demais, isto é, no sentido de "buscar algo de volta para si". Portanto, o que tem que ser feito é um ato de revogação, a saber: não fazer aquilo que somos incapazes de imaginar.

Alguns objetarão aqui que se trataria de um convite ao "ludismo". Não sejamos tão covardes. Essa expressão não pode nos intimidar. O medo dela é uma convenção. O descrédito em que ela se encontra provém de um tempo arcaico: do tempo da luta entre trabalho manual e trabalho mecanizado. Mas essa luta não existe mais. Não é assim que os fronts estão dispostos hoje. Nenhum "ludista" atual exige, como os "tecelões", que se fabriquem os produtos atuais (bombas de hidrogênio, por exemplo) com trabalho doméstico em vez de mecanicamente. O debate atual não gira em torno de *como* algo é produzido, mas *do que* é produzido e de *se* algo deve ser produzido. Quem é a favor da revogação das armas nucleares ou mesmo luta por ela já *é*, em parte, um ludista. Falta-lhe apenas a coragem para usar o termo. Não hesitemos em fazer dele uma palavra de honra!

2

Agora, parece-me que não podemos discutir esses problemas sem lançar um olhar sobre o livro que, pelo menos na Alemanha de hoje, é propagado como *a* filosofia da era nuclear. Falo, naturalmente, da obra de Jaspers.

A tese fundamental desse livro – vamos chamá-la de "axioma dos dois infernos" – afirma que, hoje, nos encontramos diante de dois perigos equivalentes. O perigo do fim do mundo, o qual

Jaspers (destaco-o com ênfase) admite de maneira totalmente franca e sem nenhum traço de banalização; e o perigo de sermos "esmagados pelo totalitarismo soviético". Nas palavras de Jaspers: "No primeiro caso perdemos a existência, no segundo, a existência digna de ser vivida" (p. 22). E mais uma vez nas palavras dele: "No primeiro caso a vida humana [...], no segundo, a essência humana é destruída definitivamente" (p. 230).

Essa alterativa de Jaspers é simplesmente indiscutível.

Ao considerá-la, deixo de lado dois pontos.

Primeiramente que, em sua divisão verdadeiramente maniqueísta do mundo em uma metade luminosa e outra obscura, ele exagera imensamente o perigo de uma invasão russa na Europa; ele ignora que a Rússia está muito mais interessada em desenvolver seu próprio território e na Ásia do que em fazer uma campanha de conquista voltada para o Ocidente.

E em segundo lugar que a Rússia, na época em que foi atacada três vezes pelo Ocidente (1914, 1921 e na última guerra) não empreendeu uma única campanha efetiva contra o mesmo. Como já dito, não falarei disso aqui.

Limito-me, muito antes, a um argumento puramente filosófico. Pois não é apenas surpreendente, mas também profundamente vexaminoso que um filósofo mencione em um mesmo fôlego o perigo proveniente de um fato histórico (a existência da Rússia soviética), o qual, como qualquer outro, está em fluxo, e um perigo que significa o fim irreparável e irreversível da humanidade; que um filósofo equipare o perigo de algo mutável ao perigo da extinção da espécie humana.

Por mais estranho que isso soe, Jaspers não omite esta objeção, assim como, de modo geral, não se abstém de discutir diretamente quase nenhum dos contra-argumentos possíveis. A peculiaridade – para não dizer a desonestidade – de seu livro deve-se antes ao fato de que ele simplesmente não confere peso suficiente a esses contra-argumentos. Comparando com os pontos que lhe interessam, ele apenas os menciona, para então abandoná-los pelo caminho. Ele mesmo se aprisiona de tal modo em seu axioma mitologizante dos dois infernos que não permite ao contra-argumento se desdobrar efetivamente e revelar suas consequências. Pelo contrário, ele baseia seu livro sobre a suposta equivalência dos dois perigos.

Da demonização da Rússia soviética resulta que a crítica do resto do mundo (a qual, como dito, também aparece no livro) não tenha peso, veemência ou consequências. Em todo caso, ela não impede Jaspers de dizer que todos os ocidentais pertenceriam a duas pátrias (das quais a segunda seria a América); de selar a "solidariedade absoluta" com a América (p. 184); de dar uma boa nota a Adenauer enquanto representante do "mundo livre"; nem tampouco de dispensar a "ideologia capitalista" como algo "sugerido ao Ocidente pelo pensamento marxista" – o que revela a mais vergonhosa ignorância –; e tudo isso acarreta naturalmente que fatos que são tão anti-humanos quanto a ditadura do partido único na Rússia soviética sejam simplesmente obscurecidos. O fato de a bomba não ter sido lançada pelo Estado totalitário diabólico, mas por outro Estado (e, conforme sabemos desde o início por meio do *Franck Report*, lançada desnecessariamente) não é utilizado nas quinhentas páginas desse livro para submeter a moral do Ocidente ou da América a uma crítica tão decisiva a ponto de ter influência sobre sua decisão. Por favor, imaginem por um momento que Hiroshima tivesse sido devastada pela União Soviética por meio de um bombardeio atômico, e que, ainda por cima, a União Soviética, depois dessa primeira bomba, tivesse feito um segundo bombardeio, embora o Japão já estivesse arrasado e pronto para se render. É inimaginável o quanto esses atos teriam sido usados contra o regime. Ou melhor, é imaginável, sim: pois esses atos teriam sido usados como o testemunho sangrento e fumegante que coroaria todas as demais provas da suposta máxima do totalitarismo "o fim justifica os meios", como documentos típicos de sua falta de escrúpulos.

E isso com razão. Cheguei agora ao cerne fundamentalmente

falso do argumento de Jaspers: ao defeito que torna seu livro simplesmente imprestável, apesar de algumas páginas serem verdadeiras e impressionantes.

A ameaça nuclear (e, conforme sabemos, tal ameaça consiste na mera "posse" do poder nuclear) não é a alternativa ao totalitarismo, mas a versão extrapolítica dele. A escolha definitiva atual não é "totalitarismo ou ameaça nuclear", mas "ou um poder se vale da ameaça nuclear porque já é totalitário, ou um poder se torna totalitário por se valer da ameaça nuclear".

Não me compreendam mal. Naturalmente não estou afirmando que haja campos de concentração nos Estados Unidos ou na Grã-Bretanha, ou que ocorram extermínios em massa em um desses dois países. Não estou afirmando, portanto, que a ameaça nuclear já trouxe consigo os fenômenos internos aterradores do totalitarismo. Sem dúvida, também não foi por acaso que o perigo de um totalitarismo semelhante ao fascismo, o perigo da passagem do terror conformista suave e não sanguinário a um terror ferrenho e sanguinário nos Estados Unidos tenha atingido seu ápice em um momento em que o monopólio atômico, embora já ameaçado, ainda não tinha sido quebrado. Se a nuvem escura que obscurecia a América, isto é, o perigo de McCarthy, passou, isso se deve à perda do monopólio atômico.

Seja como for, não me refiro aqui ao totalitarismo interno, mas ao fato de que quem possui onipotência nuclear, apenas por essa posse, transforma-se automática e inevitavelmente em um chantagista total; de que o país, por meio da posse dessa onipotência, é automaticamente forçado a considerar os não proprietários como "liquidáveis"; de que esses não proprietários são automaticamente transformados em entes submetidos às condições impostas pelos proprietários; de que eles se sentem constantemente liquidáveis; e de que, com efeito, eles só seguem vivos porque a chantagem não se realizou – ou ainda não.

Contudo, a equação "viver é igual a ainda não ter sido liquidado" é a definição da vida no Estado totalitário. E, naturalmente, viver assim significa seguir vivendo apenas fisicamente, isto é, sem a oportunidade de realizar a "essência da humanidade", a saber, a liberdade.

Em outras palavras: não é apenas o totalitarismo que aniquila a essência do ser humano, a situação atômica faz o mesmo. E o faz a situação atual, a situação da mera ameaça. E, à diferença do totalitarismo, esta (supondo-se que a vida física da humanidade seja preservada) talvez chegue a aniquilar definitivamente a "essência da humanidade". Definitivamente, pois a ameaça jamais terá fim, dado que, mesmo se todas as armas nucleares fossem abolidas, o *know-how*, a possibilidade de produzi-las não teria sido e nem poderia ser abolida com isso.

A alternativa que constitui o cerne do livro de Jaspers escapa entre nossos dedos. Mas se for preciso utilizar a dúbia expressão *totalitário*, então devemos dizer que a própria situação atômica já é totalitária. E o pensamento de utilizar um meio totalitário – a saber: a ameaça da guerra nuclear, que destrói a existência *e* a essência da humanidade – como *meio* contra o perigo da Rússia soviética (a qual representa, no máximo, uma ameaça passageira à essência do ser humano, mas certamente não à sua existência), esse pensamento simplesmente não foi pensado até o fim. Ou melhor, ele só pode ser considerado completo se não apresentarmos a Jaspers a questão "O que você acha?", mas a questão: "Para que leitor você escreveu isso?".

Até aqui falei do defeito fundamental da posição de Jaspers. Agora quero ainda fazer algumas observações sobre sua atitude. Jaspers continua um mero apocalíptico de cátedra. Qual é o seu conselho?

Ao final de seu livro, nas últimas trinta páginas, Jaspers responde a essa pergunta, que lhe foi feita repetidas vezes. Como já dito – sublinho-o mais uma vez –, conheço poucos autores que, como Jaspers, tenham descrito com tanta franqueza o perigo e pronunciado de maneira tão inequívoca nosso dever de nos informarmos e de informar os outros, não, mais que isso, nosso dever de aumentar propositalmente nosso medo. Apesar disso, ele não alcança o máximo da ousadia. Uma covardia peculiar, para não dizer uma obediência burguesa, impede-o de endereçar seu conselho – ou melhor, sua advertência – na mesma medida a todos os seus contemporâneos. Justamente aqueles homens aos quais, como vimos anteriormente, o apelo moral deveria se voltar em primeiro lugar, sim, e de maneira quase exclusiva, a saber: os "líderes políticos", justamente eles são poupados por Jaspers. *O medo dos líderes políticos talvez não precise ser aumentado*, diz ele (p. 473) – evidentemente porque eles sabem o que fazem, o que, se fosse verdade, tornaria sem sentido o perigo atômico, pois, na realidade, o perigo consiste em nada além do fato de que justamente eles, que decidem acerca do ser ou não ser, não sabem o que fazem, e no fato de que justamente eles não têm coragem de sentir o medo que deve ser sentido hoje, sim, que eles sequer sabem que a coragem que devemos ter hoje deve consistir nessa coragem de ter medo. Sem dúvida, também Jaspers não se sente totalmente confortável com essa limitação aduladora em relação aos homens de Estado. De fato, ela também lhe dá tanto medo que, na observação seguinte, ele a limita de novo. Mas verdades não são limitações limitadas.

Seja como for, Jaspers aconselha praticamente só uma coisa: autotransformação.

Ora, alguns de vocês talvez saibam que essa exigência não me é estranha. Já no ano de 1954 eu afirmei que "a formação e a expansão da fantasia moral" é uma tarefa moral urgente nos dias de hoje.[4] Mas é claro que jamais me ocorreria exigir essa autotransformação sem pressupor como óbvio que aquele que tentar realizá-la dá, com isso, no sentido mais simples, o passo seguinte, o passo para a ação. Em certo sentido, poderíamos talvez até mesmo afirmar que Jaspers também teria dado esse passo: pois, para decidir-se pelo papel de *Magister Germaniae* ou de *Magister*

---

4. Jahresring 55-56, pp. 97 ss.

Mundi que interpretou em seu discurso na Paulskirche, ele de fato teve que deixar a intimidade de seu filosofar e abandonar o estilo de comunicação que lhe é adequado.

Apesar disso, permanece decisivo que ele, embora tenha se exposto à esfera pública, não nos tenha conclamado a nos expormos também, não nos tenha forçado a sair à rua para combater efetivamente a ameaça, que ele conhece tão bem, e aqueles que brincam com essa ameaça, que ele conhece tão pouco.

"O medo produtivo", lê-se em seu livro, "não pode se realizar apenas sob a forma de medidas planejáveis, contratos etc. A preservação da humanidade não pode ser alcançada como mero objetivo planejado." É certo que não. Mas, de tanto medo do "planejamento", Jaspers esquece justamente que existe uma espécie de ação, precisamente uma espécie de ação opositora, que nada tem a ver com o planejamento no sentido mortal e administrativo ao qual ele se refere exclusivamente. A ideia de nos exortar ao protesto global, à greve do trabalho em armas nucleares ou na construção de bases de mísseis e afins – em suma: a ideia de exigir ou promover ações contrárias efetivas, ações de solidarização que, se empreendidas por milhões de pessoas, mudariam o semblante da situação mundial –, essa ideia não lhe vem à mente. Provavelmente, essa ideia vulgar assusta-o profundamente. Ele se mantém eminentemente reservado. Ele permanece um mero apocalíptico de cátedra.

Seu livro não apenas acaba antes da ação ou do chamado à ação, ele acaba antes mesmo da aprovação de um tal chamado. Somente assim podemos entender sua postura fria, e até mesmo de desprezo, diante dos cientistas de Göttingen; seu desprezo, que ele não é capaz de dissipar nem mesmo quando admite, ao final de sua crítica, que os físicos, apesar de tudo, "tornaram publicamente perceptível" esse grande tema (p. 277).

Em todo caso, ele mesmo se abstém de toda e qualquer ação. "Um professor de filosofia tem que ser humilde", sublinha ele em seu prefácio. Por quê? Platão por acaso foi humilde ao subir a bordo do navio para Siracusa? Por que é que ele "tem" que

63

sê-lo? Vocês veem outra explicação possível que não a de que, afinal, os mandamentos e as interdições advindas de seu "como", de sua função como "professor de filosofia" parecem-lhe mais compulsórios do que os mandamentos e as interdições advindas de sua situação enquanto *moriturus* da era nuclear? Pergunto-lhes: poderá um homem que escreve sobre essas coisas se importar com seu emprego civil? Com sua posição de professor de filosofia?

Parece-me que ser filósofo significa não falar *como* algo. Não *como* cientista de uma área específica, por exemplo, ou *como* funcionário público. Não, por mais paradoxal que soe, nem mesmo *como* filósofo. E por isso não podemos aceitar a asserção de Jaspers de que ele seria um mero professor de filosofia e que, por isso, teria que ser humilde.

E onde está escrito que seria filosófico ser professor de filosofia independentemente das circunstâncias? Cada coisa em seu tempo. Em todo caso, Jaspers não rompeu com a atitude de não intromissão e de auto-humilhação da filosofia acadêmica do último século (durante o qual só os não acadêmicos Nietzsche, Kierkegaard e Marx foram realmente intrometidos). Da maneira mais bizarra, ele associa o *pathos* do *Magister Mundi* com o neutralismo.

Certamente, essa expressão será uma pedra no sapato de Jaspers.

Pois, para ele – e chego, com isso, à minha segunda observação –, a palavra *neutralismo* (ou melhor: o bordão que ele também usa, sem qualquer desconfiança em relação aos vocábulos) é praticamente idêntica à palavra *imoralidade*. Vocês sabem que essa expressão é usada hoje da mesma maneira, por exemplo, que a expressão *sub-humano* era há 25 anos, ou seja: como espantalho, como um instrumento de descrédito.

Da maneira como Jaspers a utiliza, essa expressão tem um sentido exclusivamente pré-atômico. Pois ele só chama pessoas de "neutralistas" diante do pano de fundo da oposição Oriente--Ocidente. Essas pessoas seriam aquelas que, quando a coisa esquenta, não querem ter nem ter tido nenhum posicionamento, e que lavam suas mãos na inocência e esperam também não ser atingidas (porque, supostamente, aquilo de que se trata não diz respeito a elas). Como essa definição do neutralismo não leva em conta a situação atômica, ela simplesmente não tem nenhum objeto hoje. Para que pudesse ser preservado de alguma maneira, o próprio conceito de "neutralismo" teria que ser redefinido diante do pano de fundo da situação atômica.

Se o fizermos, teremos que entender como "neutralistas" aquelas figuras nem-cá-nem-lá que (como a maioria dos homens de Estado hoje) nem querem a guerra, nem estão preparados para ousar dar os passos indispensáveis para assegurar a paz na era nuclear. Naturalmente, o próprio Jaspers é um "neutralista" nesse sentido.

Por outro lado, chamar a nós ou aos cientistas de Göttingen de "neutralistas" (como Jaspers faz) é pura enganação. De fato, Jaspers atribui sub-repticiamente aos cientistas de Göttingen uma "mentalidade do sem mim". O "homem" ou o "Estado do sem mim" seria "neutralista". O que é simplesmente absurdo, dado que uma das principais teses dos físicos de hoje, inclusive dos de Göttingen, consiste justamente em afirmar que, no caso de uma guerra nuclear, não poderão mais existir oportunidades de exercer a "mentalidade do sem mim". Ora, é precisamente porque sabem disso (e melhor que Jaspers) que eles entregaram sua declaração. E é precisamente porque nós também sabemos disso que apoiamos uma "neutralização" da situação de ameaça atômica.

E agora mais duas breves observações finais:

Primeiramente: é evidente que Jaspers considera indigna (para não dizer ordinária) a defesa exclusiva da continuidade, isto é, da mera existência da humanidade. Por que o "ser" já deveria ser um "valor"? O importante seria a essência do ser humano.[5]

---

5. Em última instância, esse desprezo terá sua origem em Kant; hoje, sem dúvida, ele constitui uma herança ilícita. Diz uma passagem conhecida da *Crítica da razão prática* (livro I, parte 1, § 2): "Todos os princípios práticos que pressupõem um objeto (matéria)[e isso quer dizer: a existência de um objeto] da faculdade desiderativa como razão determinante da vontade são, em seu conjunto, empíricos, e não podem fornecer leis práticas." Agora, naturalmente, no caso de Kant tratava-se exclusivamente da existência de "matérias" particulares e do desejo que temos por ou do prazer que temos com uma ou outra

Admitamos sem medo: não existe nenhum objetivo mais – como chamá-lo? –, mais vazio, mais desprovido de espírito do que o objetivo de salvar a mera existência de algo. Toda empreitada particular e específica, independentemente de se tratar da educação de uma criança ou da fundação de um instituto ou da redação de um romance, é mais característica e plena de espírito que esse objetivo mais universal de todos. Mas será nossa culpa que sejamos confrontados com esse objetivo mais vazio de todos? Fomos *nós* que escolhemos esse objetivo? Certamente não há ninguém entre nós que não prefira perseguir um objetivo mais específico. É um vexame que tenhamos que perseguir esse objetivo inespecífico. Mas seria um vexame maior ainda se fôssemos demasiado distintos para fazer dele o nosso objetivo, e até mesmo nosso objetivo exclusivo por algum tempo. "Essência", hoje, é *cura posterior*, e a essência do ser humano é infelizmente um luxo. Para que ela possa estar mais uma vez em primeiro plano é

---

dessas matérias. E Kant não podia considerar esse desejo ou prazer como razão determinante de um princípio. Mas acontece que hoje não se trata de "matérias" particulares desse tipo. Pois nosso desejo refere-se à representação da existência do mundo humano enquanto tal e como um todo. É supérfluo explicar por que esse desejo não podia e não precisava aparecer no campo de visão das reflexões kantianas. É tolice crer que nosso "desejo fundamental" (pela existência continuada da humanidade) simplesmente se deixaria subsumir àquilo que Kant tinha em mente quando falava do "desejo" pelo empírico. Esses dois "desejos" pertencem a patamares completamente distintos. Ademais, também Kant não pôde evitar incluir a "existência" em seu argumento filosófico. Sua famosa "nota" à proposição III (ibid., p. 4) diz o desfalque de um depósito (conhecido apenas pela pessoa de confiança) jamais poderia se tornar um princípio porque esse "princípio" suspenderia os depósitos enquanto instituição e, com isso, a existência de depósitos. Já Hegel, como se sabe, respondeu a isso perguntando, por sua vez, por que a existência de depósitos seria necessária *a priori*. Por meio dessa réplica ele forneceu o esclarecimento decisivo, a saber: que também nos princípios kantianos a "matéria" e a "existência desejada" são pressupostas tacitamente, no caso a "existência" de uma sociedade civil que trabalhe de maneira confiável. Evidentemente, a existência dela era para Kant um dever. Hoje, o papel que a sociedade civil tem para Kant é interpretado pela humanidade como um todo ou pela existência da mesma. Regra: princípios independentes da "matéria" em sentido kantiano só têm sentido se for pressuposto como autoevidente que esse objetivo desejado é obrigatório. Aquele que não se sente obrigado deveria perguntar-se: "Mas por que a humanidade deve existir?" – uma pergunta niilista, que é sem dúvida inevitável e até mesmo irrespondível, mas que nada tem a ver com Kant.

preciso que hoje nos limitemos ao cuidado com a existência. Se o termo *existencialismo* tem hoje um sentido (sem dúvida altamente divergente de seu sentido acadêmico), então será esse.

Se um semelhante nosso corre o risco de cair num abismo, não é o caso de agarrar sua essência pelo colarinho, mas de agarrar a ele.

Chego agora à minha segunda e última observação referente ao livro de Jaspers. Pois acontece que esse livro beira o cômico. Há formulações que contradizem tanto a verdade que têm um efeito absurdo. Em um momento em que são exigidas máximas, teses e regras, ele nos apresenta um volume de quinhentas páginas. É como se ele lançasse uma boia salva-vidas com o peso de uma universidade para alguém que está se afogando.

Eu lhes pergunto: quem, além de nós, acadêmicos, lê um livro desses? Quem, no mundo atual, tem a prática, o costume, a paciência de fazê-lo? No entanto, se ele é lido, então ou ele é "apenas lido" – vocês sabem o que quero dizer com isso –, ou produz no leitor o sentimento arrogante de ter estudado um livro sério sobre um assunto sério, e o sentimento, igualmente bom, de "não ter aprendido grande coisa", isto é, de não se ver forçado a tomar uma posição determinada. Ou então, finalmente, o livro pode ser desmembrado, por exemplo, por funcionários que selecionam, com prazer e expressão séria, as passagens que lhes são oportunas (especificamente as páginas constrangedoras contra os cientistas de Göttingen e a favor de Adenauer) para citá-las quando falam de armamento nuclear. Sentados à mesa eles parecem estar adornados com vocábulos filosóficos, mas embaixo dela estão esfregando as mãos, deleitados com o apoio inesperado providenciado pela filosofia da existência. Se Jaspers ganhou o prêmio da paz, foi principalmente porque ele deixou Adenauer em paz.

A situação atual é altamente peculiar, pois os acontecimentos já estão se desenrolando em diversos patamares ao mesmo tempo: enquanto os ministros da guerra dos diversos países procuram equipar seus exércitos com bombas atômicas e de hidrogênio, os cientistas do Leste e do Ocidente se unem para confrontar o perigo comum. E não apenas os cientistas: pois em Genebra reúnem-se também, e certamente não sem resultados, os representantes das grandes potências. Mas além disso há também massas populares congregando por toda parte, agitadas pela experiência do perigo ou pela compreensão do perigo possível – o que eu, por exemplo, experienciei em agosto, no Congresso Nacional japonês contra as bombas atômicas e de hidrogênio e em favor do desarmamento, ao qual compareceram doze mil pessoas; e um mês depois, na reunião de encerramento da Pugwash Conference, em Viena, que foi visitada por no mínimo dez mil pessoas.

Meus senhores dos ministérios da guerra! A situação não está mais apenas em suas mãos! O medo de que vocês poderiam talvez ser infiltrados ou minados por um ou outro grupo já se encontra ultrapassado. Pois vocês *já foram* infiltrados – por milhões de pessoas que compreenderam que o alcance do problema nuclear vai muito além das esferas política, militar ou tática. Vocês *já foram* infiltrados – pela boa vontade de um movimento que é tão global quanto o próprio perigo. Não importa que vocês chamem o caráter internacional desse movimento popular de *traição*. Isso não nos incomoda. Pelo contrário: podemos adotar essa palavra. Pois *o que nós fazemos consiste exclusivamente em trair ao mundo o segredo de sua própria situação*. Uma vez que o perigo é internacional, a salvação também tem que sê-lo. Uma vez que a eficiência dos mísseis, a cinza nuclear e a falta de fantasia são fenômenos internacionais, e dado que esses fenômenos extinguiram as fronteiras geográficas, essas fronteiras também precisam ser extintas em nosso agir e pensar. Uma vez que o horizonte de nossos feitos técnicos é global, o horizonte de nossa solidariedade moral também tem que sê-lo. Uma vez que com nossas ações podemos atingir todo mundo em todos os lugares de nossa Terra encolhida, e como nós mesmos podemos ser atingidos por qualquer um e de qualquer lugar, a ação de todos diz respeito a todos.

E não apenas cada vizinho no espaço nos diz respeito por se encontrar ao nosso alcance, mas também cada vizinho no tempo.

Os próximos que devemos "amar" não vivem apenas nos países que até ontem eram chamados de "longínquos" ou "estranhos", mas também nas regiões do futuro que até ontem eram chamadas de "longínquas" ou nem mesmo eram visíveis. Uma vez que essas regiões também são afetadas por aquilo que fazemos hoje, por exemplo, com nossos testes nucleares, seu bem-estar diz respeito a nós tanto quanto o bem-estar dos contemporâneos. Portanto, nossa aliança é incomparavelmente mais ampla do que alianças jamais foram. Ela é uma aliança das gerações. A Internacional dos Tempos começou. As gerações vindouras estão do nosso lado. E o "coro dos ainda não nascidos" acompanha nossos esforços com suas súplicas.

Peço que entendam esta reunião também nesse sentido. Ela é uma entre centenas, uma peça do sistema de alianças, um exemplar fortuito da grande reunião *única* que se congrega há muitos meses – mesmo que a cada vez em uma "composição" diferente –; e que aconteceu antes de ontem em Tóquio, e ontem em Londres, e hoje aqui, e que amanhã acontecerá em outra parte.

E mais uma palavra para aqueles que nos combatem: não é apenas nossa insólita solidariedade global, diante da qual vocês não saberão como reagir, que trará problemas às suas contrainvestidas, mas também o insólito sistema de alianças que se tornou realidade no interior de cada grupo singular. Observe, por exemplo, senhor primeiro-ministro, os homens que pertencem a esse movimento. Nós procedemos de todas as entidades, associações, grupos, classes, religiões que você possa imaginar. Aqui o saber dos cientistas da natureza se aliou à consciência dos eclesiásticos, e aqui você verá eclesiásticos amigavelmente ao lado de escritores agnósticos, e escritores ao lado de sindicalistas. Senhor primeiro-ministro, como reagir a uma sociedade da boa-vontade tão diversa? Em um seminário sobre as "Obrigações morais na era nuclear", que aconteceu em agosto em Tóquio, sentei-me ao lado de médicas da Indonésia, teólogos protestantes da Alemanha e da América, sindicalistas da Índia, sacerdotes budistas do Japão, cientistas nucleares dos mais diversos países e estudantes da África. Em suma: lá, o princípio da aliança transversal foi realizado de maneira ainda mais ampla. E isso nos deu a confiança, o sentimento de sermos uma "terceira força". Dado que éramos inclassificáveis e ilocalizáveis do ponto de vista nacional, religioso, político-partidário, de classe e de visão de mundo, era quase impossível nos atingir.

Somos uma hidra da boa-vontade: se, por exemplo, em algum lugar, um cientista antinuclear fosse silenciado, um eclesiástico se levantaria em seu lugar para erguer sua voz, ou então um sindicalista; e se, em algum lugar, um sindicalista se deparasse com dificuldades, então um médico ou um estudante falaria em seu lugar; e se o movimento fosse impedido no país A, então seriam convocadas reuniões de protesto nos países B e C. Vamos dar trabalho a vocês, meus senhores. Pois a Internacional Pacífica da Boa-Vontade está a caminho.

Eu, que venho do Japão, poderia também dizer: o movimento está "em marcha". Pois lá os iniciadores do movimento realmente se puseram em movimento, juntamente com centenas de milhares de habitantes da cidade e do campo; isto é, eles realizaram uma marcha real para tornar o progresso do movimento visível e irrevogável por meio dela. Ou, como a palavra *marcha* soa demasiado militar, talvez seja melhor falar de uma procissão. Falo da procissão que, liderada pelo jovem sacerdote budista Nishimoto, atravessou, em julho e agosto do ano passado, os tórridos mil quilômetros que separam Hiroshima de Tóquio: à frente, tocando tambores, duas fileiras de sacerdotes, atrás deles, cidadãos, camponeses e trabalhadores da área afetada pela explosão, entre eles uma delegação de cegos de Hiroshima, e atrás deles, sempre mudando, mas sempre aos milhares, os habitantes das regiões pelas quais a procissão passava. Três não japoneses que estavam no país na ocasião (um holandês, um peruano e eu) também marchamos pelo menos uma parte dessa procissão para demonstrar ao povo japonês que caminhamos todos em direção ao mesmo objetivo. Foi nessa ocasião que fiz o discurso na praça do mercado de Kyoto do qual lhes contei no início. Retorno mais uma vez a esse momento, pois disse lá exatamente o mesmo que aqui: que a procissão deles era apenas uma parte de uma procissão incomparavelmente maior, que hoje já não pode ser parada, de uma procissão cujas partes estariam marchando ora aqui, ora ali, pela superfície da Terra. Para ilustrar minha afirmação, contei aos japoneses da procissão de estudantes que eu presenciara quatro meses antes em Munique. E eles se alegraram de saber que em um lugar totalmente diferente estava acontecendo o mesmo que lá. Da mesma maneira que vocês podem se alegrar com o fato de que o que acontece aqui acontece também em outro lugar. Nós também somos apenas uma parte dessa procissão: uma parte dessa procissão única que não marcha por si mesma, mas pela sobrevivência de todos os nossos contemporâneos e das gerações vindouras. E também pela sobrevivência daqueles que hoje ainda são tão cegos a ponto de nos ignorar ou mesmo de nos combater e de, por meio desse combate, combater seu próprio futuro e o de seus filhos.

IV

O assassinato atômico não é um suicídio[1]

Definitivamente, a época em que vivemos é, mesmo que ela venha a durar para sempre, a última época da humanidade. Pois não podemos desaprender nada.

Nossa época é definida pelo fato de nós, a humanidade, podermos extinguir a nós mesmos. Por mais que sejamos capazes de, no decorrer do tempo (caso este ainda nos reste), criar e aprender coisas novas, sim, infinitas coisas novas, dois fatos permanecem imutáveis:

1. Nenhuma nova aquisição ou produção pode ter ou vir a ter o mesmo significado fundamental para a humanidade do que o fato de que ela pode liquidar a si mesma a qualquer momento.

2. Nunca seremos capazes de desaprender essa nossa capacidade. Assim como não estamos em condição de remover o 13 do sistema dos números (ele permaneceria como lacuna ou disfarçado de "12a"), também não estamos em condição de remover peças do sistema de nosso arcabouço científico e tecnológico – e, naturalmente, isso vale também para o

1. Publicado originalmente em 1959.

know-how. Por essa razão é preciso constatar que a era que começou com o ano de 1945 é definitiva. Ou seguiremos vivendo nessa nossa época, ou simplesmente não seguiremos vivendo. *Tertium non datur*.

Se, como antes era popular, definirmos o animal (claro, de maneira generalizada, portanto errônea) dizendo que ele vive de uma vez por todas e irrevogavelmente como o ente como o qual nasceu, que ele permanece condenado aos seus dotes inatos, a seus *a priori*, não podendo aprender nada de novo, nem, em certa medida, adquirir nenhum conhecimento *a posteriori*, então podemos, inversamente, definir o ser humano como um ente que possui de uma vez por todas e irrevogavelmente tudo aquilo que ele aprende alguma vez, que ele não pode aprender a perder o que aprendeu, que ele permanece condenado a fazer de tudo que ele venha a aprender de novo mais uma peça de seu *a priori* – em suma: que ele não pode de repente não poder mais aquilo que ele já pode.[2] Dado que, sem dúvida, o esquecimento é um de nossos principais atributos ou defeitos humanos, essa tese parece inverossímil. Mas só parece. Pois a memória de que se trata aqui não é a capacidade de recordação maior ou menor de indivíduos singulares, mas um fragmento do "espírito objetivo", isto é, o arcabouço da humanidade, estabelecido na forma de linguagens, teorias, livros, aparelhos e instituições, o qual é tão massivo que, enquanto indivíduos, podemos tranquilamente nos permitir esquecer.

Em outras palavras: *para a humanidade, tudo o que é feito "uma vez só" vale de uma vez por todas* – e isso vale sem reservas para a humanidade atual da era da reprodução, que preserva cada fragmento de ciência em milhares de exemplares. Se inventamos uma vez a bomba atômica, a bomba atômica passará a existir de uma vez por todas. Não temos a capacidade de não saber mais algo que já soubemos uma vez, de "poder" não mais "poder" algo que pudemos alguma vez – aqui passa a fronteira de nossa

---

2. Naturalmente, essa nossa afirmação não tem absolutamente nada a ver com a chamada "herança de propriedades adquiridas".

liberdade. Ao *non possumus non peccare* agostiniano corresponde hoje o *non possumus non posse*. Jamais poderemos desaprender uma capacidade que, enquanto fragmento de nosso arcabouço científico e tecnológico, pertença ao todo de nossa cultura e de nossa práxis técnica.

E isso vale de modo geral para toda capacidade adquirida alguma vez. Não existe nenhuma habilidade que não seja fragmento, que tenha vindo a nós como uma capacidade singular errática e isolada e que esteja à nossa disposição enquanto tal, nenhuma única capacidade que não deva sua origem, ou pelo menos seu lugar, ao estado e ao sistema da ciência como um todo. Logo, tampouco existe uma capacidade que (supondo-se que tentássemos destruí-la) não pudéssemos reconstruir a qualquer momento, uma capacidade que não se regenerasse imediatamente e por conta própria no mesmo instante de sua suposta destruição, uma lacuna que não assumisse subitamente o aspecto da imagem apagada.[3]

Portanto, uma vez que toda capacidade se encontra guardada no todo de nossa ciência e tecnologia, todas são mantidas e preservadas de maneira irrevogável. As ciências e tecnologias são elas mesmas instituições de manutenção e preservação, em certa medida uma memória tornada objetiva. Se alguma coisa puder ser liquidada, que não sejam as peças individuais mantidas em uma instituição de preservação, mas essas instituições como um todo. Naturalmente, se nós formos extintos, a ciência e a tecnologia serão extintas conosco. Mas enquanto nós permanecermos, e conosco nossas ciências e tecnologias, nada sucederá às peças individuais. A restrição "na medida em que estas forem preservadas

---

3. É difícil responder à questão de se a regra segundo a qual somos incapazes de repentinamente não poder mais o que podíamos também vale na dimensão pré-científica. Em todo caso, é certo que nós, seres humanos, sempre tentamos e seguimos tentando fazê-lo. Pois não haverá de ser injustificado ver nos sistemas de tabu e de moral que nos impusemos ao longo da história nossas tentativas de nos forçarmos a não poder aquilo que podemos. É indiscutível que podemos matar nossos semelhantes. Nossa proibição "não matarás" não tem apenas o objetivo de impedir essa ação de que somos capazes, mas de nos transformar em entes que, de fato, não são capazes de cometê-la. É verdade que sistemas éticos efetivamente em vigor não inibem apenas ações, mas também habilidades. E a expressão "não podemos fazer isso" é bem mais que uma mera expressão.

em nossa memória" é, como já dito, supérflua, ou melhor, errada, justamente porque cada *know-how*, cada solução científica e tecnológica de um problema particular se encontra preservada como parte integrante do sistema, e porque, assim, nenhuma peça individual depende de ser mantida e guardada separadamente em nossa memória. O trabalho da memória nos é poupado constantemente pela ciência e pela tecnologia, assim como ocorre com a maioria dos outros trabalhos atualmente, como o do transporte aquático, o de assar pães ou o de formar opiniões. Entregamos todos esses trabalhos a outras instâncias, a construtos objetivos, sejam eles aparelhos, instituições ou disciplinas científicas, nos quais eles passam a ter uma permanência própria que não pode mais ser revogada por nós. Por mais intensamente que desejemos não ter mais um *know-how* qualquer ou não dominar mais uma técnica qualquer, nosso desejo não será atendido, pois não dispomos mais daquilo que delegamos alguma vez a outras instâncias. Uma regra paradoxal: *aquilo que nós não temos mais (porque o entregamos, isto é, o transformamos em teoria ou coisa), nós o temos de maneira definitiva, ele nos "tem" de maneira definitiva.*

Portanto, a fórmula apresentada anteriormente (não podemos de repente não poder aquilo que já pudemos) deve ser substituída pela seguinte fórmula aprimorada: *aquilo que depositamos alguma vez nos armazéns da ciência e da tecnologia para que fosse preservado*, e que, portanto, não precisamos mais preservar na própria memória, não pode mais ser perdido ou esquecido; *essa coisa foi dada a perder* em um sentido altamente peculiar, a saber, *porque não podemos mais dá-la a perder.* A partir desse ponto, quando se trata de algo perigoso, como as armas nucleares, permanecemos entregues a esse perigo de maneira irrevogável.

Fôssemos rousseauistas, poderíamos ver o fato de não podermos mais nos livrar do que adquirimos como *o* escândalo da civilização. Mas, independentemente de como designarmos esse fato, seja como "escândalo" ou como "dialética da objetivação", permanece indiscutível que, quando fixamos algo que podemos na forma de uma coisa ou de uma ciência (o que é a definição de "cultura"), fixamos a nós mesmos por meio disso; então as coisas, tornadas autônomas, vingam-se de nós ao nos tomarem a liberdade de as revogarmos. Naturalmente, essa situação de aprendiz de feiticeiro não data da invenção das armas nucleares. Muito antes, vivemos nela há milênios, desde o dia desconhecido em que objetivamos uma capacidade pela primeira vez. Mas essa situação só se torna uma maldição a partir do momento em que, devido a ela – como é o caso hoje –, encontramo-nos expostos à possibilidade da extinção definitiva.

Nossa época não apenas é impermanente; muito antes, sua essência consiste em sua impermanência. Ela não pode passar para nenhuma outra época, mas somente se extinguir.

Repito: a época que adentramos com nossas manobras não é uma época em sentido usual. Por que não? Porque ela tem duas características que nenhuma outra época teve até agora e que contradizem diretamente o conceito de "época".

Primeiramente: sua essência consiste em sua impermanência. Sublinho que se trata de sua "essência" para, com isso, antecipar-me à objeção evidente de que jamais existiram épocas que não fossem mortais, e, portanto, impermanentes. Não é a essa mortalidade (sem dúvida indiscutível) que me refiro quando falo de nossa época. Pois as épocas até agora foram impermanentes não porque a impermanência fosse uma característica específica de cada uma (que, com isso, deixaria de ser específica), mas porque o caráter de "impermanência" pertence à essência do tempo enquanto tal.[4] Afinal, a essência da Antiguidade não consistia no fato de ela terminar algum dia para dar lugar a outra época – ora, o mesmo se passou também com a Idade Média, que se seguiu à

---

4. E mesmo esse fato é quase imperceptível, pois cada época emite uma espécie de força "des-historizante". Quer dizer: o mundo que cada época apresenta a seus filhos parece ser *o* mundo, o "mundo natural", o único mundo possível, o mundo que, na verdade, sempre foi assim. Se a apresentação de um mundo passado produz uma impressão cômica nos contemporâneos, é porque, para eles, todos os mundos que não o atual parecem "impossíveis".

Antiguidade. Pelo contrário, consideramos que a "essência da Antiguidade" consiste em determinados traços positivos específicos, que não vem ao caso enumerar aqui.

O mesmo não vale para nossa época. Ela se distingue enquanto tal e em sua singularidade pelo fato de, à diferença de épocas anteriores, estar o tempo todo em perigo de se destruir, e por ter o tempo todo a capacidade para tanto. Se existe algo que confere à nossa era sua coloração inconfundível, até em seus mais ínfimos elementos, esse algo é a impermanência, juntamente com tudo que pertence a ela, inclusive todas as manobras que fazemos para minimizá-la ou torná-la inofensiva. Em outras palavras: *em nosso tempo, a essência do tempo – a transitoriedade – tornou-se, pela primeira vez* (e, naturalmente, isso quer dizer: pela última vez), *a essência da época*. Nossa época não é só mortal – ou melhor: assassinável –, mas ela é o resultado de sua mortalidade ou assassinabilidade, a qual permaneceria sendo sua característica específica mesmo que ela durasse para sempre.

Em segundo lugar, nossa época não é apenas uma entre outras porque ela não pode mais passar para nenhuma outra época; porque *sua passagem para outra coisa* só poderia ocorrer *sob a forma da ruína*, da ruína pura e simples, como ruína da história passada e futura, e não apenas como ruína de nossa época.

Mesmo que se objete que, até agora, toda época teve que ter sua ruína, até agora todas as ruínas ocorreram sob a forma de uma passagem, sempre no interior do meio da história, ou, no mínimo, sempre no interior daquele meio no qual a história ocorre, isto é, do meio "mundo humano", e, portanto, sobre um fundo em que a época em ruína podia "ruir", e cuja permanência não era ameaçada ou afetada pela sua ruína. Nunca houve uma mudança que não se encontrasse inserida em algo cuja permanência estivesse acima de qualquer dúvida.

Não é esse o caso hoje. Se nossa época ruísse, ela não passaria para outra época, e também não retornaria ao fundo da "humanidade", mas, no máximo, ao fundo desta última, isto é, ao fundo da natureza, na qual não apenas os conteúdos da história passada seriam apagados, mas também o fato *de que* algum dia ocorreu o incidente chamado "história".

E mesmo isso não é suficiente. Pois não está fora de questão que a humanidade, em sua queda, arraste consigo a natureza viva como um todo para dentro do abismo. Talvez até a expressão *ruir* seja inadequada, dado que a base também haveria de ruir junto. Não dispomos em nossa língua de uma palavra que seja suficientemente forte.

A ruína atômica não é um suicídio, mas um assassinato da humanidade. Não existe uma consciência de classe dos ameaçados.

Como já foi dito, o tempo em que nos encontramos desde 1945 não é uma época qualquer, semelhante a outras épocas da história, mas uma época excepcional: ela é o último pedaço de história, aquele pedaço no qual (já hoje) se decide a cada instante se a história em geral seguirá existindo ou não, o pedaço em que rolam – e, em certa medida, rolam novamente a cada instante – os dados que decidirão acerca da continuidade do tempo em geral.

Isso é certamente apenas metade da verdade. Pois nós não somos somente as apostas pelas quais os dados são lançados, mas também os próprios jogadores. Uma vez que a possibilidade do apocalipse é obra de nossas próprias mãos, uma fatalidade produzida por nós mesmos para nós mesmos, também está em nossas próprias mãos (aparentemente, pelo menos) decidir se essa possibilidade se tornará realidade ou não, se permitiremos ou não que ela se torne realidade. À primeira vista, isso pode representar um enorme aumento de poder, talvez até mesmo um enorme aumento de dignidade: o fato de a instância que deve decidir sobre a continuidade da existência da humanidade ser a própria humanidade poderia ser entendido como a apoteose da autonomia. Mas isso seria um mal-entendido terrível, pois quem entender a "humanidade" aqui como sujeito do agir cometerá com isso uma falsificação injustificável. Ora, seria um total desatino afirmar que os bilhões de seres humanos reais que vivem na Terra tomariam a decisão sobre seu destino enquanto bilhões de indivíduos "como um só homem". A expressão frequentemente usada (às vezes também por mim) de que "o ser humano" ou "a humanidade" estaria em perigo de "cometer suicídio" ou de se decidir a fazê-lo (ou, inversamente, a não o fazer) – essa expressão não corresponde aos fatos. Quem é *o ser humano* ou *a humanidade* deste ponto de vista? Será verdade que todos nós provocamos a era da ruína possível e que, caso a catástrofe realmente ocorresse, todos nós teríamos a mesma medida de culpa?

Não, as formas singulares *o ser humano* e *a humanidade* estão proibidas. Ao usar essas expressões, que aplicam a mesma medida a todo e qualquer ser humano, deixamos de considerar não apenas os culpados, mas também os bilhões de pessoas evidentemente inocentes, ou melhor, atribuímos a culpa também a estes últimos, sem exceção. Da mesma maneira que é absurdo caracterizar o capitalismo afirmando que nele "o ser humano se explora a si mesmo", é igualmente absurdo afirmar sobre a nossa situação apocalíptica que nela "o ser humano se ameaça a si mesmo" ou que algum dia haverá de se suicidar. Sem dúvida, essas afirmações soam impressionantes, e esse uso do singular é, de fato, popular, principalmente na "antropologia filosófica"; mas na maioria das vezes somente porque por meio dele é possível abafar as questões concernentes à culpa de cada um (acima de tudo o fato do dualismo de classes). Se deixarmos isso claro, teremos que abdicar da fórmula do suicídio.

Naturalmente, no que diz respeito à *luta contra* a ameaça de morte, o uso dos singulares *o ser humano* ou *a humanidade* seria mais justificado. Sem dúvida, não no sentido de que a humanidade inteira se ergueria contra o perigo "como um único homem". Naturalmente, uma tal afirmação seria um total absurdo. Caso isso ocorresse, então tudo estaria em ordem e essas nossas reflexões teóricas seriam desnecessárias. *O singular é justificado unicamente no sentido moral de que a humanidade, estando como um todo sob ameaça, deveria, na verdade, se erguer contra essa ameaça como um só homem.* Mas esse *na verdade* e esse *deveria* indicam que o sujeito *a humanidade* permanece sendo mero postulado. Não, no máximo, a humanidade é *um* sujeito no sentido passivo, a saber, enquanto "sujeito do sofrimento" – com o que quero dizer que nós, sem distinção, independentemente do povo ou da classe a que pertencemos, e independentemente de sabermos ou não uns dos outros, somos todos *morituri* e compomos, por isso, *uma única grande massa de vítimas.* Portanto, é somente a partir da perspectiva da catástrofe que nos ameaça que nós, seres humanos, somos algo unitário.

Agora, talvez seja o caso de introduzir uma analogia aqui – uma analogia com o proletariado. Certamente, o proletariado encontrado por Marx não era o sujeito coletivo de ação, mas era "uno", algo unitário, somente em sentido passivo, somente enquanto "objeto", enquanto personificação de todos aqueles afetados e atingidos pelo mesmo destino da exploração. Mas Marx não se satisfez com essa constatação. Muito antes, ele derivou desse fato que encontrou a tarefa de despertar e desenvolver uma consciência de classe e de transformar, por meio dessa consciência, o objeto unitário em um sujeito da ação eficaz. Não será o caso de perguntar se algo análogo seria pensável hoje também? Não deveria ser possível, por meio do lema "*Morituri* de todos os países, uni-vos!", conclamar a humanidade, tornada *uma* vítima virtual por meio do destino comum da ameaça, a participar de uma consciência da humanidade (análoga à consciência de classe)?

Ora, em certo sentido, é precisamente isso que nós, porta-vozes e proclamadores do "movimento antiatômico", inclusive eu mesmo, fazemos. E não há ninguém entre nós que seja capaz de se abster de seguir falando e proclamando. Apenas é preciso que esteja claro para nós, quando o fazemos, quão pequenas são nossas chances. E, com isso, chego a um ponto que é tão importante quanto deprimente.

Pois acontece que é absurdo comparar a humanidade atual com o proletariado do século passado. Pelos simples fatos de que o proletariado *sofria* e *se destacava* da parte da população que não sofria (ou que, no mínimo, sofria menos), ele foi capaz de reconhecer a si mesmo, em certa medida, como *a elite e a vanguarda da miséria*, e de fazer desse reconhecimento a base de sua solidarização. Não há nada em nossa situação atual que corresponda a essa oportunidade. Uma vez que todos os seres humanos estão ameaçados na mesma medida, não podemos falar de uma "elite e vanguarda da miséria". E, além do mais, seria errado dizer que a humanidade sofre ativamente com a ameaça nuclear, na verdade ela segue sua vida, "cega" diante do apocalipse.

Não podemos simplesmente ignorar esses dois pontos. Não nos iludamos: por mais que seja justificado constatar que nós todos somos ameaçados pelo mesmo perigo, seria injustificado afirmar que isso facilitaria o reconhecimento desse perigo. A verdade chega a ser o contrário: a universalidade da ameaça dificulta a sua cognoscibilidade, ou melhor, ela é capaz de impedi-la totalmente. Com isso quero dizer que nós, estando indiferentemente expostos à aniquilação, perdemos, com poucas exceções, a capacidade de nos tornarmos conscientes da ameaça. Se existisse uma teoria do conhecimento sociológica, uma de suas teses fundamentais teria que ser a seguinte: *aquilo que é comum* não se "destaca", e *permanece invisível* na medida em que não produz sofrimentos diretos como a fome, o frio ou a doença, isto é, como a necessidade. Por essa razão, isto é, porque todos nós estamos expostos a um mesmo perigo mas não sofremos imediatamente por causa dele, é mínima a chance de um chamado análogo ao apelo clássico por solidariedade – "*Morituri* de todos os países, uni-vos!" – penetrar os ouvidos de todos os nossos semelhantes.

Mas retornemos ao nosso problema inicial. Como já disse, caso a catástrofe venha a eclodir, não se tratará de um "suicídio da humanidade". Se no suicídio verdadeiro o autor e a vítima são idênticos, uma tal identidade não existiria no caso do chamado "suicídio atômico". Quer dizer: a humanidade como um todo não seria um sujeito. Se ela perecesse, seria por mãos humanas – e é somente nesse sentido que a expressão tem uma certa justificativa imprecisa

–; mas não pelas mãos *da* humanidade, uma vez que esta última não existe. Portanto, o poder da aniquilação não se encontra nas mãos da humanidade, mas nas mãos de indivíduos e de uma pluralidade de poderes – hoje, no ano de 1959, nas mãos do governo de três Estados, amanhã nas de um "clube atômico"[5] (conforme já foi pré-batizado) com um número indefinido de membros. Em suma: no caso de um suposto "suicídio atômico", o autor e a vítima não seriam idênticos, pois a humanidade inteira não figuraria como autora, mas em sua qualidade de vítima ela entraria em cena como um todo – e, precisamente enquanto vítima , ela não "entraria em cena", mas "sairia de cena", isto é, pereceria. Portanto, temos que abdicar da expressão "suicídio da humanidade".[6]

Mas há mais uma razão pela qual não é legítima a ideia de que a humanidade poderia se suicidar, ideia que pode levar a crer que com isso se atinge o mais elevado grau da liberdade humana: a liberdade estoica para a morte livre. Por causa do uso inadequado da palavrinha *poderia*. Não nos deixemos desencaminhar por essa palavrinha. Pois, neste caso, ela não designa nenhuma liberdade, mas, pelo contrário, o cúmulo da não liberdade. Se for possível falar de alguma maneira de um *poderia* ou de um *pode* aqui, será unicamente no sentido de que pode acontecer que pereçamos devido àquilo que "nós mesmos" produzimos. Utilizada dessa maneira, é evidente que essa palavrinha significa não potência, mas impotência, não liberdade, mas debilidade. Ela aponta para o fato de que não estamos em condição de restringir o poder ilimitado que a "liberdade" do desenvolvimento tecnológico trouxe consigo, que permanecemos incapazes de dominar (em sentido não técnico) o uso daquilo que criamos, e incapazes de controlar os poderes em cujas mãos se encontram os instrumentos de aniquilação. Aqueles teóricos que interpretam esse *pode* – que

---

5. Desconheço quem cunhou a expressão feudal *clube atômico*. É evidente que se trata de um instrumento de banalização e enfeitamento. Muitas outras designações de grupo seriam não apenas possíveis, mas certamente muito mais pertinentes (1970).

6. Ela é um exemplo típico daquele tipo de falsificação que, em outro lugar, chamei de 'solenização' da catástrofe (p. 128) (1970).

quando se refere à situação nuclear não designa nada além de incapacidade e não liberdade – com um sentido positivo, e que, portanto, concedem à humanidade (entendida como sujeito da ação) a liberdade para escolher o suicídio – e Jaspers chega terrivelmente perto disso em seu livro – são falsificadores. E nós não queremos ter nada a ver com falsificadores desse tipo.

V

Imoralidade na era nuclear: advertência durante uma calmaria[1]

> Uma indústria que queira fazer parte da vanguarda tecnológica não pode abrir mão sem razão da tecnologia armamentista como motor do progresso.
>
> RELATÓRIO DECENAL DA ASSOCIAÇÃO FEDERAL DA INDÚSTRIA ALEMÃ, 1959

Não é por acaso que a linguagem só conhece a palavra *paz* no singular; que não é possível falar *as pazes* em analogia com *as guerras*. Pois a paz – se com ou sem razão, não vem ao caso aqui – valia como o contínuo, e as guerras como suas interrupções.

Feliz o tempo em que ainda havia guerras. Pois, em comparação com o tempo atual, esse foi um tempo pacífico; um tempo em que cada guerra ainda valia como um *intermezzo* individual e se destacava como uma mancha sangrenta no cândido mapa do tempo.

Agora esses tempos felizes e pacíficos em que havia guerras passaram. Retrospectivamente reconhecemos que eles acabaram já há quase meio século. A relação entre guerra e paz inverteu-se. Desde a guerra dos Bálcãs, a cadeia de guerras nunca mais foi rompida. Ou melhor (pois agora justamente o plural *guerras* tornou-se errado), desde então, *o* estado de guerra nunca mais acabou. Hoje, em todo caso, encontramo-nos em um contínuo

---

1. Palestra na Deutsche Friedensgesellschaft. Wiesbaden, 1959.

de guerra, do qual os tempos de paz, caso existam, se destacam como ilhas limitadas, como lacunas deixadas livres, assim como antes as guerras se destacavam *da* paz. E mesmo essas lacunas não significam uma paz verdadeira, mas apenas variantes daquilo que elas interrompem. É por isso também que na linguagem cínica hoje dominante essas lacunas se chamam Guerra Fria. Se tentássemos definir a paz em que vivemos nos últimos anos, precisaríamos determiná-la como pausa de resfriamento da guerra quente, como sua fase preparatória necessária. A máxima atual não é: *si vis pacem para bellum*, mas: *si vis bellum para pacem*[2] – se você quer a guerra, obtenha, para sua preparação, um certo *intermezzo* pacífico.

Vocês talvez objetarão que essas palavras poderiam se aplicar até ontem. Mas depois teria ocorrido algo decisivamente novo: a reunião dos mais poderosos entre os poderes e a preparação da discussão sobre o desarmamento total.

Eu também partilho dessa esperança. Parece realmente que vivemos hoje um momento consolador no interior de um tempo terrível; como se o perigo apocalíptico estivesse suspenso por hoje e amanhã. Tanto faz se essa melhora no clima político se deu porque os homens que decidem sobre nosso ser ou não ser tiveram boa vontade, ou porque tinham medo uns dos outros. Respiremos, portanto. Mas, por favor, apenas por alguns segundos. Pois nada seria mais fatal do que crer que agora seria permitido nos descuidarmos. Não esqueçamos que a realidade do perigo consiste não apenas na existência de armas físicas reais, mas no estado de nosso desenvolvimento tecnológico, no *know-how*, em nossa habilidade de criar sempre renovadamente também o que foi banido. O princípio da tecnologia é o princípio da repetibilidade.

Portanto, o perigo do apocalipse jamais é banido. É impossível esquecer ou desaprender a maneira como os monstros da guerra

---

2. Se queres paz, prepara a guerra, mas: se queres guerra, prepara a paz. [N.T.]

moderna são produzidos. O ser humano pode aprender muitas coisas. Mas a desaprender, a desaprender coisas desse tipo, isso ele nunca aprendeu. E nunca aprenderá.

Alguns meses atrás encerrei um discurso em uma escola para adultos em Tóquio com as seguintes palavras:

> Eu sei: o que eu lhes digo soa pouco consolador. Quem, como nós, dedica suas forças a atingir um objetivo, espera que esse objetivo algum dia seja alcançado de uma vez por todas. Se lhes tomo essa esperança, isto é, a esperança do "de uma vez por todas", faço-o para que vocês não tenham ilusões e para que tenham clareza de que a luta que iniciamos há alguns anos e na qual nos encontramos agora será, de agora em diante, uma luta sem fim. Cada dia ganho será, sem dúvida, um dia ganho. Mas nenhum dia ganho representará uma garantia para o ganho do dia seguinte. Jamais chegaremos a nosso destino.
>
> Portanto, o que temos diante de nós é a infinidade da insegurança. E nossa tarefa infinita consistirá em cuidar para que pelo menos essa insegurança não tenha fim.
>
> Repito: não lhes apresento esse pensamento para minar sua coragem, ou porque considero a nossa luta vã. Fosse esse o caso, eu não teria vindo da Europa até vocês. Enfatizo-o, isso sim, porque nossa luta estaria condenada de antemão ao fracasso se avaliássemos mal a sua natureza. Ela é não apenas a nossa tarefa, não apenas a tarefa de nossa geração, mas a tarefa de todos os seres humanos a partir de agora. Portanto, nosso destino. Teremos que deixar nossa vontade de herança para nossas crianças, se nos deixarem nossas crianças. E estas, caso lhes sejam deixadas suas próprias crianças, também terão que a transmitir a elas. Sem dúvida, é necessário ganhar a luta. Mas nenhum ganho será definitivo. Porém, quem perder essa luta perderá de uma vez por todas. Para seus antepassados: pois, após sua derrota, não haverá sinal que os anuncie. E para seus descendentes: pois, após sua derrota, estes não existirão mais.
>
> Caros amigos, sei o quão descortês é falar, sendo hóspede de um povo tão cortês e hospitaleiro, de maneira tão franca e terrível quanto faço aqui. Peço-lhes desculpas. Mas, infelizmente, há

> situações em que seria irresponsável permanecer cortês. A culpa por estarmos hoje em uma tal situação é tão pouco minha quanto sua. O que nos une é a dor de sermos forçados a ser descorteses.

Como já foi dito, no momento encontramo-nos certamente em uma posição relativamente segura. Mas a história segue seu curso. Ela não permitirá que permaneçamos parados neste ponto. Outros homens e outros poderes sucederão àqueles que parecem ter assegurado o instante de nossa sobrevivência. E os homens de amanhã, de depois de amanhã e de depois de depois de amanhã nos são desconhecidos. Amanhã ou depois de amanhã pode ser que também haja um Hitler entre eles. E mesmo o Hitler de um Estado pequeno e periférico, mas ambicioso e sem escrúpulos, seria suficiente. Pois quem tem poder nuclear tem onipotência – a onipotência da chantagem – e, com isso, um poder que anula a distinção convencional entre grandes e pequenos poderes.

Mesmo que já tivéssemos alcançado o momento em que todos os monstros aniquiladores hipocritamente chamados de "armas" estivessem realmente banidos, a ameaça não teria sido banida do mundo. Essa ameaça jamais será banida do mundo. Nós ou nossos filhos voltaremos a ser confrontados com aquele tempo terrível do qual estamos vivendo o maior momento de consolação até agora.

Antes de nós já houve inimigos da guerra. Mas nós somos uma nova geração. Uma vez que a guerra hoje significaria a extinção, nós somos *inimigos da extinção*. Nós somos a primeira geração de inimigos da extinção, à qual, enquanto existirem seres humanos, terão que se seguir outras gerações de inimigos da extinção. Como a ameaça jamais será interrompida, também a corrente geracional de nossos sucessores também jamais poderá ser interrompida.

Por isso, também hoje, é preciso que, em vez de nos entregarmos aliviados ao instante relativamente bom, concentremo-nos na era terrível em que está inserido o instante consolador atual. Trata-se da era do possível apocalipse feito por nós mesmos, a era cuja essência consiste na possibilidade de afundar na falta

88

de essência, isto é, de não ter mais permanência. Se quisermos evitá-lo, teremos que examinar esta nossa era. Pois só podemos dominar ou evitar aquilo que conhecemos.

Quero apresentar-lhes hoje uma contribuição para esse conhecimento. Para tanto, desenvolverei diante de vocês alguns pensamentos sobre a "imoralidade da era nuclear". É isso mesmo: imoralidade da era nuclear. Pois quase ninguém mais afirmará hoje que moralidade e imoralidade sejam independentes da época. Comparando com épocas anteriores, há três coisas que mudaram de maneira fundamental: os efeitos de nossas ações, os parceiros dessas ações e o decorrer do próprio agir.

1. *Os efeitos de nossas ações.* À diferença de todos os efeitos de ações do passado, os efeitos de nosso agir podem ser tão imensos a ponto de equivaler à destruição do mundo. A humanidade não só nunca correu o risco de sofrer esse extremo, mas também nunca esteve em condição de *realizar* esse extremo, isto é, ela nunca esteve nesta situação da ação, que exige uma nova moral e uma nova ética.

2. *Os parceiros de nossas ações.* Os parceiros de nosso agir que estão diante de nós e com quem "lidamos" não são mais indivíduos, mas uma coletividade. Aquele que hoje tem que agir, no sentido mais sério do termo, não se encontra mais na situação em que poderia matar um indivíduo. Quando ele age, trata-se de centenas de milhares e milhões. E de milhões em toda parte, e não apenas nossos contemporâneos. Portanto, nosso parceiro é a humanidade. Uma vez que somos capazes de afetar todos que vivem no nosso planeta, por exemplo, por meio de testes nucleares, para não falar de bombardeios atômicos efetivos, então todos dizem respeito a nós agora. O planeta tornou-se uma aldeia. O aqui tornou-se lá, e lá tornou-se aqui. Cada contemporâneo é agora nosso próximo. E o que vale para o espaço vale também para o tempo: pois agora nossos testes ou guerras

nucleares não afetam apenas nossos contemporâneos, mas também as gerações futuras. Também elas se tornaram próximas, também elas são agora nossas contemporâneas. Para aquele que age, todo amanhã já é uma peça do hoje, já que ele alcança o amanhã com os efeitos de seu agir. E, pela mesma razão, todo hoje já é uma peça do amanhã.

3. *O decorrer do próprio agir.* O curso e a aparência do agir modificaram-se fundamentalmente em nosso mundo moderno de aparatos. Refiro-me não apenas àquelas ações que relegamos aos robôs, mas também àquelas que permaneceram em nossas mãos. Estas tornaram-se invisíveis, pelo menos enquanto ações. Pois, na maioria das vezes, agir não consiste mais em atos intencionais individuais. Pelo contrário, o agir encontra-se inserido em algo que normalmente não reconhecemos como ações, que normalmente não devemos reconhecer como ações, e que também não desejamos mais reconhecer como tal, a saber: no *trabalho*. É como "trabalho" que o agir atual se disfarça. Mas essa falsa etiqueta "trabalho" não nos ajuda, não nos salva. Quer queiramos ou não, agimos trabalhando – e com consequências imensuráveis. Por exemplo, quando operamos uma máquina que, mesmo que de maneira totalmente invisível e indireta, produz peças para uma arma nuclear. Voltarei a falar mais adiante desse acontecimento que marca nossa época: que hoje o agir submerge no trabalho. Mas, por ora, essas três indicações serão suficientes para mostrar que os éticos de até agora tornaram-se antiquados do dia para a noite e que a filosofia precisa se mexer de novo.

Em que consiste, então, a imoralidade específica de nossos tempos? Em primeiro lugar, dito de maneira superficial, ela consiste no fato de a maioria de nós estar internamente fechada para os novos fatos, no fato de essas pessoas serem demasiado preguiçosas para compreender coisas novas (pois não existe apenas aquilo que certa vez chamei de "cegueira diante do apocalipse", mas também a *preguiça do apocalipse*); e no fato de a maioria de nós ser demasiado covarde para encarar fatos e possibilidades assustadores; de as pessoas terem medo do medo hoje adequado, da quantidade de medo hoje indispensável; e no fato de elas mentirem ao chamar esse medo do medo de "coragem".

Mas a imoralidade atual não se deixa caracterizar exaustivamente por esses vícios – "preguiça", "medo", "covardia" e "falsidade". As principais raízes de nossa imoralidade são mais profundas. Em parte, elas são de natureza antropológica, quer dizer: elas têm a ver com a constituição do ser humano; em parte, são de tipo técnico e político.

Primeiramente a raiz antropológica: não é apenas a nossa razão, cujo poder de apreensão e desempenho Kant "criticou", que é "limitada"; pelo contrário, a maioria das nossas habilidades o é. É esse o caso de nossa fantasia, de nossa habilidade de sentir e de nossa habilidade de assumir responsabilidades. Se necessário, somos capazes de imaginar um único morto. Mas vinte mortos não significam para nós – ou para nosso sentimento – mais do que dez mortos. E a mensagem de que cem mil pereceram já não nos comunica mais nada. Quanto mais zeros ajuntarmos às cifras dos aniquiláveis ou aniquilados, tanto mais vazia, tanto mais nula torna-se nossa compreensão. Naturalmente, a limitação de nosso poder de imaginação não é em si um defeito moral, assim como a limitação de nossa força física não o é. Mas hoje essa limitação *se tornou* um defeito, porque nós possuímos outras habilidades que não se submetem à lei da limitação. Pois, com ajuda das forças da natureza em parte domadas, em parte desencadeadas por nós, somos agora capazes de produzir efeitos ilimitados. Enquanto técnicos, pelo menos enquanto técnicos das armas nucleares, tornamo-nos onipotentes – num sentido que quase já deixou de ser metafórico. Mas acontece que nós, enquanto seres dotados de espírito, não estamos à altura dessa nossa onipotência. Em outras palavras: por meio de nossa tecnologia chegamos a uma situação em que não somos mais capazes de imaginar aquilo que podemos produzir e aprontar.

O que significa essa discrepância entre imaginação e produção? Significa que nós "não sabemos mais o que fazemos" em um sentido novo e terrível; que chegamos ao fim da possibilidade da responsabilidade. Pois "responsabilizar-se por algo" nada mais é que sustentar um ato cujos efeitos puderam ser imaginados de antemão, e de fato o foram.

É este, pois, o status imoral em que nos encontramos enquanto filhos da era tecnológica, na qual aqueles que nascem hoje se encontram de nascença. Em certo sentido, esse status é o nosso "pecado original". Se emprego essa expressão teológica é porque nos encontramos de antemão nesse status, isto é, antes de nos termos tornado pessoalmente culpados de alguma ação ou omissão.

Mas esse estado também pode ser formulado de maneira absolutamente não teológica. Pois podemos chamá-lo de uma "discrepância", de um "abismo" que se abriu entre nossa práxis (a saber, nossa produção) e nosso poder imaginativo limitado. Creiam-me: esse abismo é tão vasto e tão fatal quanto aquele que conhecemos da filosofia e da religião, tão vasto quanto o abismo entre carne e espírito ou entre inclinação e dever. Hoje, ele está entre imaginar e produzir. E o imperativo que resulta da compreensão dessa discrepância é o seguinte: *Exercite a sua fantasia! Tente expandi-la de tal maneira que ela permaneça à altura dos artefatos da sua produção e dos efeitos dos seus atos.*

Ora, tudo isso soa extremamente abstrato. Por isso quero, antes de seguir teorizando, tornar a coisa mais concreta e mostrar alguns exemplos dessa incapacidade fantasiar. No entanto, preciso avisá-los que essas ilustrações vão assustá-los. Começo com algo que poderia ser chamado de "infâmia da época".

Há algum tempo, a agência de notícias AP entregou aos jornais dos Estados Unidos um *syndicated article*, isto é, um artigo destinado à publicação em centenas de jornais. Nesse artigo, Hal Boyle, um jornalista norte-americano bastante conhecido, posiciona-se da seguinte maneira sobre os sapos de três olhos e cinco pernas encontrados em Gainesville (Flórida), ou seja, sobre as assustadoras aberrações que são atribuídas hipoteticamente por cientistas à radiação do *fall-out* nuclear:

> Supondo-se que isso acontecesse *conosco*. Certamente, ter três pernas seria um desperdício na era do automóvel; e tanto mais se considerarmos que calças de três pernas seriam mais caras que calças comuns. Por outro lado, a vantagem de um terceiro olho, o progresso que um tal órgão suplementar representaria não poderia ser contestado seriamente por ninguém. Com o trânsito de hoje em dia, não haveria pedestre ou motorista que não se alegrasse com a possibilidade de ter um terceiro olho. Isso para não falar da introdução de uma terceira mão, uma vez que, depois que essa fosse inventada, nenhuma dona de casa poderia mais se queixar por ter "só duas mãos". Mas, naturalmente, o clímax da alegria estaria em ter duas cabeças, já que [assim conclui mr. Boyle com auxílio de sua única e mísera cabeça] naturalmente uma segunda cabeça dobraria a inteligência de todos. Mas nada é mais certo do que o fato de que, no momento em que tais mutações ocorressem, um bando de velhos rabugentos [*a bunch of old fogies*] sairia correndo e gritando: "Acabem com as explosões de hidrogênio! Não queremos ter filhos com duas cabeças ou seis olhos, ou quatro orelhas ou cinco mãos!". Sempre existirão os "cabeças de vento" [*fuzzy old people*] que ficam presos nas ninharias do momento e querem que tudo continue sendo como era, e que combatem todo e qualquer esforço pelo progresso.

Eis o que disse o famoso jornalista. Senhoras e senhores, os cabeças de vento que esse homem insulta, os cabeças de vento que ficam presos nas "ninharias do momento" e que "combatem o progresso" somos *nós*. Não nos preocupemos com o fato de sermos cabeças de vento e tenhamos orgulho disso.

Por favor, não creiam que eu não tenho humor. Muito pelo contrário. Tampouco que não tenho um sentido para o cinismo – pois também o cinismo pode ser enobrecido pelo espírito, mesmo que apenas por um espírito funesto. Mas no caso de Boyle não se pode falar de um espírito funesto. Nada disso, aqui se trata de algo bem diferente, de uma mentalidade muito mais maléfica. E sendo ela característica da total falta de fantasia de nossa época, é preciso que nos ocupemos dela. Pois ela é *obscena*.

Sim, obscena. É essa a palavra adequada aqui. Pois esse conceito não se limita apenas a um único campo estreito, a sexualidade. Pelo contrário, são obscenas todas as ações que tornam a degradação do ser humano objeto de prazer ou tentação.

E é esse o caso aqui. Se for verdade que nós, seres humanos, através de nosso próprio agir, estamos expostos a variações como ter três mãos ou duas cabeças – o que eu não saberia julgar –, que podemos nos perder na morfologia, então essa possibilidade é uma desonra para a espécie humana e uma degradação do pensamento segundo o qual somos feitos à imagem e semelhança de Deus – uma degradação que vai além de qualquer degradação jamais ocorrida na história até agora. Quem ridiculariza essa possibilidade de degradação (no sentido de "ridiculamente desimportante" e diante daqueles ameaçados por ela) é obsceno e, por isso, simplesmente desprezível. É nesse sentido que Hal Boyle é desprezível, que eu o coroo aqui com os louros da "infâmia de nossa época".

Talvez vocês considerem minha reação exagerada. Ela seria, se esse Mr. Boyle fosse o único. Mas não é esse o caso, de modo algum. Ele é, muito antes, apenas *primus inter pares*. E, infelizmente, o número dos "pares" é legião.

De fato, se fosse um caso isolado, um mau gosto individual, seria incompreensível que uma agência das proporções e do prestígio da AP tenha distribuído essa porcaria aos seus clientes, os jornais, e que os jornais tenham publicado essa porcaria, e que não se tenha erguido uma tempestade de indignação na esfera pública. Isso tudo só é compreensível porque justamente essa impotência da fantasia elevada à obscenidade representa o normal, porque essa obscenidade é tão universal que já nem é mais percebida como obscenidade. Pelo contrário, às vezes ela é considerada cômica. Mas, se ela é universal, naturalmente é apenas porque foi *tornada* universal. Sim: "tornada", pois essa obscenidade tem suas raízes nas posições oficiais acerca da situação atômica.

Naturalmente, uma tal alegação exige provas. Infelizmente, apresentá-las é a coisa mais fácil do mundo. Pois, para tanto, não precisamos fazer nada além de lançar um olhar sobre o "dicionário oficial da desumanidade de hoje".

Em um artigo escrito há anos eu chamei a atenção para a obscenidade que se manifesta na denominação dos testes nucleares. A explosão que demonstrou pela primeira vez o efeito mortal da poeira radioativa mesmo a grandes distâncias do marco zero (a operação no Atol de Bikini, na qual o radiotelegrafista Kuboyama morreu) tinha o nome divertido e agradável de Operação Vovô. Não deve haver nada mais infame do que a alusão ao respeitável e ao divertido para se referir ao horrendo. Essa fofurização oficial parece-nos até mesmo mais obscena, mais revoltante do que a ideia publicitária dos donos de confecção de Nova York que rapidamente monopolizaram o nome *biquíni* para nomear as roupas de banho femininas que, por seu formato mínimo, deviam causar um efeito bombástico ilimitado. Pois o que esses empresários, que não estavam envolvidos na questão, podiam saber sobre as proporções do teste nuclear? Mas os militares que prepararam, batizaram e executaram a Operação Vovô certamente sabiam muito bem. Mas justamente eles não puderam imaginar nada.

Talvez vocês, com um senso de justiça exacerbado, objetarão que isso aconteceu anos atrás. Àquela época, os próprios militares ainda não tinham uma consciência totalmente clara do caráter apocalíptico de suas ações. Em contrapartida, hoje, uma vez que esse caráter passou a ser tratado em discussões publicíssimas, coisas desse tipo não poderiam mais acontecer. Mas, infelizmente, isso não é verdade. Pelo contrário: se alguma mudança ocorreu, foi uma mudança para pior. Pois justamente a linguagem atômica oficial dos dias de hoje encontra-se tingida de obscenidade até suas últimas terminações nervosas, até seus últimos vocábulos. Por exemplo: a defesa civil dos países dotados de armamentos nucleares, como se sabe, aceita que, no caso de uma grande guerra nuclear, a grande maioria da população – ou seja, centenas de milhões de pessoas – se tornaria lixo. E o que fazem agora, já que não são capazes nem estão dispostos a imaginar essas centenas de milhões de pessoas? O que fazem para tornar esse horror manipulável e suportável para suas prováveis vítimas enquanto estas ainda estão vivas? Fazem-se de generosos. Cortam os zeros dos números das catástrofes. Abstêm-se de recontar os centavos do massacre. Na linguagem introduzida pela Civil Defence dos Estados Unidos, cada milhão de mortos é reunido sob o coletivo "*um* megacadáver". *Megacorpse* é o vocábulo introduzido e utilizado nos diálogos oficiais agora, enquanto nós estamos reunidos aqui.

Vocês todos conhecem a expressão *megaton*, que designa a magnitude da força explosiva correspondente a um milhão de toneladas de TNT. Ora – assim pensam os desprovidos de fantasia – por que não assemelhar o termo para o resultado da aniquilação, isto é, para os milhões de mortos, ao termo que designa o meio da aniquilação? Dito e feito. E assim, com base na expressão *megaton*, criou-se a expressão *megacorpse*, que designa um milhão de cadáveres.

No caso de um ataque a uma cidade enorme, digamos a uma cidade com vários milhões de habitantes, como Londres ou Tóquio, conta-se, portanto, com cinco ou seis "megacadáveres". Cinco ou seis não é tão ruim assim. Essa cifra não é fácil de digerir apenas para os robôs-calculadoras, mas também para nós, também para aqueles cujos minicadáveres virão um dia a pertencer a um desses megacadáveres. Cinco ou seis, é até mesmo possível se responsabilizar por isso.

Não nos iludamos. O que temos diante de nós aqui não é apenas uma incapacidade da fantasia, mas uma destruição deliberada da fantasia. A destruição tanto da nossa própria fantasia como da dos outros. Presumivelmente as pessoas que popularizam tais vocábulos têm medo de ter uma noção adequada da desmesura que preparam com sua arrogância, o que poderia paralisar seu poder de ação. Para evitar que isso aconteça, transformam a desmesura em algo cuja medida elas são capazes de apreender, isto é, em números do pequeno "um vezes um" com que estão acostumadas.

Finalmente, elas utilizam, com isso, aquele truque de que se servem os governos para recuperar uma moeda que, devido à inflação, tornou-se incalculável e, por isso, desconfortável. Nesses casos, como se sabe, eles decidem que, a partir de hoje, passarão a chamar um milhão de francos (ou de marcos, ou coisa que o valha) de "um franco" (ou "um marco" etc.). De modo análogo, portanto, um milhão de cadáveres chama-se hoje em dia "um megacadáver", *one megacorpse*.

Não creiam que essa comparação seja rebuscada. Pois a era nuclear ocorre em uma medida altamente considerável no idioma do comércio e das *public relations*. Também para essa afirmação podemos nos servir de uma citação da Civil Defence como exemplo. Pois esta, para recrutar civis ou para vender *bunkers*, suprime desses recrutas ou compradores a imagem da catástrofe generalizada, valendo-se da seguinte frase consoladora: *Millions will be left alive*, milhões permanecerão vivos.

Nenhum ouvido ainda capaz de distinguir nuances morais duvidará de que essa frase seja copiada de slogans publicitários. Como se se tratasse da recomendação de um novo sabão em pó ou de um refrigerante, a frase assegura a cada indivíduo (contanto que se afilie à Civil Defence, isto é, contanto que compre a mercadoria) que ele, justamente ele, sairá no lucro, isto é, que permanecerá vivo enquanto os milhões de vizinhos seus que não participarem se prejudicarão por conta própria. A frase publicitária apela ao mesmo tempo àquela confiança indecente em Deus – com o perdão da palavra –, que consiste na convicção de que só os outros serão afetados. Evidentemente alugaram temporariamente um especialista em publicidade e o incumbiram de fazer anúncios eficazes para o antídoto mais comprovado contra o apocalipse que eles mesmos preparam e que, justamente por meio da organização de uma suposta proteção contra ele, é apresentado como inevitável, para que, com isso, seja fomentado.

Ou, formulado de outra maneira: o pressuposto do bordão *Millions will be left alive* apresentado falsamente como evidente é que é preciso contar com a massa de resíduos dos milhões de pessoas que serão queimadas e contaminadas pela radioatividade, que essa massa será incomparavelmente maior que o número dos que serão salvos. Por outro lado, porém, essa massa de resíduos foi reduzida a cinco ou seis cadáveres, para evitar que a imaginação dos milhões de potenciais cadáveres ouse avançar demais na direção da verdade.

Suponho que o papel enganador da imaginação, da impotência da imaginação e da destruição deliberada da força da imaginação esteja suficientemente comprovado por meio desses exemplos, de modo que posso agora passar para um novo aspecto de nossos problemas.

Enfatizamos anteriormente que a ausência de fantasia estaria fundada na natureza humana; que, assim como o desempenho e a capacidade naturais de nossas outras forças, também o desempenho e a capacidade de nossa fantasia seriam limitados; que nós, portanto, seríamos por natureza incapazes de imaginar os produtos e efeitos desmedidos que nós mesmos produzimos enquanto técnicos. Mas, com isso, a relação entre imaginação e produção foi caracterizada apenas pela metade.

Ora, à técnica pertencem não apenas as coisas que são aparatos (isto é, as máquinas), não apenas seus produtos e os efeitos desses produtos. À técnica pertence também a empresa em que nós mesmos, nós, trabalhadores, encontramo-nos inseridos como peças de um aparelho, ou seja, aquilo que, não sem razão, também é chamado de "aparato".

Minha tese agora é que esse aparato faz conscientemente de tudo para limitar ainda mais a força já por natureza limitada de nossa imaginação, para verdadeiramente extingui-la. De que estou falando? Da divisão do trabalho e da especialização. Pois a divisão do trabalho e a especialização impõem barreiras aos indivíduos, isolando-os do todo dentro do qual e para o qual seu trabalho tem uma função. A divisão do trabalho e a especialização são antolhos.

Suponhamos por um instante que trabalhamos como operários de uma fábrica em uma máquina A, na qual são produzidas peças de máquinas do tipo B. Em que consistiria nossa tarefa? Certamente não em produzir máquinas do tipo B. Não, nem mesmo em produzir as peças de B requisitadas. Pelo contrário, nossa tarefa consistiria somente em operar zelosamente nossa máquina A, que, por sua vez, cospe peças da máquina B (o que porém, em certa medida, não tem nada a ver conosco). O fato de essas peças da máquina B saírem de nossa máquina A é só a consequência de nosso trabalho; nós, trabalhadores, não nos orientamos por esse fim, mas somente pelo fim de operar zelosamente nossa máquina A. De fato, é considerado não apenas supérfluo, mas efetivamente indesejável, que saibamos ou imaginemos ou quebremos a cabeça nos perguntando a que máquinas B se destinam as peças vomitadas por nossa máquina A; ou que máquina do tipo C deve ser produzida com a ajuda das máquinas B; ou que objetivos D se tentarão atingir utilizando a máquina C. E o que é indesejável é também impossível, ou quase, pelo menos. Pois o fato de o aparato industrial no interior do qual trabalhamos nos fixar em uma operação especial em nossa máquina A e nos limitar a ela torna-nos "limitados", isto é, incapazes de nos ocuparmos com as razões de nosso trabalho, ou seja, com seu sentido para B, C e D, de quebrarmos a cabeça pensando nelas ou de as imaginarmos.

E essa limitação é *eo ipso* uma limitação *moral*: pois "moral" é quem pondera as consequências, e as consequências das consequências de suas próprias atividades, e quem executa, modifica ou se abstém de realizar suas atividades com base nessa ponderação.

Na maioria de nossas atividades atuais, o mínimo de moralidade, isto é, a preocupação com as consequências do agir, não é mais exigido de nós – e ignorar tal fato seria em si amoral. Essa moralidade mínima não é mais exigida porque a maioria de nossas ações, conforme já vimos de início, transcorre como "trabalho" e vale somente como "trabalho".

"Somente como trabalho." Pois um dos acontecimentos decisivos da época industrial consiste no fato de que ela, ao etiquetar o "agir" como "trabalhar", transformou-o em algo moralmente neutro; que nós, ao participarmos de um ato (por exemplo, a preparação de um ataque) somente por meio do trabalho, parecemos estar fundamentalmente absolvidos, que aparentemente nos é permitido fazer absolutamente tudo, que absolutamente não precisamos considerar as consequências como um assunto nosso, ou seja, que não precisamos mais nos responsabilizar. Não nos iludamos, a máxima secreta da "moral do trabalho" atual é a seguinte: *Enquanto o trabalho durar, você deve anular aquela atitude em que você conhece o "dever" e o "não dever"; em vez de ter uma consciência, você deve apenas ser "consciencioso"; você deve permanecer moralmente limitado!* E todos nós seguimos essa máxima, que era a máxima dos funcionários dos campos de extermínio; nós todos estamos convencidos de que não nos infectaremos com as máculas da ação se só participarmos dela trabalhando.

Por isso nossa máxima atual deveria ser a seguinte: *Resista à máxima secreta da moral do trabalho! Resista àqueles que te tornam "limitado"! Jamais esqueça que cada um dos seus trabalhos é uma participação e, enquanto tal, uma ação! E jamais deixe de prestar contas sobre o tipo de ação que seu trabalho representa! Acima de tudo, vale o seguinte: não se atenha ao "não matarás" somente quando você tiver uma faca ou um revólver na mão – isso acontece raramente e o destino do mundo não depende de tais exceções –, mas também, e principalmente, quando você estiver ajudando a produzir um aparelho para um aparelho que, por sua vez, serve para assassinar!*

O que vale para os trabalhadores de fábricas mecanizadas vale, com poucas exceções, para todos os contemporâneos. Pois todos nós estamos inseridos em aparatos. Quando se espera, ou melhor, se exige de nós que trabalhemos em nossas áreas como se os efeitos de nossos trabalhos especializados estivessem separados de nós por barreiras, e, quando atendemos a essa exigência, então nós fomos limitados – independentemente de quanta inteligência a natureza nos tenha dado, independentemente até mesmo das opiniões astutas ou estúpidas, verdadeiras ou falsas que nos sejam fornecidas durante nossas horas de lazer. Não são mais as opiniões falsas ou falsificadas, ou seja, as "ideologias", que nos tornam moralmente limitados (como estávamos convencidos até poucos anos atrás) – hoje elas se tornaram quase supérfluas. Muito antes, o que nos torna limitados é a situação objetiva em que nos encontramos, nossa situação de trabalho no aparato. E por isso podemos chamar nossa limitação atual de uma *limitação objetiva*.

O fundamento dessa limitação é uma equação, uma proposição de identidade.[3] O ser humano é identificado com seu papel e seu desempenho profissional, com o seu *como*, isto é: com aquilo *como o que* ele serve (na firma, no Estado ou onde quer que seja), com aquilo *como o que* ele é aproveitado no aparato.

Pois, visto a partir do aparato operacional, é uma imperfeição o fato de que essa equação nunca se resolve plenamente, que sempre permanece um resto estranho ao desempenho, que, por exemplo, o físico não é apenas físico, mas que sempre arrasta consigo um ser humano de mesmo nome como um peso morto inaproveitável e não rentável. Aspira-se que cada um (e não apenas em Estados "totalitários", onde isso ocorre abertamente e é afirmado como princípio) se reduza à sua profissão, e isso de maneira tão plena quanto o numerador de uma fração aparente "se reduz" ao seu denominador: que cada um reduza ao mínimo, de preferência a zero, o seu resto estranho ao desempenho chamado "ser humano" – como nas comunidades de formigas, por exemplo, em que cada uma (já em sua anatomia) coincide com sua função (por exemplo, com a função "soldado").

Quem define o totalitarismo apenas pelo fato de ele procurar aproveitar o ser humano de maneira total só atinge metade do princípio totalitário. O totalitarismo não é um martelo que nos atinge de um lado só, mas um alicate que nos prende dos dois

---

3. O fato de essa proposição não ser enunciada normalmente não diz nada contra sua existência. Pelo contrário, isso é parte da questão. Pois a validade dessa proposição é pressuposta como autoevidente – e o que é pressuposto como válido de maneira autoevidente não precisa ser enunciado especificamente.

lados ao mesmo tempo. Pois também é característica do totalitarismo (e do totalitarismo secreto do chamado "mundo livre" tanto quanto do totalitarismo abertamente político) que ele procure fixar e "limitar" o ser humano a ser aproveitado àquilo que nele é aproveitável; destruir sua totalidade; enfraquecer aquela parte do ser humano que evidentemente não se reduz ao desempenho mas que, apesar disso, adere a ele. É de maneira totalmente consciente que utilizo a palavra *enfraquecer*, e não *aniquilar*, pois, paradoxalmente, o desempenho desejado depende da subsistência daquilo que lhe é estranho. Quer dizer: o aparato não se pode permitir extinguir fisicamente o resto estranho ao desempenho. Se o aparato deseja um físico, então ele tem que aceitar o fato de que esse físico também é um ser humano de carne e osso, esse fato é inescapável para o aparato. Em que consiste, então, o "enfraquecimento" ao qual este se limita em vez da aniquilação?

Uma objeção óbvia nos aproximará da resposta a essa questão: a objeção de que "o resto estranho ao desempenho" seria reconhecido hoje, que esse "resto" *seria*, sim, livre, que teríamos hoje o direito à existência privada e a atividades de lazer e ócio, a hobbies, que teríamos até mesmo a obrigação de cultivá-los. Nesse tempo que nos é concedido, esse resto (isto é, o ser humano que "adere" ao trabalhador ou ao físico nuclear) teria, sim, sua oportunidade de existir, e a nenhum de nossos antepassados jamais foi oferecida uma oportunidade nem parecida com essa.

Essa objeção estará correta?

Não.

Por que não?

Em primeiro lugar, naturalmente, porque o ócio atual, isto é, o preenchimento de nosso tempo livre, é tão preparado, dirigido e imposto a nós quanto o nosso tempo de desempenho; portanto, enquanto preenchido e fornecido dessa maneira, esse tempo não é absolutamente "livre". Mas quero ignorar esse ponto aqui por um momento.

Mais importante que a existência privada que nos é concedida ao lado do tempo de desempenho, ou cujo cultivo nos é até mesmo sugerido, é que essa existência aconteça de maneira "privativa". O que isso quer dizer?

O termo latino *privare* significa "privar". Nossa vida privada nos é concedida como um estado em que somos privados de algo. De quê?

Da responsabilidade.

Pois, independentemente do que fazemos em nosso tempo livre, seja assistir à televisão, praticar um esporte ou qualquer outra atividade, isso nos é concedido como um estado em que devemos estar livres de responsabilidade. Isso pode soar maravilhoso, para ouvidos cultos pode soar até como a realização da liberdade humana no jogo livre de responsabilidade celebrada por Kant e Schiller. Mas não podemos recorrer nem a Kant, nem a Schiller como deuses protetores de nosso tempo livre. Muito antes, essa liberdade tem um sentido totalmente diferente: *enquanto estivermos livres de responsabilidade, não devemos ter direito à responsabilidade*, a responsabilidade não nos deve ser permitida. É esse o sentido "privativo", o "sentido de privação" de nossa privacidade atual. – Ora, lembremo-nos por um instante da violência com que um homem de Estado bastante conhecido reagiu, há pouco tempo, à notícia da ação de nossos amigos de Göttingen. Como vocês devem ter entendido, estou falando de Adenauer, que considerou extremamente estranho, senão até mesmo irresponsável e inescrupuloso, que esses homens acreditassem poder se responsabilizar por algo, dever se responsabilizar por algo que se encontrava fora dos limites de suas áreas de atuação profissional, e que esses homens, após o expediente, tivessem escrúpulos em relação a coisas que se encontravam além de sua disciplina, ou seja, além das coisas que dizem respeito aos efeitos e ao possível emprego de seu desempenho.

Podemos deixar aberta a questão sobre Adenauer: uma reação como a sua consiste em autêntica ingenuidade ou em um sintoma de uma desorientação moral que já se tornou ingênua? E também a questão de se é uma prova de responsabilidade que uma nação considere digna de ocupar o cargo público mais elevado de todos uma pessoa tão ingênua ou tão desorientada. A mim interessa aqui somente examinar a desorientação que se manifesta em uma tal reação.

Vamos lá: toda responsabilidade refere-se ao futuro. E ela só é responsabilidade autêntica quando rompe barreiras: ou a barreira do instante, ou a barreira do campo de atuação. Não há outro tipo de responsabilidade. Quem, como esse homem de Estado, pretende conceder-me responsabilidade, mas não a responsabilidade sobre os efeitos de minhas ações que estão além das barreiras, embrenha-se nas mais funestas contradições. Cada agente, cada trabalhador sabe que, em última instância, seus campos de atuação profissional não são campos impermeáveis e isolados, não são tabuleiros de xadrez inconsequentes ou laboratórios sem janelas; e que, mesmo lá onde os laboratórios não têm janelas, essa falta de janelas foi proporcionada pelo mundo e para o mundo. Laboratórios isolados e áreas profissionais fechadas só são reais enquanto peças do mundo. E ser moral significa: entender que hoje se vive em um mundo cuja essência é a nossa exclusão dele e a nossa rejeição a essa posição no mundo.

Como já dissemos: certamente, Adenauer nunca teve a intenção de negar explicitamente aos cientistas o "direito à consciência". Mas, se a ação dos cientistas o deixou tão perplexo, o que pode ele ter entendido da expressão *direito à consciência*, além de uma espécie de emoção privada desprovida de consequências que equivale, por exemplo, àquela excitação à qual somos levados ou em que entramos quando fazemos música ao cair da noite, após a "seriedade do dia"? Em suma: o que nos é concedido é uma mera "liberdade do sentir" – quer dizer, pura leviandade, pura brincadeira, por mais "sérios" que sejam a música e o nosso sentimento.

Sim, o que nos é concedido (e até mesmo exigido de nós) consiste em leviandade e brincadeira. E isso porque devemos permanecer excluídos do agir efetivo, "sério", isto é, do agir que produz consequências. Apesar de todas as belas palavras sobre a democracia (especialmente nos países em que essa palavra ressoa com maior frequência das bocas e dos aparatos), o agir já foi abolido. O que quero dizer é que as atividades atuais para a grande maioria das populações de países altamente industrializados se reduzem a "trabalho" e *fun* (ou brincadeira) – sendo a conscienciosidade (sem consciência) atribuída ao trabalho, enquanto o *fun* é considerado livre de responsabilidades. É de conhecimento geral que aquilo que outrora foi chamado de "agir" foi abolido em ditaduras, justamente porque nelas aquilo que deve ser feito ou deixado de fazer é ditado, é de conhecimento geral. Mas não que essa abolição seja apenas a versão política de uma abolição que é, em primeira instância, de origem técnica; ou que essa abolição seja um *fait accompli* nos Estados Unidos, por exemplo. Mas acontece que, nos lugares em que o verdadeiro agir é eliminado por meio da classificação de todas as ações em "trabalho" e "ócio", esse agir, quando ainda emerge ou reaparece (como no caso de Göttingen), é considerado uma violação, algo indecoroso ou até mesmo "moralmente impossível". Eis o nível de perversão da moral atual. Eis a nossa situação atual. Por mais que se profira sem parar a palavra *democracia*, naturalmente, esse estado não pode ser conciliado com a democracia de maneira séria e duradoura. Pois ou *democracia* significa o direito e o dever de cada cidadão, independentemente de sua profissão específica, de ver e exclamar para além das grades dessa sua profissão, portanto, que ele se preocupe com a *res publica*, porque esta lhe concerne – ou então a palavra não significa nada. Se um homem de Estado como o já mencionado se indigna com o fato de que seus cidadãos desdenham as grades de suas profissões e chamam a atenção para os efeitos e as possíveis maneiras de usar seu trabalho, então – por mais que se tente apagá-lo com palavras – ele se indigna com o fato de que cidadãos *estão agindo* em vez de se contentarem com a alternativa "trabalho ou atividade de lazer"; em suma: ele se indigna com o fato de que eles fazem uso de seu direito democrático fundamental.

Eu disse anteriormente que, de modo geral, a "limitação" atual não teria origem na maldade do sujeito individual, mas que seria consequência de um caráter objetivo de nossa época. Por favor, não me compreendam mal. A última coisa que quero é ver nessa limitação algo moralmente desimportante devido ao seu "caráter objetivo". Pelo contrário: não há nenhuma situação moralmente pior do que aquela em que o mal se tornou parte integrante da própria situação, de tal maneira que ela pode poupar o indivíduo de ser mau. Se "o Maligno" (em sentido teológico) existisse, e se sua meta fosse realizar a maldade, hoje, esse "maligno" poderia comemorar seu triunfo, dado que logrou produzir um estado global que já é tão mau objetivamente que nenhum indivíduo precisa mais alimentar más intenções ou fazer maldades explícitas. Não há apenas a moral tornada "espírito objetivo" (como diz Hegel), isto é, instituição (na forma do direito), há também *a imoralidade tornada "espírito objetivo"* – e isso precisamente na forma da divisão do trabalho, a qual segrega o ser humano dos efeitos de sua atividade, garantindo, por meio disso, um estado objetivo de ausência de consciência. A imagem dessa falta de consciência exige que ela seja exaltada e cultivada como conscienciosidade. É considerado consciencioso aquele que trabalha dentro dos limites do trabalho impostos a ele, sem olhar nem para a direita, nem para a esquerda, quer dizer: sem se importar nem com a moralidade, nem com os efeitos de sua atividade.

Hoje não é mais necessário agir mal. Já *somos* ruins, já somos feitos assim desde sempre, uma vez que, queiramos ou não, somos parte de um mundo objetivamente ruim. Esse estado moral é tão terrível que, em comparação com ele, podemos chamar de inofensivo o tempo passado em que existia a maldade reconhecível e no qual ela ainda não tinha sido tirada de nossas mãos. Os aparatos de nosso mundo nos aliviaram da culpa da mesma maneira que nos livraram das atividades de assar pão ou de calcular estatísticas. Parecemos absolvidos porque nós mesmos não fazemos mais o mal que fazemos. Fomos aliviados da culpa porque os atos que nos causavam culpa foram relegados a coisas que agora agem em nosso lugar. Os aparelhos são os algozes contratados por nós. Nós mesmos permanecemos atrás deles, de mãos limpas. Mas é justamente nisso que consiste o mal de nosso tempo. Ele é mau porque nós não precisamos mais ser maus para fazer a maior de todas as maldades. Ele é mau porque podemos fazer (e vamos fazer) a coisa mais monstruosa de todas sem que nenhum de nós tenha feito nada.

Pois o que vai acontecer terá o seguinte aspecto: um aparelho (uma agulha que registre algum efeito, por exemplo) receberá algo que ele (provavelmente por equívoco) entenderá como "ataque nuclear".[4] Com base nesse mal-entendido, ele então alertará outro aparelho (a uma distância de centenas de milhas), e, com base nesse alerta, esse segundo aparelho, por sua vez, totalmente ingênuo e ignorante, desencadeará um certo evento (vocês sabem qual). E, enquanto esse evento transcorre (e isso se dá em uma fração de minuto), ninguém entre nós terá qualquer suspeita dessa conspiração silenciosa dos aparelhos que estará ocorrendo acima de nossas cabeças ou por trás de nossas costas. Muito antes, seremos atingidos pelo raio da mesma maneira que aqueles homens, mulheres e crianças em Hiroshima, em cujas figuras carbonizadas ainda é possível ler os afazeres cotidianos que executavam quando o raio penetrou. Eu vi essas figuras e falo aqui como seu emissário.

A guerra que nos espera não será absolutamente combatida por nós, mas por um "elenco secundário", por combatentes substitutos que já despachamos hoje ou que já foram despachados.

---

4. Adendo de 1971: isso quase ocorreu no dia 20 de fevereiro deste ano, quando um funcionário do comando da defesa aérea inseriu, por engano, um fita perfurada errada em sua máquina, provendo ao teletipo a senha "hatefullness", que significa "caso de emergência nuclear", e causando uma imediata interrupção das comunicações de rádio nos Estados Unidos. O incidente só permaneceu sem consequências por mero acaso. Atente-se, aliás, para o absurdo da senha utilizada. O homem que, por meio de seu equívoco disparou o grande alarme, quase desencadeando uma guerra nuclear, não estava absolutamente "cheio de ódio", ele não tinha nenhum direito a essa emoção. A senha é mera reafirmação.

Uma imagem fantasmagórica, dirão vocês. Não nego. Pelo contrário. E, para lhes tornar impiedosamente nítida essa fantasmagoria, quero concluir comparando-a aos fantasmas de outrora. Pois é preciso que se saiba que também em guerras anteriores já houve uma certa fantasmagoria, especialmente nas duas últimas guerras mundiais. E isso porque, nelas, os fantasmas da "falsa consciência", das superestruturas, das ideologias se insinuaram constantemente entre os combatentes. Quando, por exemplo, alemães e franceses combatiam uns aos outros, os alemães combatiam o *eidolon*, a imagem ideológica do francês, propagada por grupos alemães interessados; e os franceses combatiam a imagem ideológica do alemão, criada por grupos franceses interessados. Portanto, em certo sentido, já àquela época as batalhas eram batalhas de imagens que esbravejavam por sobre as cabeças dos que realmente combatiam; cada lado atirava nas imagens do outro. Ou se sob Hitler seis milhões de judeus foram assassinados, assassinava-se, no fundo, a caricatura do jornal *Der Stürmer* – mas, em ambos os casos, não eram as imagens que sofriam, sempre foram pessoas reais que sofreram a morte. Como já foi dito: também essas batalhas e massacres de imagens já eram fantasmagóricos; e esse tipo de fantasmagoria – as imagens que substituem o real – segue existindo hoje.[5] Mas hoje ideologias, superestruturas, imagens impostas ao mundo para produzir em nós uma falsa consciência e para nos impedir de ver a verdade nua, o mundo nu, se tornaram praticamente supérfluas. Hoje em dia não é preciso tornar o mundo invisível para nós ou encobertá-lo por meio da imposição de visões de mundo falsas. Pois hoje o mundo falso nos foi imposto na forma de um monstruoso cosmo de aparelhos. Portanto, uma vez que a mentira se tornou o mundo, as mentiras explícitas tornaram-se supérfluas... e isso no mesmo sentido em que Marx acreditou que filosofia se

---

5. Não é exagero afirmar que, hoje, ideologias são fenômenos vestigiais, que elas apenas *ainda* existem, que dificilmente devemos esperar o aparecimento de novas ideologias. Em suma: a existência de ideologias na atualidade já representa ela mesma algo ideológico, algo obsoleto. (Sobre o estado pós-ideológico Cf. meu livro *Die Antiquiertheit des Menschen*, p. 195.)

tornaria supérflua um dia porque a verdade se tornaria o mundo. Agora não combateremos imagens em vez de pessoas, mas sistemas automáticos de aparatos, de robôs e mísseis. E não seremos nós a combater esses aparatos, mas mísseis combaterão mísseis, e aparatos entrarão em batalhas contra aparatos. Chegaremos a uma luta dos *marteaux sans maîtres*, a uma luta das coisas entre si. Plenas de ódio, as máquinas se lançarão umas sobre as outras, e instalações sufocarão sob a esganadura de outras instalações. Portanto, na verdade, não seremos nós a batalhar uns com os outros, mas, muito antes, as coisas às quais, em tempos de paz profunda, entregamos o poder e a responsabilidade pelo comando se engalfinharão acima de nós, nas alturas – como os deuses homéricos que, muito acima do burburinho greco-troiano, alguns tomando o partido dos gregos, outros o dos troianos, disputavam, à sua maneira, a mesma discórdia no Olimpo.

Somente a morte elas deixariam ao nosso encargo. Ou ao encargo de nossos filhos, ou ao dos filhos de nossos filhos.

A não ser que consigamos parar com um assobio nossos substitutos, aos quais relegamos nossa responsabilidade e nossa maldade. Pará-los já hoje. Pará-los antes que se lancem uns sobre os outros. Essa é nossa tarefa hoje. A tarefa que temos que cumprir enquanto ainda nos é permitido lutar para que a luta descrita acima não aconteça. A paz é a única chance para a conquista da paz.

A chance de lutar por ela parece hoje maior que nunca. Pois – e com isso retorno às minhas primeiras palavras – encontramo-nos em um bom momento no interior de um tempo terrível. Em uma calmaria. Mas, por outro lado, justamente porque este momento é tão bom, tão calmo, e justamente porque a tempestade não é esperada para amanhã, ele também oculta em si perigos especiais. Pois ele poderia nos seduzir a repousar as mãos sobre o colo e finalmente respirar um pouco. Temos que resistir a essa sedução. Há um provérbio que diz: "Ser grande na infelicidade é fácil. O caráter só mostra seu valor na felicidade."

Nesse sentido, portanto.

VI
Teses para a era nuclear[1]

Hiroshima como estado do mundo. O dia 6 de agosto de 1945, o dia de Hiroshima, inaugurou uma nova era: a era em que nós, a cada instante, podemos transformar qualquer lugar, ou melhor, todo o nosso planeta em uma Hiroshima. Desde esse dia tornamo-nos *onipotentes modo negativo*; mas, uma vez que podemos ser extintos a cada instante, desde esse dia somos *totalmente impotentes*. Não importa quanto dure, mesmo que dure para sempre, esta era é a última: pois sua *differentia specifica* (a possibilidade de nossa autoextinção) não pode jamais ter fim – a não ser por meio do próprio fim.

Tempo do fim contra fim dos tempos. Nossa existência define-se, portanto, como "prazo"; vivemos como entes que no momento ainda não são inexistentes. Considerando esse fato, a questão moral fundamental foi modificada: sob a questão "*Como* devemos viver?" insinuou-se a questão *Viveremos?*. Para a questão do "como" só há para nós, que no momento ainda vivemos em nosso prazo, *uma* resposta: "Temos que cuidar para que o *tempo do fim*, embora ele possa a cada instante se converter no *fim dos tempos*, seja *infinito*; isto é, para que essa conversão jamais ocorra." – Uma

---

1. Após um seminário sobre os problemas morais na era nuclear em fevereiro de 1959 na sede do clube da Universidade Livre de Berlim, pediram-me que escrevesse teses para embasar uma discussão. Por isso improvisei depressa um texto, mas pedi que ele fosse usado exclusivamente para fins de discussão. Mais tarde liberei o que então fora ditado para possibilitar uma discussão mais ampla.

vez que cremos na possibilidade do "fim dos tempos", somos apocalípticos; mas, uma vez que combatemos o apocalipse produzido por nós mesmos, somos – e esse tipo jamais existiu antes – *inimigos do apocalipse.*

Não há armas nucleares na situação política, mas ações políticas na situação nuclear. A afirmação (bastante plausível) de que na situação política atual também existiriam, entre outras coisas, "armas nucleares" é enganosa. Pelo contrário, uma vez que a situação atual é determinada exclusivamente pela existência das "armas nucleares", as chamadas ações políticas ocorrem no interior da situação nuclear.

Não é uma arma, mas um inimigo. Não combatemos este ou aquele oponente, que poderia ser atacado ou liquidado com meios nucleares, mas sim a situação nuclear enquanto tal. Uma vez que esse inimigo é inimigo de *todos* os seres humanos, aqueles que até agora se viram como inimigos teriam que se aliar contra a ameaça comum. Demonstrações em favor da paz que excluem rigorosamente aqueles com quem devemos nos unir são hipócritas, arrogantes e consistem em uma perda de tempo.

A ameaça nuclear é totalitária. Uma teoria popular, defendida por muitos, de Jaspers a Strauß, diz assim: "A ameaça totalitária só pode ser mantida em xeque com a ameaça de aniquilação total." Esse argumento é vazio.

1. A bomba atômica *já foi* utilizada, e em uma situação na qual quem a utilizou não estava sob o perigo de um poder totalitário.

2. O argumento é um fóssil da pré-história do monopólio atômico, hoje, porém, ele é suicida.

3. O bordão *totalitário* provém da interpretação de uma situação política que não apenas se transformou essencialmente, mas que seguirá se transformando; em contrapartida, a guerra nuclear exclui a chance de uma tal transformação.

4. Por sua própria natureza, a ameaça de guerra nuclear, isto é, a ameaça de liquidação, é ela mesma totalitária: pois vive da chantagem e transforma a Terra em um campo de concentração sem escapatória. Empregar a extrema privação da liberdade no suposto interesse da liberdade é o ápice da hipocrisia.

O que pode atingir a todos diz respeito a todos. Nuvens radioativas não se preocupam com marcos, fronteiras nacionais ou cortinas. Portanto, não há mais distância na situação do tempo do fim. Todos podem atingir a todos, e todos podem ser atingidos por todos. Se não quisermos ficar para trás em relação ao desempenho de nossos produtos de um ponto de vista moral (o que não significaria apenas um vexame mortal, mas também uma morte vexaminosa), temos que cuidar para que *o horizonte daquilo que nos diz respeito*, portanto o horizonte de nossa responsabilidade, *tenha o mesmo alcance que o horizonte em que podemos atingir ou ser atingidos* – portanto, para que ele se torne global. Agora só existem "próximos".

Internacional das gerações. Não é apenas o horizonte espacial de nossa responsabilidade em relação aos nossos vizinhos que deve ser ampliado, mas também o horizonte *temporal*. Uma vez que nossos atos atuais, por exemplo, os testes nucleares, também afetam as gerações vindouras, estas pertencem ao nosso presente. *Tudo que é "vindouro" sempre "já veio" a nós, uma vez que depende de nós.* Existe hoje uma "internacional das gerações" à qual nossos netos já pertencem. Eles são nossos vizinhos no tempo. Se incendiamos nossa casa atual, o fogo alastra-se para o futuro, e, com a nossa casa, também as casas ainda não construídas dos que ainda não nasceram desmoronam em cinzas. E também nossos antepassados pertencem a essa "internacional": pois com o nosso fim também eles pereceriam – pela segunda vez, em certa medida, e agora de maneira definitiva. É verdade que também hoje eles "já se foram", mas por meio de sua segunda morte eles passarão a ter sido de tal maneira *como se nunca tivessem sido*.

O nada não imaginado. O caráter ameaçador do perigo do apocalipse em que vivemos alcança o auge no fato de que nós não estamos preparados para imaginar a catástrofe e, portanto, somos incapazes de fazê-lo. Já é bem difícil imaginar o não ser (como, por exemplo, o estar morto de uma pessoa amada), mas isso é brincadeira de criança comparado com a tarefa que temos de cumprir enquanto apocalípticos conscientes. Pois essa nossa tarefa não consiste em imaginar o não ser de algo particular no interior de um quadro global suposto como sendo e perdurando, mas em considerar esse quadro – no caso, o próprio mundo, ou pelo menos nosso mundo humano – como algo que não é. Essa *abstração total* (que, enquanto realização do pensamento e da imaginação, corresponderia à realização da nossa aniquilação total) transcende a capacidade de nossa faculdade representativa natural. *Transcendência do negativo.* Mas, uma vez que nós, enquanto *homines fabri*, somos capazes dessa façanha, quer dizer, uma vez que podemos produzir o nada total, a limitação da nossa capacidade de imaginação, portanto nossa "limitação", não pode nos concernir. Temos que, no mínimo, tentar também imaginar o nada.

Somos utopistas invertidos. É este o dilema fundamental de nossa era: *nós somos menores que nós mesmos*, isto é, incapazes de formar uma imagem daquilo que nós mesmos fizemos. Nessa medida, somos *utopistas invertidos*: enquanto utopistas não são capazes de produzir o que imaginam, nós não somos capazes de imaginar o que produzimos.

A "discrepância prometeica". Este não é um fato entre outros, ele define a situação moral do ser humano hoje: a fenda que divide o ser humano ou a humanidade não se abre hoje entre o espírito e a carne e entre o dever e a inclinação, mas entre o desempenho de nossa produção e o desempenho de nossa imaginação: a "discrepância prometeica".

O "supraliminar". Essa discrepância não apenas separa o imaginar do produzir, mas igualmente o sentir do produzir e o responsabilizar-se do produzir. Nós poderíamos talvez imaginar, sentir ou nos responsabilizar pelo assassinato de uma única pessoa, mas não de cem mil. *Quanto maior o efeito possível do agir, tanto mais difícil é imaginá-lo, senti-lo e assumir a responsabilidade por ele; quanto maior a "discrepância", tanto mais fraco é o mecanismo inibidor.* Executar cem mil pessoas apertando um botão é incomparavelmente mais fácil do que matar uma única pessoa. Ao "subliminar" conhecido da psicologia (o estímulo que é pequeno demais para desencadear uma reação) corresponde o *supraliminar*: aquilo que é grande demais para desencadear uma reação como um mecanismo inibidor, por exemplo.

A sensibilidade distorce o sentido e a fantasia é realista. Uma vez que nosso horizonte vital (o horizonte no interior do qual podemos atingir e ser atingidos) e o horizonte de nossos efeitos se tornou ilimitado (cf. acima), temos o dever de imaginar esse horizonte ilimitado, mesmo que essa tentativa contradiga a "pobreza natural" de nossa força imaginativa. Mesmo que ela seja por natureza insuficiente, se há algum *órgão da verdade, a imaginação* é a única candidata possível. Em todo caso, a percepção tem que ser descartada. Esta é "falsa testemunha", e incomparavelmente mais falsa do que a filosofia grega supusera em suas reflexões. Pois a sensibilidade é fundamentalmente míope e limitada, seu horizonte é "insensatamente" estreito. O destino dos escapistas de hoje não é a terra da fantasia, mas a terra da percepção.

Daí o nosso mal-estar (justificado) e a nossa desconfiança em relação a imagens pintadas de maneira normal (isto é, de acordo com a perspectiva de ponto de fuga normal): embora realistas no sentido tradicional, elas justamente não são realistas, uma vez que contradizem a realidade de nosso mundo cujo horizonte se perdeu de vista.

Coragem para o medo. A vívida "imaginação do nada" não é idêntica àquilo que, na psicologia, chamamos de "imaginação"; muito antes, ela se realiza concretamente como *medo*. Portanto, é *o tamanho de nosso medo* que é pequeno demais e não corresponde à realidade e ao tamanho da ameaça. Nada é mais equivocado do que a frase popular entre os incultos que diz que nós já viveríamos na "era do medo". Tentam nos convencer disso os *fellow travelers* publicistas daqueles que têm medo de que criemos o verdadeiro medo, isto é, adequado ao perigo. Vivemos na *era da banalização e da incapacidade para o medo*. Portanto, o imperativo de ampliar nossa imaginação significa *in concreto*: temos que ampliar nosso medo. Postulado: *não tenha medo do medo, tenha coragem para o medo. E também coragem para incutir o medo. Amedronte seus próximos como a si mesmo.* Esse nosso medo, porém, tem que ser de um tipo bastante especial: 1. Um medo destemido, uma vez que ele exclui todo e qualquer medo daqueles que possam debochar de nós por sermos medrosos. 2. Um medo vivificante, uma vez que ele não deve nos conduzir para dentro de esconderijos, mas para as ruas. 3. Um medo amoroso, o qual deve temer *pelo* mundo, e não temer aquilo que poderia nos ocorrer pessoalmente.

Fracasso produtivo. O mandamento de ampliar a capacidade de nossa imaginação e de nosso medo até que eles correspondam à dimensão daquilo que podemos produzir e causar sempre será impossível de executar. Não é garantido nem mesmo que venhamos a ter progresso com essas tentativas. Mas mesmo então não podemos nos deixar intimidar; o fracasso repetido não impede a repetição da tentativa. Pelo contrário: *cada fracasso é salutar*, pois ele chama nossa atenção para o perigo de seguir produzindo indolentemente aquilo que não foi imaginado.

Deslocamento da distância. Se sintetizarmos o que foi dito sobre o "fim das distâncias" e sobre a "discrepância" – e somente uma tal síntese produz uma imagem completa de nossa situação –, então temos o seguinte: é verdade que as distâncias espaciais e temporais foram "abolidas", mas pagamos caro por essa abolição com uma nova espécie de "distância": justamente a distância, a cada dia maior, entre a fabricação de produtos e a representação que temos deles.

Fim do comparativo. Nossos produtos e seus efeitos não apenas se tornaram maiores do que aquilo que podemos imaginar (ou sentir, ou nos responsabilizar), mas também maiores do que aquilo que podemos *usar* de uma maneira que faça sentido. É algo conhecido que nossa produção e nossa oferta frequentemente excedem nossa demanda (forçando-nos a criar novas necessidades e demandas); mas nossa oferta realmente *transcende* nossas necessidades, ela consiste de coisas de que *não podemos* necessitar, de coisas demasiado grandes em sentido *absoluto*. Com isso nos colocamos na paradoxal situação de nos vermos forçados a *domesticar* nossos próprios produtos; a domesticá-los da mesma maneira como, até agora, domesticamos as forças da natureza. Nossas tentativas de produzir as chamadas "armas limpas" são inéditas, pois nelas aspiramos melhorar produtos piorando-os, isto é, reduzindo seus efeitos.

Portanto, o aprimoramento dos produtos perdeu o sentido. Se o número e a capacidade das armas que já existem hoje são suficientes para alcançar o objetivo absurdo do extermínio da humanidade, então o aprimoramento da produção, tal como ocorre ainda hoje em medidas extremas, é ainda mais absurdo. Isso prova que, em última instância, os produtores não entendem *o que* produziram. *O comparativo, o princípio do progresso e da concorrência, perdeu o sentido.* Não é possível matar ainda mais alguém que já está morto. Também mais tarde não se poderá aniquilar melhor do que já se pode agora.

O apelo à competência é a prova da incompetência moral. Seria leviano assumir (como faz Jaspers, por exemplo) que os "senhores do apocalipse" – aqueles que, com base na posição de poder político ou militar que adquiriram de uma maneira ou de outra, agora têm a responsabilidade – estariam mais à altura dessas exigências descomunais, ou que seriam mais capazes do que nós, meros *morituri*, de imaginar a monstruosidade; ou apenas que eles saibam que, na verdade, eles *teriam* que poder fazê-lo. Devíamos, muito antes, desconfiar: desconfiar que eles não têm qualquer noção – o que eles confirmam justamente quando enfatizam que seríamos *incompetentes* no "âmbito das questões nucleares e do armamento nuclear" e quando nos aconselham a não "nos intrometer". Essas falas são a prova de sua *incompetência moral*: elas demonstram que eles acreditam que sua posição lhes confere o monopólio e o conhecimento técnico para decidir acerca do *to be or not to be* da humanidade; e que consideram que o apocalipse seria algo como uma "área de especialização". Sem dúvida, alguns deles apelam para a "competência" simplesmente para embelezar o aspecto antidemocrático de seu monopólio. Se a palavra *democracia* tem algum sentido, será o de que nós temos o direito e o dever de participar das decisões que digam respeito à *res publica*, isto é, daquelas que se encontram *para além de nossa competência profissional* e que não nos dizem respeito enquanto especialistas, mas enquanto cidadãos ou seres humanos.

Isso não pode absolutamente se tratar de "intromissão", pois, enquanto cidadãos e seres humanos, *estamos* já "intrometidos", também *nós* somos a *res publica*. Jamais houve e jamais haverá uma situação mais *publica* do que a atual decisão acerca de nossa sobrevivência. Portanto, se nos abstivermos de nos "intrometer", isso será uma omissão de nosso dever democrático.

Abolição da "ação". A possível aniquilação da humanidade parece ser uma "ação"; também quem contribui com ela parece ser um agente. Isso está correto? Sim e não. Por que não? Porque o "agir" em sentido behaviorista praticamente não existe mais. Quer dizer: porque aquilo que antes transcorria como "ação" e que era entendido pelo próprio agente como tal deu lugar a processos de outra espécie, a saber: 1. ao *trabalho*, 2. ao *desencadeamento*.

1. *Trabalho: substituto da "ação".* Os funcionários das instalações de liquidação de Hitler "nada fizeram", acreditaram nada fazer, porque "apenas trabalhavam". Entendo sob "apenas trabalhar" aquele tipo de atividade (autoevidente e dominante na atual fase da Revolução Industrial) no qual o *eidos* do trabalho permanece invisível para quem o exerce; ou melhor: que não tem mais nada a ver com o trabalhador; ou melhor: aquele tipo de atividade que não deve nem pode mais ter nada a ver com ele. Característica do trabalho atual: ele permanece *moralmente neutro*, *non olet*, nenhum objetivo do trabalho, por pior que seja, pode macular aquele que trabalha. Quase todas as ações delegadas aos seres humanos hoje se assemelham a essa forma dominante de atividade. *Trabalho: a forma camuflada da ação.* Por meio dessa camuflagem poupa-se o genocida de se tornar culpado, dado que o trabalho não apenas não requer responsabilização, mas supostamente também não pode tornar ninguém culpado. Sob essas condições é necessário que nós simplesmente invertamos a equação atual "todo agir é trabalhar" para formar a seguinte equação: *todo trabalhar é agir.*

2. *Desencadeamento: substituto do trabalho.* Aquilo que vale para o trabalho vale ainda mais para o desencadeamento. Pois desencadear é aquele tipo de trabalho em que até mesmo aquilo que lhe é específico – a saber, o esforço e a sensação de esforço – é abolido. *Desencadeamento: a forma camuflada do trabalho.* De fato, hoje, é possível alcançar quase tudo por meio de desencadeamentos, chega a ser possível pôr em movimento cadeias de desencadeamentos – inclusive o assassinato de milhões – apertando-se um único botão. Quando isso ocorre, então (de um ponto de vista behaviorista) esse movimento não é mais trabalho, muito menos uma ação. Na verdade, não se faz praticamente nada, embora o efeito desse nada fazer seja a aniquilação e o nada. Nenhum apertador de botão (supondo-se que este ainda seja necessário) sente *que* ele faz algo; e, uma vez que o lugar do ato e o lugar em que o efeito se manifesta não coincidem, uma vez que a causa e o efeito encontram-se separados, ninguém vê *o que* ele faz. *Esquizotopia*, em analogia com esquizofrenia. Repito com maior clareza (veja-se acima): somente quem suporta imaginar o efeito tem uma chance de chegar à verdade; a percepção não serve para nada. Esta variante da camuflagem é sem precedentes: enquanto antes camuflagens tinham o objetivo de impedir a potencial vítima, isto é, o inimigo, de reconhecer o perigo que o ameaçava (ou de proteger o agressor do inimigo), *agora a camuflagem visa impedir o próprio agressor de reconhecer o que faz.* Nessa medida também o agressor é agora uma vítima; nessa medida, Eatherly pertence àqueles que matou.

As formas mentirosas da mentira atual. Os exemplos da camuflagem ensinam-nos sobre o tipo de mentira em voga atualmente. Hoje as mentiras não precisam mais aparecer como enunciados ("fim das ideologias"). Pelo contrário, sua astúcia consiste justamente em escolher disfarces que inibem até mesmo a suspeita de que *poderiam* ser mentiras; e isso justamente porque esses disfarces não são mais enunciados. Se, até o momento, as mentiras se camuflaram com a integridade da verdade, agora elas se camuflam de outra maneira:

1. *No lugar de enunciados falsos entram palavras isoladas e nuas* que parecem não afirmar nada, mas que, na verdade, já carregam em si seu predicado (mentiroso). Assim, por exemplo, a expressão *arma nuclear* já é um enunciado mentiroso, pois sugere que se trata de "armas".

2. *No lugar de enunciados falsos sobre a realidade entram realidades falsificadas* (e com isso estamos no ponto que acabamos de tratar). Assim, ações, ao aparecerem como "trabalhos", parecem algo diferente da ação; tão diferentes dela que agora não revelam mais (nem mesmo ao próprio agente) o que são (ou seja, ações), e, assim, oferecem ao agente, contanto que ele trabalhe "conscienciosamente", a chance de ser completamente inescrupuloso com a melhor das consciências.

3. *No lugar de enunciados falsos entram coisas.* Se a ação ainda aparece disfarçada de "trabalho", o ser humano segue sendo o agente, ainda que ele não saiba o que faz quando trabalha, ou seja, *que* ele age ao trabalhar. A mentira celebra seu triunfo somente quando elimina também esse mínimo – e isso já ocorreu. Pois o agir se deslocou (naturalmente *por meio* do agir humano) das mãos do ser humano para outra região: para a região dos *produtos*, que agora se tornaram, em certa medida, "ações encarnadas". A bomba atômica (pelo simples fato de existir) é uma *chantagem* constante – e que a chantagem seja uma ação não há de ser discutível. Aqui a mentira encontrou sua forma mais mentirosa: não sabemos de nada, podemos permanecer honestos e ingênuos. Essa é, pois, a situação absurda: *no momento em que somos capazes da ação mais monstruosa, da*

destruição do mundo, o "agir" parece absolutamente não existir mais. Uma vez que a mera existência de nossos produtos já é "ação", a questão ordinária do que devemos fazer agora com nossos produtos, de como "agir" com eles (por exemplo, se devemos usá-los apenas para *deterrence*) tornou-se uma questão secundária; sim, até mesmo uma questão enganosa, dado que ela oculta que as coisas *ipso facto* de sua existência *já agiram*.

Não a reificação, mas a pseudopersonalização. A palavra *reificação* não abarca o fato de que os produtos representam "agir encarnado", ela diz apenas que o ser humano foi reduzido a uma função de coisa. Mas aqui se trata do outro lado do mesmo processo (negligenciado pela filosofia até agora), a saber: que *aquilo que é tomado do ser humano por meio da reificação é acrescentado aos produtos*: que estes, dado que já fazem algo por meio de sua mera existência, tornam-se pseudopessoas.

As máximas das pseudopessoas. Essas pseudopessoas têm seus próprios princípios rígidos. Assim, por exemplo, o princípio das "armas nucelares" é puramente niilista, pois tudo é igual para elas. Nelas, o niilismo alcançou seu ápice e tornou-se *aniquilismo* descarado.

Uma vez que, hoje, nosso "agir" se deslocou para o trabalho e para os produtos, o exame da consciência não pode mais consistir apenas em ouvir a voz de nosso próprio coração, mas também em auscultar os mudos princípios e as máximas de nossos trabalhos e produtos, e em desfazer esse "deslocamento": portanto em *realizar somente aqueles trabalhos por cujos efeitos também nos responsabilizaríamos caso fossem efeitos de nosso agir direto*; e em *possuir somente aqueles produtos cuja existência "encarne" um tal agir de que possamos nos incumbir também como nosso próprio fazer.*

Abolição macabra da hostilidade. Se o lugar do ato e lugar do sofrimento estão radicalmente separados (veja-se acima), ou seja, se o sofrimento não ocorre no mesmo lugar do ato, então a ação se torna uma ação sem efeito visível, e o sofrimento se torna sofrimento sem uma causa reconhecível. Com isso surge uma ausência de hostilidade, certamente bastante ilusória.

A eventual guerra nuclear será a guerra mais vazia de ódio jamais combatida: o agressor não odiará seu inimigo, pois ele não o verá; o atingido não odiará o agressor porque este não poderá ser encontrado. Não há nada mais macabro do que essa mansidão (a qual não tem qualquer parentesco com a filantropia positiva). Chama a atenção nos relatos das vítimas de Hiroshima o quão raramente os agressores são mencionados (e, quando o são, com quão pouco ódio). Sem dúvida, o ódio será considerado indispensável também nessa guerra, e ele será produzido, por isso, como elemento especial. Para alimentá-lo serão destacados ou inventados objetos de ódio identificáveis e visíveis, "judeus" de toda espécie; em todo caso inimigos políticos internos: pois para poder odiar de verdade necessitamos de algo tangível. Porém, esse ódio não poderá ter nenhuma conexão com os atos de combate propriamente ditos: portanto, a esquizofrenia dessa situação se revelará também no fato de que o ódio e a agressão se voltarão para objetos totalmente distintos.

Vale não apenas para esta última afirmação, mas para todas as afirmações feitas aqui: elas foram redigidas para que *não* se tornem verdadeiras. Pois elas só poderão não se tornar verdadeiras se mantivermos constantemente em vista a alta probabilidade de que elas aconteçam, e se agirmos de acordo com isso. Não há nada mais terrível do que ter razão. Àqueles que, porém, paralisados pela sinistra probabilidade da catástrofe, perderem a coragem, resta seguir esta máxima cínica por amor à humanidade: "Se eu estiver desesperado, o que importa? Sigamos agindo como se não estivéssemos!".

VII

As raízes da cegueira diante do apocalipse[1]

1. A dispersão

Os teóricos socialistas do século passado tiveram a "chance" de ter diante de si uma classe que eles pudessem considerar a classe miserável por excelência, a "elite da miséria". E puderam conferir a essa elite, ao proletariado industrial, o papel de tropa essencial, como o mais importante sujeito de ação da revolução por eles exigida. Digo "o mais importante" porque, pelo menos segundo Marx, a tarefa do proletariado não deveria se esgotar na libertação individual, dado que a luta concernia a libertação da humanidade como um todo.

Porém, a classe trabalhadora que os teóricos transformaram em tropa essencial também não era um sujeito perfeito, pelo contrário; e não é por acaso que a produção da consciência de classe, portanto o tornar-se sujeito da massa, encontrava-se sempre em primeiro plano como tarefa organizatória e objetivo – mas a ideia de transformar o amorfo em um sujeito de ação não era utópica.

Lembro aqui desse fato de conhecimento geral porque ele pode iluminar nossa situação atual, a situação da miséria atômica,

---

1. Publicado originalmente em 1962.

ou, mais precisamente, seu desiderato. Pois o que falta ao nosso "movimento antinuclear" é justamente essa "tropa essencial" análoga ao proletariado. Por que ela nos falta?

Porque a miséria atual se encontra distribuída pela humanidade de maneira uniforme. Não há nenhum país, nenhuma população, nenhuma classe, nenhuma geração que seja ameaçada mais (ou menos) seriamente do que outra pelo perigo atômico. Todas podem ser atingidas na mesma medida. Naturalmente, seria tentador ver uma oportunidade nessa dispersão uniforme. Ouvimos às vezes otimistas argumentando que a humanidade, estando ameaçada como um todo, certamente não tolerará a continuidade do risco comum por muito tempo. Por meio dessa dispersão igual do perigo, a totalidade da humanidade atual teria se tornado a "elite da miséria" e, com isso, também uma vanguarda, em certa medida uma única grande vanguarda de si mesma. Mas isso é o mais puro *wishful thinking*. É verdade que não há ninguém que esteja excluído da ameaça e que todos os seres humanos são passageiros *in the same boat*, no mesmo bote furado. E podemos até mesmo presumir que, excetuando-se um punhado de Heróstratos, não há nenhum entre esses passageiros que deseje positivamente o naufrágio do bote e trabalhe nesse sentido. Apesar disso, considerando os milhões de atingidos e o fato de que a esmagadora maioria não deseja o naufrágio, seria fatal concluir que o perigo é visível; ou, com base no fato de que a miséria é objetivamente comum a todos, esperar a solidariedade subjetiva dos ameaçados e o sucesso de uma contra-ação comum; ou, por fim, concluir apenas que a maioria se recusaria a trabalhar em favor do próprio naufrágio. Todas essas conclusões são desejos pios. Não podemos supor de modo algum que temos atrás de nós milhões ou mesmo bilhões de "partisanos antiatômicos", lado a lado em longas fileiras. Pelo contrário, nós, que pertencemos ao movimento, somos antes um lastimável grupo minoritário – ou melhor, dado que somos apenas indivíduos esparsos que não se somam uns aos outros, não somos nem mesmo um grupo, por menor que seja.

Portanto, a "dispersão uniforme da miséria" não significa somente que todos podem ser atingidos na mesma medida pela miséria atômica, mas também que todos (ou quase todos) não são atingidos na mesma medida pela miséria atômica, que a maioria absolutamente não sente essa ameaça. O que há de terrível em nossa miséria atômica consiste, de fato, em ela não ser (ou quase não ser) sentida como miséria, de modo algum com a mesma constância e com a mesma severidade com que a miséria da exploração dos proletários do século XIX foi sentida e experienciada. Esses proletários não precisaram primeiro aprender sua miséria e seu sentimento de miséria. O que eles tinham que aprender era somente a tática e a estratégia da superação de sua miséria. Nossa ignorância é mais profunda. Portanto, também nosso aprendizado terá que começar em um ponto mais profundo. Teremos que nos educar no sentir de nossa miséria, esse terá que ser o primeiro passo de nossa ação. E é evidente que esse passo só terá sucesso (se tiver) quando tivermos clareza acerca de todas as razões de nossa cegueira.

Já investiguei essas razões anos atrás.[2] Por isso, desta vez, só tocarei nas raízes da "cegueira diante do apocalipse" que então apresentei, destacando aquelas às quais não me dediquei suficientemente naquela ocasião. A situação de perigo permanece invisível pelas razões listadas a seguir.[3]

1. O perigo é universal. Uma vez que, como dissemos, o perigo se distribui entre todos, ele não se destaca, permanece sem contraste. Isso quer dizer: não existe – como já vimos – nenhum grupo privilegiado que, por estar em situação melhor que a nossa, faria a nossa própria miséria se sobressair. Portanto, justamente a universalidade do perigo torna-o invisível. Reis e mendigos,

2. Em *Die Antiquiertheit des Menschen*, pp. 232 ss.

3. Naturalmente, as razões tratadas aqui valem exclusivamente para nossos contemporâneos que habitam os países altamente industrializados. Quem tiver visto alguma vez a miséria de países subdesenvolvidos sabe por que a preocupação com a ameaça nuclear contra a humanidade não pode concorrer lá com a preocupação com o mínimo da subsistência diária: porque, para quem passa fome, pensar no fim do mundo seria um luxo.

have-countries e *have-not-countries*, exploradores e explorados são iguais diante da ameaça nuclear. E, uma vez que só é possível reconhecer diferenças, nada disso pode ser reconhecido.

2. Por ser desprovida de contraste, a situação também parece desprovida de inimigo. Não me compreendam mal: naturalmente, é somente o próprio campo nacional ou o bloco aliado ao qual a nação pertence que aparece como desprovido de inimigos.[4] No interior desse bloco reina a trégua, uma vez que o perigo aparece de maneira "dispersa" e sem contraste. Já que nele ninguém se encontra menos ameaçado que os demais, também não parece haver ninguém mais ameaçador ou culpado do que os demais, e consequentemente tampouco alguém que se tivesse razões para combater.

Sabemos bem, com base na última Guerra Mundial, como é fácil impedir a circulação da questão da culpa e, com isso, sufocar o surgimento de resistência. O perigo comum sempre parece comprovar também a causa comum. Que, porém, a "causa" por amor à qual somos colocados em perigo vá diretamente de encontro ao nosso próprio bem-estar, ou que sejamos forçados com violência a assumir o risco, isso raramente interrompe o funcionamento dessa falácia. Mas a crença na comunidade da causa é elevada acima de qualquer suspeita quando os culpados compartilham conosco o perigo em que nos colocam. Por meio disso até o último cético se convence de que a causa pela qual esses homens estão dispostos a sofrer também é a sua e, com isso, uma causa justa.

---

4. Infelizmente não há ocasião para nos queixarmos da falta de inimigos em outro sentido. Pelo contrário, jamais houve uma situação em que a inimizade tenha sido cultivada de maneira tão sistemática quanto hoje em dia. Esse cultivo explícito da inimizade tornou-se necessário por duas razões:
a) Porque hoje, devido ao espaço imenso que os separa, os inimigos não se encontram mais fisicamente, mas apenas de maneira técnica, por exemplo com o auxílio de mísseis de longo alcance. Uma vez que não se veem, também não se produz um ódio espontâneo. Por isso, este precisa ser produzido de maneira sintética.
b) Porque a produção da ameaça (representada pela produção de armas nucleares) só é plausível se ela se voltar contra um oponente. Este é necessário para justificar a ameaça.

Essa falácia comemora hoje o seu triunfo. E isso porque a "solidariedade" dos culpados com suas vítimas se encontra assegurada de saída. Quero dizer que, para aqueles que nos põem em perigo, não é mais necessário angariar a coragem para saltar para dentro do perigo suicida. Uma vez que o perigo aparece por natureza "disperso", esse salto já foi dado automaticamente, os culpados não têm outra opção a não ser também correr perigo.

Na realidade não há nada que iluda mais terrivelmente a nós, as potenciais vítimas, do que o fato de que os culpados se encontram *eo ipso* ameaçados junto conosco.[5] Em vez de nos solidarizarmos com os milhões de pessoas que se encontram entregues ao perigo exatamente da mesma maneira que nós, ou também com as populações das supostas "nações inimigas agressivas", solidarizamo-nos com os que nos põem em perigo em nosso próprio campo, não reconhecendo-os como tais e apreendendo-os, pelo contrário, somente como ameaçados junto conosco. É essa uma das principais razões por que a mobilização da resistência contra a situação atual é tão difícil.

3. O perigo é "supraliminar". Com a expressão *supraliminar* designamos, à diferença dos conhecidos estímulos subliminares (que são demasiado pequenos para transpor o limiar do que é perceptível ou imaginável), os estímulos que são demasiado grandes para que ainda possam ser percebidos ou imaginados. A ameaça não permanece invisível *apesar* de ser demasiado grande, mas, ao contrário, *porque* ela é tão grande, isto é, *grande demais*.

Naturalmente, essa fatídica "supraliminaridade" é muito conveniente para todos aqueles que estão positivamente interessados na manutenção da ignorância da humanidade. Eles podem confiar nela e incluí-la, sem mais, em seus cálculos táticos.[6]

---

5. Às vezes escapam notícias de que governos estão encomendando a construção de abrigos antiaéreos especiais. Nesses momentos, a indignação certamente é sempre generalizada.

6. Naturalmente, não é por acaso que o "supraliminar" (que só era familiar aos nossos antepassados sob a forma da variante estética do "sublime") comece a adquirir uma

4. O superpoder destrói nossa sensibilidade à dor antes de nos destruir. Sem dúvida, expectativas apocalípticas não aparecem em qualquer circunstância histórica. Nem tampouco em qualquer grupo social. Qualquer "sociologia dos tempos do fim" mostraria que jamais houve expectativas apocalípticas que devessem sua origem a poderes dominantes. É possível que nem mesmo tenha havido expectativas apocalípticas transmitidas intactas por tais poderes. Quem domina insiste na própria permanência e, com isso, na permanência do mundo. Somente quem está "no fim" pensa no fim, espera pelo fim, consola-se com ele. Formulado positivamente: concepções apocalípticas sempre devem sua existência a grupos que se encontram condenados à impotência por meio de uma pressão quase absoluta, ou pelo menos extremamente absolutista, de um poder mundano. Somente tais grupos precisam (ou melhor: precisavam) pensar no fim, pois com a ajuda disso puderam transpor a humilhação que suportavam neste mundo. E faziam isso superando o poder absoluto ao qual estavam submetidos com um poder "ainda mais absoluto", precisamente com o poder do fim absoluto, diante do qual todo e qualquer poder mundano teria que sucumbir. Nunca houve uma representação do apocalipse – nem em Marx, nem em Daniel – na qual o mundo condenado não portasse o semblante de uma determinada tirania. É claro que essa regra também não quer dizer que, ao contrário, toda tirania produza uma expectativa apocalíptica. Nossa situação atual é uma ilustração disso. Não deve ter havido jamais um grupo mais impotente e terrivelmente humilhado do que nós somos devido à ameaça nuclear, certamente não a humanidade como um todo. Apesar disso, a mentalidade apocalíptica está ausente. Como explicar isso?

significância prática tão exímia no mesmo instante global em que também o "subliminar" (que no século passado só surgiu como problema teórico da "psicofísica" fechneriana) é empregado como método de *hidden persuasion* com a finalidade de dominar os seres humanos. Em ambos os casos o ser humano é entregue a meios aos quais simplesmente se sujeita, sem poder tomar posição a respeito. Em ambos os casos trata-se de uma privação metódica de liberdade.

Pelo fato de o desempoderamento ser *grande demais*. Com isso quero dizer que o superpoder que nos desempodera – a saber: a técnica – é tão totalmente dominante que não o reconhecemos mais como superpoder, referimo-nos a ele antes como "nosso mundo", e até mesmo como "nosso mundo confortável". Mas isso significa ao mesmo tempo que também nossa impotência deixou de ser reconhecível para nós enquanto impotência.[7] Em outras palavras: a privação da liberdade alcançou sua perfeição e plenitude privando-nos também da capacidade de reconhecê-la como tal, até mesmo de sentir sua pressão como pressão. *O terror comemora seu triunfo extremo por meio da analgia que produz em suas vítimas.* Se hoje somos "abatidos", isso acontece não porque nos sentimos golpeados, mas, pelo contrário, porque não sentimos os golpes que nos atingem, porque até mesmo nossa sensibilidade à dor foi morta à pancada.[8] Como esse nível máximo de terror teve sucesso total, a insurgência, mesmo a variante mais impotente da insurgência, ou seja, uma utopia positiva, ainda que meramente fingida, tornou-se impossível.[9]

5. O perigo "não nos concerne", ele aparece como assunto de outras instâncias. Na medida em que reconhecemos o perigo e o admitimos como tal, nós o aceitamos como algo que não nos concerne, ou melhor: aceitamo-lo *porque* ele não nos concerne no quadro da divisão do trabalho e da responsabilidade. Sob *nós* não entendo aqui apenas aqueles que permanecem realmente sem participação na produção do perigo, mas também aqueles que participam de maneira mais ou menos direta na produção da ameaça. Incluo-os aqui porque é característica essencial da atual divisão do trabalho que os trabalhadores abram mão da pretensão – e percam o desejo

---

7. "O ser humano é menor que ele mesmo". Cf. *Die Antiquiertheit des Menschen*, pp. 264 ss.
8. Em um tal estado de coisas, é totalmente coerente que os analgésicos se tornem moda.
9. As utopias atuais, por exemplo, a de Huxley, são simples prolongamentos da situação atual, ou seja, puramente negativas. As utopias positivas, as representações políticas do "Reino de Deus", por exemplo, a ideia de uma sociedade sem classes, têm origem no século xix.

e a capacidade – de pensar sobre ou até de ter sentimentos acerca da legitimidade dos produtos em cuja produção participam (e dos efeitos possíveis e pretendidos desses produtos).

6. A etiqueta do perigo é falsificada. Já apontei repetidas vezes o fato de que a imensidade do perigo nuclear é banalizada no discurso, o que nos impede de compreender a verdadeira dimensão da ameaça. Por isso vou dizer aqui apenas que essa forma de engano não requer nem inventividade, nem uma imaginação fértil. Durante muito tempo as pessoas se contentaram em seguir designando os fatos atômicos com a linguagem cotidiana pré-atômica – e em muitos casos isso continua sendo suficiente hoje. A bomba atômica foi considerada parte da "artilharia" e designada como tal. A mentira consistia no vocabulário. Em comparação com isso, a questão de se os enunciados sobre os fatos atômicos correspondiam ou não a eles permanecia irrelevante. Para os ouvintes, o vocabulário habitual era o vocabulário confiável, de modo que foi recebido com confiança, ou melhor: ele impediu o aparecimento do ceticismo. E, antes mesmo que os mentirosos mentissem, o engano já se estabelecera. Frequentemente até mesmo o autoengano.

Essa mentira é semelhante àquela que pode ser chamada de "falsificação de etiquetas". O que quero dizer com essa expressão?

Os produtores de Coca-Cola lançam no mercado seu produto como um meio para matar a sede, quando na verdade ele produz sede (e, com isso, um impulso renovado de tomar Coca-Cola) por meio de uma adição de açúcar repulsivamente excessiva. Os produtores do perigo atômico agem de maneira análoga. Também eles marcam seus produtos com rótulos falsos, a saber, com o rótulo de "proteção contra o perigo" ou de "medida contra o perigo". E, mesmo quando discutem pública e exaustivamente sobre as vantagens e desvantagens de uma guerra preventiva, não cogitam abrir mão de sua falsificação de etiquetas.

Não admira que milhões de nós sejam ludibriados pela etiqueta falsa (aceitando assim o produto falsamente etiquetado), e há várias razões para tal. Naturalmente, todo tipo de "proteção" nos é bem-vindo. E é natural que a consciência de que nos dedicamos exclusivamente à defesa, de que também as armas ofensivas são produzidas exclusivamente para fins defensivos, lisonjeie nossa arrogância. Mas essa não é a principal razão de nos deixarmos seduzir. Isso acontece porque, até hoje, a guerra nuclear ainda não eclodiu. Cada nova manhã sem guerra nuclear parece ser mais uma prova da confiança que podemos ter de que nossas "medidas protetivas" realizarão seu objetivo. Os vigaristas exaltam a permanência da paz como obra exclusivamente sua, uma paz que perdura apesar da acumulação de armamentos. E nós aceitamos tão bem esse truque porque, em nosso pensamento cotidiano, o *apesar* concessivo só exerce um papel mínimo, incomparável com o papel do *porque*, e porque não consideramos nenhum raciocínio tão natural e necessário quanto o raciocínio absurdo que conclui, a partir da ocorrência de dois fatos, que um teria que ser causa do outro (não posso investigar aqui as raízes psicológicas dessa compulsão do pensamento). Em todo caso não há, entre os muitos obstáculos que impedem nossos esforços de esclarecimento, nenhum que seja tão difícil de superar quanto esse falso pensar e sua exploração sistemática pelos vigaristas.

Uma vez que a produção do perigo atômico nos é apresentada como produção da proteção contra o perigo atômico, é preciso que retornemos mais uma vez ao problema da proteção já tangenciado por nós anteriormente.

Assim como não é verdade que a produção de armas nucleares seja defensiva, também não é verdade que a produção de meios que, em sentido estrito, se chamam "meios protetivos" (como *bunkers*, por exemplo) ofereça proteção. Pelo contrário, também a produção deles já sugere a probabilidade de uma agressão nuclear por parte do inimigo e promove com isso a crença na guerra nuclear, ou melhor, eleva com isso o seu grau de probabilidade real. Analogamente à famosa frase de Karl Kraus segundo a qual a psicanálise seria a doença cuja cura pretende ser, poderíamos afirmar que o armamento nuclear defensivo é parte dos perigos que ele pretende rechaçar. Se for o caso de classificar, então não deveríamos incluir os mísseis nucleares e os *bunkers* na classe dos aparelhos defensivos, mas, inversamente, na classe dos aparelhos agressivos. Do ponto de vista do homem de negócios isso é evidente. Pois os produtores dos "meios protetivos" vivem do perigo atômico. Ora, no caso de uma paz real eclodir, seus produtos (que supostamente servem ao asseguramento contra os perigos) não sairiam da prateleira. Para evitar que isso ocorra, eles têm que assegurar o perigo atômico, da mesma maneira que os produtores de armas. Não me compreendam mal: não digo "assegurar contra o perigo atômico", mas "assegurar *o* perigo atômico". Afinal, também a criação de bunkers é apenas uma indústria, e isso significa naturalmente que, assim como todos os outros ramos da indústria, ela também tem que seguir os postulados da produção, de acordo com o seguinte imperativo: "Além de seus produtos propriamente ditos, produza também a oportunidade de sua comercialização e consumo, ou seja, a demanda!", ou também este aqui: "Se possível, promova seu produto ao nível de um assim chamado *must*, quer dizer, de uma mercadoria absolutamente indispensável!". Se, porém, perguntarmos como se chama essa oportunidade de consumo de aparelhos defensivos (que é a mesma da de armas ofensivas), só há uma resposta: essa oportunidade chama-se *perigo de guerra*. Em outras palavras: quem quiser obedecer ao imperativo acima não tem alternativa senão exagerar a situação emergencial da nação e, com isso, o caráter ameaçador do oponente por meio da manipulação das opiniões, caso seja necessário provocar efetivamente essa situação emergencial. A etiqueta "situação emergencial da nação", ou a própria situação, é o subproduto de que os "produtores de proteção" necessitam e que eles precisam produzir como condição prévia de sua produção de armas e da comercialização de seus produtos. E agora eles levam a cabo essa produção – em parte, fazem-no por meio de "comerciais negativos" (quer dizer: por meio da invenção de oponentes e de sua demonização), em parte

134

amedrontando a população (por exemplo, por meio de exercícios de alarme). É desnecessário documentar em que altos círculos – especialmente em discussões orçamentárias parlamentares – eles permitem que esse subproduto seja produzido. A mais simples descrição da situação da "Guerra Fria" bastaria como comprovação. Quero mencionar aqui somente um único exemplo de uma tal produção e de sua hipocrisia. Seu nome é *missile gap*.

É conhecido que esse termo foi utilizado para designar a vantagem, ou melhor – e naturalmente trata-se de um ponto decisivo –, a suposta vantagem da produção soviética de mísseis em relação à americana. Pois essa vantagem jamais existiu. Pelo contrário, até meados de 1961 a União Soviética produziu 3,5% da quantidade fantasiada pelas estimativas da CIA, sobre a qual se basearam as especulações acerca do *gap*. Pode ser compreensível que, ainda em 1960, o presidente Kennedy tenha feito da tese baseada nessas fantasias um dos principais argumentos de sua campanha eleitoral. Em contrapartida, é inacreditável – ou talvez seja melhor dizer: demasiado crível – que, mesmo após sua retificação, os antigos números fantasiosos tenham sido usados como fundamento para decretar o aumento de 50% dos bombardeiros estratégicos e de 100% dos mísseis *minute-man*.[10]

Mas retornemos ao ponto fundamental, que merece uma formulação extremamente incisiva, dado que a imagem de nossa situação de perigo está agora de ponta-cabeça. Não é verdade que a situação política tensa traz consigo o incremento da aparelhagem atômica, mas, pelo contrário, o incremento da aparelhagem atômica é que necessita da situação política tensa e a produz por essa razão.[11]

---

10. Cf. a respeito P. M. S. Blackett, "The Road to Disarmament" in: *New Statesman*, n. 2, março de 1962; e "The Menace of Preventive War" dos editores do *Monthly Review*, abril de 1962.

11. Adendo de 1970. Entrementes, o método da mentira entrou em uma terceira fase: em vez de mentir com o auxílio de falsas etiquetas, mente-se agora com o auxílio de etiquetas corretas – o que, naturalmente, num primeiro momento, soa paradoxal. Agora a mentira aparece sem disfarce, a saber, como verdade nua. Na Molússia, isso era chamado de "mentir a verdade". Enquanto na primeira fase se mentia apresentando fatos falsos, e na

Façamos uma pausa aqui. Pois o ponto que acabamos de alcançar é contraditório. E é necessário que prestemos contas disso. Em que medida ele é contraditório?

Dissemos há pouco que a indústria, para assegurar a si mesma, teria que assegurar a existência do perigo, portanto *sublinhá-lo*, e até contribuir efetivamente com sua produção.

Isso, porém, contradiz a tendência a tornar tudo inofensivo à qual atribuímos tão grande significação, e certamente não sem razão. Talvez a simultaneidade das duas tendências contraditórias entre si fosse compreensível se se tratasse aqui de dois grupos distintos, um deles interessado em banalizar o perigo, e o outro em enfatizá-lo de maneira exagerada. Mas não é esse o caso, trata-se de um único grupo, o qual, em certa medida, "banaliza enfatizando" e "enfatiza banalizando".

Naturalmente, seria absurdo assumir que aqueles que têm um *vested interest* na continuidade e na elevação do perigo desejem diretamente o advento da catástrofe. Mas seria ainda mais absurdo dar crédito à sua versão, segundo a qual, com o incremento da indústria da aniquilação e da suposta indústria da proteção, visariam unicamente ao objetivo de evitar ou reduzir o perigo. Mesmo não sendo especuladores de guerra, não deixam de ser

segunda fase por meio do uso de um vocabulário falso, mente-se agora com o auxílio do vocabulário adequado. Esse método de mentira é especialmente trapaceiro, pois, dizendo a verdade de maneira totalmente explícita, ele nos engana abertamente sobre o fato de estar mentindo. Não obstante, trata-se de uma mentira: e isso porque agora a verdade é expressa de maneira tão desembaraçada e evidente ou tão patética e convencional que ela – e é essa, naturalmente, a intenção – ou parece não ser séria ou então que não se está falando sério. E, de fato, não nos damos conta da verdade quando ela é assim manifestada. Por essa razão – o que uma década atrás ainda seria impensável – pôde tornar-se hábito falar, nos discursos e textos mais públicos e oficiais, do "caráter apocalíptico do perigo". Não nos deixemos enganar pela franqueza com que, hoje, os advogados da ameaça atômica empregam as expressões originalmente cunhadas pelos admoestadores. Os vocábulos escatológicos fluem hoje com tanta facilidade dos lábios dos oradores dominicais, eles se repetem com tanta frequência e se tornaram um vocabulário tão padronizado que ninguém, nem mesmo as pessoas sérias, dão ouvidos a eles, nem dão crédito ao que é dito. Pelo contrário, as pessoas entediam-se e afastam-se com um "de novo essa conversa fiada sobre o fim do mundo!" – uma reação que, naturalmente, é pretendida pelos tagarelas apocalípticos. Agora, a desejada antiga indolência do público é produzida com o auxílio de um novo meio, a saber, da verdade empregada de maneira mentirosa.

especuladores do perigo de guerra. O que desejam e necessitam não é nem a guerra nem a paz efetiva, mas a constância da tensão, ou seja, a guerra que permaneça fria; uma "peace in our time", durante a qual a perpetuação do perigo e a perpetuação do aumento do perigo sejam garantidas. Idealmente, caso fosse possível, seguiriam andando na corda bamba sobre o abismo dullesiano, e não pode haver dúvida de que eles preferem a eternidade de uma tal caminhada à queda efetiva, isto é, à eclosão da catástrofe. Eles provavelmente sonham que esse caminho permaneça eternamente assintótico, embora minuciosamente orientado para um ponto catastrófico. Isso é tanto mais plausível se considerarmos que também em uma "paz" desse tipo, devido ao constante aprimoramento de seus produtos, portanto devido à obsolescência garantida de seus produtos anteriores, a constância de sua produção e de seus lucros poderia permanecer certa. E é sem dúvida improvável que eles preferissem abrir mão do perigo lucrativo para eles do que de sua produção.

Seja como for: uma vez que estão interessados na perpetuação do perigo de guerra, eles enfatizam esse perigo de maneira exagerada. Como, porém, por outro lado, eles não estão realmente interessados na guerra nuclear propriamente dita, mas apenas no perigo da guerra nuclear, banalizam o horror da guerra com cujo advento eles mesmos não contam. E com isso explica-se a contradição que parecia surgir devido à simultaneidade da ênfase no perigo e em sua banalização.

7. Devido à falta de falta, perdemos o futuro no jogo. Conforme vimos no primeiro parágrafo, uma razão decisiva para nossa cegueira diante da miséria atômica é o fato de que ela (à diferença da fome ou do frio ou da miséria do proletariado industrial do século xix) não é sentida diretamente como miséria, e que, muito antes (e mesmo que isso ocorra somente nos casos mais favoráveis), permanece sendo uma falta (de segurança) da qual apenas sabemos. É preciso que retornemos mais uma vez a esse fato. Fazemo-lo somente agora porque um excurso necessário aqui teria causado desordem na sequência das raízes de nossa cegueira diante do apocalipse.

2. O padrão de vida

A outra raiz é o nosso padrão de vida atual, que bloqueia nossa compreensão da falta. Por quê?

Porque – segundo o relato que circula – nós vivemos em uma *affluent society*. Essa expressão não designa apenas uma situação econômica especialmente interessante, mas a situação mais revolucionária que jamais existiu, a saber, o reino dos céus dos glutões, o estado em que o sonho da Cocanha sonhado pela humanidade desde os dias de Adão até ontem se tornou realidade. Em outras palavras: vivemos em um mundo em que tudo nos é colocado [*präsentiert*], no qual tudo nos é presente, um mundo sem falta.

Ora, o processo que nos levou a esse estado era um processo dialético, pois: *quanto menos nos falta* [mangelt], *mais deficientes* [mangelhaft] *nós mesmos nos tornamos*. A *falta de falta* hoje efetiva revelou-se um presente de grego. O prejuízo que ela nos causou não é prejuízo apenas no sentido inofensivo em que falamos hoje de "prejuízos civilizacionais" – ainda haveremos de suportar o enfraquecimento de nossa capacidade motora causado pela motorização –; trata-se, muito antes, de uma intervenção em nossos fundamentos, e nem mesmo as formas supostamente apriorísticas de nossa consciência do espaço e do tempo passaram incólumes.[12]

Consideremos agora este último prejuízo: o de nossa consciência do tempo.

---

12. O fato de não termos consciência do prejuízo que nos é causado não diz nada contra sua realidade. Pelo contrário, o prejuízo permanece invisível justamente porque fomos prejudicados. Cf. a respeito a regra de soberania molussiana número 122: "Se privares alguém de alimento, priva-o também da fome!"; e a regra 134: "Toleramos como irrepreensível unicamente a mutilação que impeça o mutilado de reconhecer o fato de que foi mutilado".

Minha tese é a seguinte: *para aquele a quem tudo é apresentado* ou para quem tudo é presente, *o presente torna-se tudo*, sua vista do futuro é bloqueada – e com isso naturalmente também a vista daquele futuro que nos interessa aqui, isto é, a vista da ausência de futuro que possivelmente nos aguarda.

As inumeráveis coisas de hoje – tanto as que já são nossa propriedade quanto as que, sob a bandeira da oferta, marcham sem cessar ao nosso encontro, vindas ao mesmo tempo e de todos os lados, como um exército de milhões de soldados densamente enfileirados – compõem, juntas, um muro massivo, e esse muro nos cerca e faz de nós prisioneiros do presente.

Naturalmente, não é possível medir em metros cúbicos a cela em que agora estamos presos; o terreno do qual as paredes de nossa cela nos separam não é o do espaço.[13] Mas não deixamos por isso de ser prisioneiros. E isso até mesmo em um sentido ainda mais implacável do que os prisioneiros em sentido usual, uma vez que os muros que nos cercam não têm janelas e uma vez que nosso olhar, não importa para onde se volte, não recai sobre a paisagem do futuro, mas sempre sobre as mercadorias apresentadas a cada momento. Em suma: encontramo-nos em uma "cela temporal" chamada "presente". E nela vivemos de maneira tão exclusiva que permanecemos cegos perante o futuro e, com isso, também perante a falta de futuro que eventualmente nos aguarda.[14]

13. Apesar disso, os vocábulos carcerários aqui empregados não são meras metáforas. Seria um erro crer que somente quem está preso no espaço está "realmente preso". Pelo contrário, o número de celas em sentido literal é sempre igual ao número de maneiras possíveis de não estar livre. Quem, por exemplo, é vítima de uma ideologia encontra-se tão encarcerado (e isolado de experiências) e, assim, tão dentro de uma cela quanto um presidiário. Portanto, não me compreendam mal. Naturalmente, essa "cela no tempo" chamada "presente" em que nos encontramos emparedados pode ser muito ampla no espaço. Conheço homens que, embora há muito acostumados a voar sem parar pelo mundo, jamais deixaram sua cela temporal, e são incapazes de deixá-la mesmo quando seu avião rompe a barreira do som. Assim como uma longa duração não contradiz o confinamento espacial, também a vastidão no espaço não contradiz o confinamento temporal.

14. Também o confinamento vitalício na cela da própria pessoa (na contingência do ser justamente si mesmo) não pode ser suspenso por meio de viagens pelo mundo.

Anexo: Excurso sobre a essência do tempo

A alegação de que o futuro definha quando tudo é apresentado como utilizável requer uma fundamentação. O que há por detrás dela?

Uma teoria sobre a "constituição do futuro". Esta não pode ser desenvolvida aqui *in extenso*, mas deve ser esboçada.

Ei-la: o fato de vivermos em um movimento em direção a um chamado "futuro" tem sua razão na "deficiência de nossa existência", por sermos entes dotados de carências e ameaçados. Isso quer dizer, *em primeiro lugar*, que não possuímos coisas (ou entes) que, na verdade, teríamos que possuir; e, *em segundo lugar*, que somos possuídos, ou ao menos ameaçados, por coisas (ou entes) pelas quais, na verdade, não deveríamos ser possuídos. Mais precisamente: o futuro "constitui-se" na medida em que *perseguimos [nachstellen]* o que nos falta para adquiri-lo ou o *produzimos [herstellen]*, ou na medida em que *fugimos* do perigo que nos acossa. As três ações que constituem o futuro são a caça, a produção e a fuga. Enquanto caçamos, produzimos e fugimos, vivemos no modo do "ainda não", o futuro constitui-se como "ainda não", e, por meio dele, constitui-se o tempo.

Ora, acontece que nós, contemporâneos, conforme já frisado, somos clientes de indústrias superprodutoras e beneficiários de Estados de bem-estar social. Na medida em que somos imediatamente fornecidos, não estamos nem à caça de coisas que nos escapam, nem em fuga de entes que nos acossam. Em outras palavras (e não é possível exagerar a novidade dessa situação): somos entes aos quais faltam privações e ameaças cotidianas; no mínimo, a caça foi tirada de nossas mãos de uma maneira antes impensável. A presa que antes nós mesmos tínhamos que perseguir sem jamais ter certeza do sucesso de sua apreensão aparece agora como bem de consumo assegurado que nos é entregue em

O impulso de viajar pode tentar se livrar desse cativeiro por meio da mudança de lugar, mas essas tentativas permanecem sempre vãs. (Cf. meu texto "Pathologie de la liberté" in : *Recherches Philosophiques*, 1936.)

casa. A distância chamada de *tempo* entre a carência produtora de uma intenção e sua satisfação, a distância que nossos antepassados tinham que medir para se apossar da presa, encolheu até a dimensão pontual.[15]

É evidente que, com isso, a dimensão de tudo quanto possa ser pretendido, isto é, do próprio futuro, perdeu seu caráter de futuro. Em seu lugar entrou uma espécie de reservatório, um "time pool" do qual o amanhã e o depois de amanhã fluem em nossa direção sob a forma de mercadorias. A existência dessas "mercadorias temporais" já se encontra garantida nos níveis tecnológico e administrativo, elas nos são entregues em casa pouco a pouco, da mesma maneira que a eletricidade ou a água ou o vocabulário ou o modo de pensar – isso quando já não as temos estocadas, congeladas ou em conserva. "Canned time". De fato, o imenso papel que a conserva tem hoje é o testemunho avassalador de nossa "conquista do futuro", análoga à conquista do espaço, quer dizer, de sua transformação em presente.[16] É possível atribuir

15. Portanto, em primeira instância, o tempo não é uma "forma da intuição", mas uma forma da deficiência, a saber: a forma da ausência daquilo que deveria estar presente, ou a forma da presença daquilo que deveria estar ausente. Aliás, o mesmo vale para o espaço. A diferença entre ambos é que, sob a noção de *espaço*, entendemos o âmbito daquilo que, embora sendo, não está presente; enquanto que sob *tempo*, em todo caso sob *futuro*, entendemos o âmbito daquilo que, embora não sendo, poderia estar presente. A posição ontológica privilegiada que o espaço ocupou na metafísica clássica é perfeitamente plausível, uma vez que ele designa o âmbito daquilo que é.

16. O único amanhã ainda intacto é o amanhã comercial. Se pudessem falar, todas as peças expostas na vitrine diriam o seguinte: "Você ainda não me tem" – e é incontestável que esse "ainda não" fornece, de alguma maneira, um indício de futuro. Mas essa variante é de espécie completamente pervertida. Enquanto que (cf. acima) o futuro autêntico se constitui na medida em que não temos algo (de que necessitamos) e ansiamos por tornar presente esse algo não presente (ou nos trazer para sua presença), aqui o futuro se constitui na medida em que as mercadorias ainda não têm a nós, clientes, e anseiam por nós, por adquirir atualidade enquanto nossa propriedade (e abrir caminho para novos produtos). Essa possibilidade jamais foi prevista em nenhuma filosofia do tempo, tampouco em nenhuma teoria da reificação. Pois aqui o futuro é constituído exclusivamente pelo mundo das coisas, mais precisamente pelo mundo das mercadorias. Enquanto clientes, somos arrastados para dentro de um espaço concebido por mercadorias e imposto a nós. E sair dessa correnteza é terrivelmente difícil para nós, que fomos transformados em puros consumidores; tornou-se quase impossível encontrar uma outra relação com o tempo. Quem, por exemplo, ainda não adquiriu um novo modelo de automóvel e vive sob a pressão desse *ainda não* perde, com isso, a capacidade até mesmo de vislumbrar um

ao famoso título cunhado por Robert Jungk "O futuro já começou" um sentido diferente do pretendido originalmente por ele, a saber: o de que pertence à essência de nossos esforços atuais despir o futuro de seu autêntico caráter de futuro, isto é, de seu caráter de indisponibilidade e incerteza, e transformá-lo sempre em um pedaço do presente.

Não me entendam mal: naturalmente, em si, essa tendência à "apresentação" do futuro é tudo menos um defeito; pelo contrário, nossas dádivas prometeicas da providência e do planejamento, quer dizer, nossa capacidade de, já hoje, dominar mais ou menos o amanhã e o depois de amanhã, constitui a essência e o orgulho do ser humano. E, em certo sentido, podemos reconhecer que os planejamentos coletivos de hoje são o coroamento dessa capacidade.

Acontece, porém, que esse desenvolvimento é tão dialético quanto qualquer outro – e isso vale tanto para o Ocidente quanto para o Oriente. Por meio de nosso hábito de dominar o futuro estamos extinguindo seu conceito. Uma vez que, agora, consideramos evidente que nosso futuro já tenha sido *taken care of*, que ele já esteja provisionado e presente, começamos a perder o costume de considerá-lo como futuro, ou melhor, perdemos a capacidade até mesmo de representar um futuro não provisionado. E, naturalmente, *com a perda da compreensão do futuro perdemos também* – quod erat demonstrandum – *a compreensão da possibilidade de uma ausência de futuro*.

Ou, dito de outra maneira: uma vez que, já hoje, em sentido psicológico, vivemos sem futuro, e uma vez que essa falta de futuro psicológica se desenvolveu justamente em um tempo no qual, pela primeira vez, existe a ameaça de uma falta de futuro efetiva (a saber, da catástrofe), nosso preparo para compreender

---

outro amanhã (por exemplo, o da catástrofe vindoura). Não, pior ainda, para essa pessoa, uma vez que a obrigatoriedade (o *must*) da aquisição futura não se deixa extinguir por nenhum tipo de revogação, a possibilidade de um "não amanhã" encontra-se efetivamente refutada. Ou, formulado de maneira positiva: para ela, a existência continuada do mundo encontra-se comprovada.

essa ameaça é incomparavelmente pior do que o das pessoas de épocas anteriores. Não é absolutamente impensável que venhamos também a deslizar para a efetiva falta de futuro porque já não temos futuro no nível psicológico. Portanto, é totalmente unilateral nossa convicção, oriunda da arrogância da religião do progresso, de que, com o progresso de nosso mundo de produtos, estamos orientados para o futuro. O oposto é igualmente válido, por mais que esse fato seja desconhecido. Pois nós *desfuturizamos* tanto futuro quanto possível, puxamos o máximo de futuro possível para dentro do presente para incorporá-lo neste último.

Hoje, tanto na vida profissional quanto na vida privada, encontramo-nos assegurados contra mil eventualidades futuras, ou pelo menos acreditamos estar assegurados contra elas – o que tem como consequência que, em certa medida mais uma vez infantilizados, vivamos no puro presente. Pode ser um acaso que o estado em que todos os entes carentes estejam seguros e a garantia da satisfação de todas as carências tenha alcançado seu ápice justamente no instante em que a existência continuada do mundo se tornou, ela mesma, extremamente insegura. Mas o que conta é o fato de que a incorporação do futuro no presente cegou nossa visão do primeiro, levando, naturalmente, ao definhamento de nossas emoções voltadas para ele, acima de tudo do medo. Com isso, porém, retornamos ao nosso tema. Pois quem é incapaz de sentir medo não está mais em condições de apreender ameaças, inclusive a ameaça nuclear.

VIII

A banalização e seus métodos[1]

Os banalizadores do perigo servem-se de diversos métodos. Segue-se aqui uma breve tipologia.

Primeiro método: falsa classificação do perigo

O procedimento mais comum de banalização do perigo atômico consiste em sua falsa classificação. Falsamente classificadas são em primeiro lugar as próprias "armas" nucleares – já a palavra *arma* constitui uma tal falsificação – pois, dado o efeito monstruoso exercido por tais objetos, não se pode mais falar de "armas" aqui. É especialmente popular a subsunção desses produtos sob o título de "artilharia" – por meio dessa classificação, a diferença qualitativa das "armas nucleares" é transformada em uma diferença meramente quantitativa. Algo análogo vale também para as expressões armas nucleares "táticas" e armas nucleares "limpas".

Não apenas os objetos e seus efeitos possíveis são falsamente classificados, mas também as atitudes que devemos adotar diante desses objetos e de seus efeitos. É conhecido que os médicos do piloto Eatherly classificaram (ou supostamente diagnosticaram) o peso na consciência perfeitamente legítimo sob o qual ele sofria após sua participação na "missão de Hiroshima" como um "complexo de culpa patológico", até mesmo como um complexo de Édipo, tentando convencer-nos a ver no horror autêntico e,

1. Publicado originalmente em 1962.

como dito, perfeitamente legítimo de Claude algo doentio e que carecesse de explicação. Assim, por exemplo, o psicólogo Strigl, da Alemanha Ocidental, que afirma ter examinado o "pano de fundo secreto" do medo diante da ameaça atômica (como se ele fosse misterioso, e como se não fosse, muito antes, a ausência quase universal de tal medo que requeresse explicação), alega que o medo do aumento da radioatividade no ar seria, em última instância, uma versão mascarada do "medo da castração". Se participarmos de tais absurdos, então poderemos igualmente relacionar a um trauma sexual o pânico que acometia os detentos de Auschwitz em suas câmaras de gás.

Não, é engano proposital farejar razões secretas em casos nos quais as razões legítimas do medo são patentes. Ora, no mínimo, deveríamos ter o direito de ter medo daqueles perigos que nos ameaçam efetivamente. Porém, para nos impedir de adotar a atitude que seria adequada à existência ameaçadora das "armas nucleares", privam-nos até mesmo dessa liberdade.

Segundo método: desencantamento do terrível

Outro procedimento de banalização estreitamente aparentado ao primeiro e que frequentemente se "sobrepõe" a ele consiste em algo que quero chamar de *desencantamento* [Vernüchterung]. Com isso quero me referir ao emprego metódico do *understatement* linguístico, isto é: que se pronuncie o terrível no tom mais seco, na maioria das vezes em um jargão científico ou administrativo. Para tal fim, prefere-se a apresentação de dados estatísticos ou tabelas.

Isso não quer dizer que enunciados feitos em tal tom seriam totalmente inverídicos. Pelo contrário: quanto melhor o mentiroso, maior a frequência de verdades em suas mentiras. O bom mentiroso pode dar-se ao luxo de mentir verdades. Quer dizer: as constatações que ele faz estão, de fato, corretas, mas são fraudulentas pela maneira como ele as comunica a nós. E elas são fraudulentas na medida em que (e porque) ele nos embala em um senso de segurança e nos comunica um sentimento de seriedade e limpeza, permitindo, com isso, que esqueçamos (ou impedindo-nos de antemão de nos darmos conta) do que se trata efetivamente.

Terceiro método: a solenização

Não menos adequada à fraude da banalização do que esse "jargão do *understatement*" é a linguagem, em certa medida antipódica, do *overstatement*, quer dizer: o método de "solenizar" o terrível. Também este método não recorre à mentira direta. Assim como o método do *understatement*, a solenização também pode se dar ao luxo de proferir a verdade em seu pleno terror. E ela pode fazê--lo porque *traduz o terrível para a linguagem estética*, quer dizer: porque ela apresenta o horrendo como algo sublime devido à sua grandeza (no sentido de ὕψος) e o infame como algo teológico, como algo "infernal". Quando os solenizadores falam de genocídio, deixam brilhar o terror e a vileza superdimensionados em cores grandiosas e sombrias – o que contradiz da maneira mais repugnante (ou melhor: da maneira mais bela) a coisa de que se trata. Não, a solenidade nos é proibida, e isso porque não há marcha fúnebre que não implique tacitamente algo que mereça ser comemorado e, com isso, algo positivo, ou até mesmo majestoso. As representações de anjos caídos pertencem ao Barroco, não à nossa era, e as representações da catástrofe (que existem em massa) não devem ser penduradas como adornos na parede de nosso apartamento, mas, para usar uma expressão brechtiana, "no paredão". Isso deve ser enfatizado, pois sempre voltamos a encontrar expressões "positivas" emprestadas da religião ou da arte, como, por exemplo, os vocábulos *sacrifício* ou *autossacrifício* ou *hecatombe* ou outros semelhantes – o que, dado que se trata da possibilidade da liquidação da humanidade, é a mais pura obscenidade. Constatemos sem qualquer solenidade: *há coisas demasiado grandes para ainda poderem ser tratadas com o tom da solenidade.*[2]

Os próprios solenizadores dividem-se mais uma vez em dois tipos distintos: enquanto uns se limitam a transformar o terrível indiretamente em algo majestoso e, por meio disso, em algo positivo, os do outro tipo chegam ao ponto de enunciar diretamente a positividade do terrível e, com isso, adular a covardia. Eles amam asseverar que quanto maiores forem as ameaças, tanto maior a certeza de que trarão consigo a "salvação". Aos poucos já se tornou quase impossível ler editoriais a favor do armamento nuclear em jornais germanófonos "sérios" nos quais não apareça o fatal verso do canto de Patmos de Hölderlin, "mas onde há perigo cresce também a salvação". Deveria ser proibido citar essas palavras. Imaginem se, um dia antes de seu ataque, os americanos tivessem consolado os habitantes de Hiroshima com essa citação de Hölderlin. Ou se os nazistas tivessem inscrito essas palavras no portão de Auschwitz – o cinismo dessa solenidade salta aos olhos.

Pessoas que levam a história a sério, que, por exemplo, viveram a ascensão do nazismo de olhos abertos, consideram inescrupuloso e demagógico quando alguém ousa procurar convencê-las da crença na autorrecuperação automática de situações catastróficas. É discutível se as solenes palavras de Hölderlin jamais foram verdadeiras, eu pessoalmente creio que elas já eram há muito tempo inverossímeis quando saíram da boca do poeta. Seja como for, cristãos e adoradores de Hölderlin deveriam impedir que os oportunistas atômicos, os falastrões oficiais e os "eruditos entre

---

2. O mesmo vale também para a chamada "música séria", a qual, em comparação com a situação em que nos encontramos, não é nada séria. Uma cantata que trate da possível ruína da humanidade, por mais trágica que seja, é uma estetização do terrível e, com isso, ao mesmo tempo uma banalização e uma blasfêmia. Adendo de 1970: Viso aqui não apenas a "Música de Auschwitz" de Penderecki, mas também o "Sul Ponte di Hiroshima" de Nono.

os desprezadores da verdade" tomem as palavras da boca do poeta e as empreguem de maneira abusiva para ninar solenemente os ignorantes.[3]

Quarto método: a falsa comparação

Quem faz uma afirmação evidentemente inverídica ou é um imbecil (no caso de não se dar conta de sua inverdade), ou é um trapaceiro (quando faz a afirmação embora se dê conta de sua inverdade).

Os políticos sempre enfatizam – e, com isso, chegamos à quarta espécie de banalização – que o número de vítimas fatais em acidentes de automóvel seria mais elevado que o dos que morreram devido a testes nucleares. Se esses políticos não se dão conta de que automóveis funcionam bem quando não matam ninguém, e que armas nucleares, em contrapartida, funcionam bem quando matam o maior número possível de pessoas – quer dizer: a morte nuclear não se deve a defeitos de construção ou de funcionamento infelizmente inevitáveis das armas nucleares, mas é sua *raison d'être* e seu objetivo –, então, como dito, eles são imbecis. E se eles fazem essa comparação embora se deem conta de sua inverdade, então são trapaceiros. Todo mundo pode escolher como será classificado, inclusive aquele ministro atômico da República Federativa da Alemanha que declarou publicamente em Innsbruck: "A conquista mais perigosa de nossos dias não é a ciência nuclear, mas sim o automóvel."

Quinto método: a ameaça com o oposto

Os banalizadores mais astutos são aqueles que apresentam o total oposto daquilo que nos ameaça como o maior perigo. Não é por

---

3. Originalmente, as palavras de Hölderlin constituíam uma herança do apocalipse judaico-cristão: quanto mais terríveis as últimas convulsões de Satã, tanto mais próximo está o reino de Deus. – É compreensível que essas palavras se encontrem no hino de Hölderlin a Patmos, já que Patmos é o local em que vivia o João do Livro da Revelação.

acaso que a ameaça intimidadora mais popular e bem-sucedida hoje seja a ameaça de superpopulação de nosso planeta. À diferença de nós, que precavemos contra o perigo atômico, os admoestadores da explosão populacional jamais são difamados como difusores do pânico, pelo contrário, são louvados como especialistas. Se as pessoas confiam desproporcionalmente mais nesses "especialistas" do que em nós, isso se deve acima de tudo ao fato de que a maioria delas reage como passageiros em um bonde lotado ou mesmo meio cheio, quer dizer: elas preferem não dar lugar a outros que venham a embarcar futuramente.[4] Aos olhos dos passageiros todo bonde está lotado. Aqui a cobiça é mãe da crença. Há de fato hoje milhões de pessoas que encobertam totalmente o pensamento da possível dizimação ou da extinção da população mundial com o pensamento de que esta poderia decuplicar. E entre esses milhões há, por sua vez, centenas de milhares que, de maneira mais ou menos consciente e explícita, apoiam as guerras, que funcionam como controle populacional, na medida em que talvez limitem o ameaçador aumento da população mundial.

Sexto método: piadas

Uma variante não menos popular de banalização do perigo apocalíptico é apresentar o horrendo como algo cômico. O exemplo mais penetrante dessa pilhéria nos foi concedido pelo jornalista americano Hal Boyle. Partindo das deformações e mutações em sapos eventualmente causadas pelo *fall out* radioativo (múltiplos membros, duas cabeças etc.), as quais ele aprova com sarcasmo, ele passa ao ser humano questionando e analisando as vantagens que as mutações representariam caso nós, e não os sapos, fôssemos vítimas da radiação. Uma vez que já comunicamos a passagem principal de seu texto brincalhão em um outro ponto

---

4. "It is rather remarkable that the people already in an omnibus, always look at new-comers as if they entertained some undefined idea that they have no business to come in at all." Dickens, *Sketches by Boz*.

deste livro,[5] remetemo-nos à citação e limitamo-nos aqui a pedir ao leitor que não veja na sugestão de Boyle de que as desumanizações causadas pela radiação seriam mutações práticas e oportunas uma mera brincadeira de mau gosto isolada. Ao contrário, é preciso levar muito a sério tais piadas, uma vez que elas, embora talvez não tenham sido feitas com essa intenção, servem de ensaio geral. Ora, não há dúvida de que as caricaturas supostamente humorísticas no *Stürmer* de Himmler serviram de ensaio geral para Auschwitz e Maidanek. Como já foi dito, não importa se houve ou não intenção – eu defendo que sim –, a função de tais piadas consiste em normalizar casos sérios ou pelo menos as atitudes diante de casos sérios possíveis. Quem riu das piadas de mr. Boyle sobre os sapos já é capaz de reagir de maneira semelhante em casos sérios. Se mutações semelhantes ou diferentes aparecerem no ser humano – que sejamos poupados disso –, ele reagirá da mesma maneira, só será capaz de reagir da mesma maneira que reagiu às piadas de Boyle, quer dizer: ele classificará os defeitos como "progressos" e ridicularizará os seus contemporâneos que, pelo menos, tentaram nos precaver, chamando-os de filisteus ou sabotadores do progresso. Que uma agência de notícias tenha sido capaz de disseminar as porcarias escritas por Boyle é um sinal de que esse embotamento diante da infâmia não foi um caso isolado, mas que se tornou universal.

Não, no caso da pilhéria de Boyle não pode absolutamente se tratar de um deslize atípico. Pois o caminho entre ela e as reportagens completamente "factuais" que relatam a coisa de maneira totalmente objetiva é tão curto que mal vale a pena falar dele. Tomemos, por exemplo, a edição semanal da *Newsweek* após o aniversário do bombardeio de Hiroshima (do dia 10 de agosto de 1959) para descobrir o que essa revista tão amplamente distribuída teve para anunciar nessa ocasião acerca dos efeitos da radioatividade. Realmente, encontramos lá um artigo aparentemente oriundo de Hiroshima com o título de "Atomic Aftermath".

5. Cf. pp. 93 ss.

O próprio título do artigo já é descabido, para dizer o mínimo, pois, dado que a palavra *aftermath*, mesmo quando empregada metaforicamente, tem a conotação de "segunda colheita", o título soa como se no texto devessem ser recolhidos os últimos frutos do campo que restam, catorze anos após a semeadura sangrenta. E é isso, de fato, o que o artigo tenta fazer. Pois no parágrafo que vem depois do subtítulo em negrito, "More Boy Babies", lê-se: "A única 'alteração genética' inquestionável até agora consiste no aumento da proporção de nascimentos de meninos – o que, no Japão, onde filhos homens têm uma cotação tão alta, dificilmente pode ser caracterizado como uma catástrofe". Não nos iludamos, essa frase quer dizer que não há razão para ocultar os efeitos da aniquilação de Hiroshima. Pois o bombardeio trouxe coisas boas não apenas para nós, americanos, mas também para eles, as supostas vítimas. Nossas ações salvaram não apenas os *nossos boys*, mas, uma vez que elas foram um meio para elevar o número de nascimentos de meninos, também os *boys deles*. E, de fato, ninguém razoável pode exigir algo mais altruísta que isso.

Sétimo método: especulação sobre a imbecilidade

Antes de encerrar esta compilação quero apresentar um documento que representa não apenas uma ilustração clássica da "banalização por meio da falsa classificação", mas também um exemplo de uma ofensa inescusável aos milhões de pessoas a que se dirige. Pois ele conta evidentemente com leitores estúpidos, ou melhor, com leitores que foram tornados estúpidos. Refiro-me ao informe distribuído em 1959 na República Federativa intitulado "Comportamento no caso de ataques aéreos".[6]

A cada frase do "informe" citada a seguir acrescento um breve comentário, mais precisamente, o esclarecimento da fraude contida no texto.

6. "Wehrpolitische Information", Wehrberichterstattung aus aller Welt, Colônia, outubro de 1959.

1. "Um raio de luz fortemente cegante é o primeiro sinal da detonação de um corpo explosivo atômico. O calor por ele liberado provoca queimaduras."

A fraude implícita consiste no fato de que a catástrofe é banalizada, torna-se mero "sinal". O aviso é tão absurdo quanto o seguinte: "Se você estiver morto – cuidado! Perigo à vista!".

2. "Por isso [...] cubra rapidamente partes do corpo sensíveis, tais como olhos, rosto, nuca e mãos!"

A fraude implícita consiste na pressuposição de que as pessoas carreguem ou possam carregar consigo meios para se cobrir. Tão inverídico quanto esse pressuposto é o de que certas partes do corpo seriam menos sensíveis ao perigo atômico do que outras.

3. "Salte rapidamente para dentro de um buraco, cova ou vala."

A fraude implícita consiste na suposição de que buracos, covas ou valas estariam disponíveis por toda parte e a toda hora. A única resposta possível é que buracos não crescem em árvores. E, mesmo que um gênio da era atômica carregasse consigo buracos, covas etc. para qualquer eventualidade, como haveria ele de saltar para dentro deles com "olhos rapidamente cobertos" (como pede o item 2)?

4. "Em um veículo, agachar instantaneamente abaixo da altura do para-brisa, parar o veículo, lançar-se no piso do mesmo e encolher-se para proteger rosto e mãos!"

A fraude implícita consiste na tese de que motoristas – pois parece tratar-se unicamente deles – estarão menos expostos à explosão atômica e serão menos atingidos por ela se se encontrarem trinta centímetros abaixo de seus assentos.

5. "Se possível, procurar abrigo sob uma mesa firme, uma escrivaninha, uma bancada, uma cama ou atrás de outros móveis!"

A fraude implícita consiste na comovente equiparação da explosão atômica com um assaltante medroso.

6. "Você tem maior expectativa de sobreviver no porão do que nos andares superiores. Nem todo porão irá desabar."

A fraude implícita consiste na transformação de uma suposta não impossibilidade em fonte de consolo.

7. "No caso do emprego de armamentos nucleares, biológicos ou químicos vista imediatamente a máscara protetiva contra ataques nucleares, biológicos e químicos!"

A fraude implícita consiste na pressuposição de que todo mundo seria capaz de identificar imediatamente os armamentos empregados. A isso soma-se a questão: *de onde* devemos tirar "imediatamente" uma máscara protetiva? E, supondo-se que máscaras protetivas protejam de fato, e que as carregássemos conosco, como encontrá-las de olhos fechados? E nem preciso mencionar que a designação de uma explosão atômica como "emprego de um armamento" já é mentirosa.

8. "Caso você não possua uma máscara protetiva contra ataques nucleares, biológicos e químicos, não respire fundo, proteja suas vias aéreas apertando um lenço, se possível úmido, contra a boca e o nariz!"

A fraude implícita consiste em confundir um ataque nuclear com o espirro de um vizinho. Não menos fantástica é a insinuação de que poderíamos arranjar lenços molhados sentados em um buraco com o rosto coberto ou agachados no carro.

9. "Higienize-se, descontamine-se, desinfete-se, desintoxique-se de acordo com as circunstâncias!"

A fraude implícita consiste no fato de esse conselho ser totalmente vazio. É impossível segui-lo. Naturalmente, permanece igualmente misteriosa a maneira como devemos nos descontaminar, desinfetar etc. "de acordo com as circunstâncias".

10. "Impeça o pânico, evite precipitar-se, mas aja!"

A fraude implícita consiste na pureza desse imperativo. O que quer dizer *aja*? Aja como? E como evitar o pânico com um pano, molhado, se possível, apertado contra a boca? E com os olhos cobertos? E encolhido no carro? Ou deitado sob a cama?

Em suma: de cabo a rabo, este documento é puro bla-bla-blá, e ainda por cima um bla-bla-blá pernicioso, que procura convencer os cidadãos de que poderiam, recorrendo a meios cotidianos, se salvar da catástrofe apocalíptica.

O juramento de Hipócrates: considerações sobre o problema da "greve de produtos"[1]

Não há mérito no que é imediato. Não fechar a porta ao pedinte que está diante dela e não bater no passante que vem ao teu encontro não é nenhuma virtude, e também não se tornaria virtude caso fosses recompensado por tua dureza ou crueza. Pelo contrário, provavelmente terias dificuldade em ignorar os miseráveis ou levantar a mão contra um inocente. A moral começa somente onde termina o âmbito estreito do sensível e onde começa o reino ilimitado do ausente. Somente lá onde é preciso imaginar o efeito de teu agir e tua vítima, porque o efeito permanece indireto, e a vítima, invisível. Tua ação contaria realmente somente se te abstivesses de um ato pelo qual poderias esperar uma recompensa porque ele poderia dar a uma segunda pessoa para ti invisível a possibilidade de pôr um terceiro igualmente invisível a ambos em condição de dar forças a um quarto invisível aos três para espancar um quinto invisível a vós todos – isto é, se demonstrasses que atribuis ao que é invisível para ti a mesma realidade que ao visível; que não fazes de tua ausência no efeito de teu agir uma razão para te absolveres, mas que, antes, presentificas e representas aquilo que não se encontra sensivelmente diante de ti. Pois o único órgão da virtude é a imaginação, e a moralidade de teu agir mede-se unicamente com base na força da imaginação. Por isso teu primeiro imperativo soa: "Imagina!". E teu segundo imperativo, ligado imediatamente ao primeiro: "Combate aqueles que cultivam o atrofiamento dessa capacidade."

Extraído de A CATACUMBA MOLUSSIANA

1. Publicado originalmente em 1963.

Tentativa de formulação de um juramento de Hipócrates universal

Dado que compreendemos

que muitos trabalhos científicos, técnicos, mecânicos e administrativos considerados completamente inofensivos e irrepreensíveis e que nos são comumente impostos podem acarretar consequências pelas quais não podemos absolutamente nos responsabilizar, a saber, a aniquilação – e não apenas a aniquilação individual de algum de nossos semelhantes, não apenas de grupos ou povos, mas até mesmo a aniquilação definitiva do gênero humano –, e que alguns desses trabalhos realmente têm essa aniquilação como objetivo;

Dado que, ademais, compreendemos

que a dimensão da divisão do trabalho nas atividades científicas, técnicas, mecânicas e administrativas acarreta as consequências mais funestas para nós, os trabalhadores, na medida em que nos impede de conhecer ou imaginar os produtos e efeitos finais de nosso trabalho conjunto; que, na maioria dos casos, nem mesmo devemos conhecer ou imaginar estes últimos; não, que não devemos nem mesmo ser capazes de conhecê-los ou imaginá-los; e isso porque nossa cognição ou imaginação contradiria os interesses daqueles que nos incumbem de tais atividades e, com isso, também o ideal da "conscienciosidade" que eles nos impõem;

Dado que compreendemos isso, estamos conscientes de que as obrigações ligadas ao nosso trabalho hoje são incomparavelmente maiores do que jamais foram as obrigações de nossos antepassados.

Por isso juramos

não aceitar nem executar nenhum trabalho sem ter antes examinado se ele constitui um trabalho direto ou indireto de aniquilação;

abandonar os trabalhos de que ora participamos caso eles venham a se revelar trabalhos diretos ou indiretos de aniquilação;

abrir os olhos de nossos colegas de trabalho que não sabem o que fazem acerca da natureza de sua atividade;

rejeitar como moralmente incompetentes os superiores que procuram nos coagir a realizar tais trabalhos de aniquilação, isto é, recusar-nos a obedecê-los e combatê-los;

e, finalmente, permanecer fiéis a essas resoluções mesmo quando sua observância esteja ligada a desvantagens ou perigos.

* * *

É mais ou menos assim que deveria soar um juramento correspondente ao juramento de Hipócrates, mas ampliado de maneira extraordinária. Bom seria se pudéssemos jurar essas palavras sem hesitação. Digo *seria* e *pudéssemos* porque só poucos fariam esse juramento; além disso, porque o texto do juramento contém elementos que impedem que o juremos sem hesitação; finalmente, porque o mundo é tal que não nos dá a oportunidade de manter esse juramento. Somente um tolo jura mais do que cem sábios seriam capazes de manter.

Confesso que meu trabalho nas reflexões a seguir não começou com o ceticismo revelado por estas últimas palavras. Pelo contrário, ele começou com uma consideração pré-cética. "É insuportável e inescusável", assim soava o pensamento de que parti, "que somente os médicos (justamente por meio do juramento de Hipócrates) se comprometam a não causar danos a seus pacientes, e que, por outro lado, não se exija que os milhões de pessoas ativas em outras profissões – os cientistas, os engenheiros e as legiões de trabalhadores da indústria –, de cujas ações e omissões o destino da humanidade igualmente depende, comprometam-se com uma obrigação correspondente ao juramento de Hipócrates, e que elas mesmas também não exijam de si tal obrigação." Foi esse, portanto, o pensamento de que parti.

A greve de produtos

A vida de nossos semelhantes não está apenas nas mãos dos médicos. Ela está em nas mãos deles de maneira direta. De maneira indireta, porém, ela está nas mãos de todos nós. Pelo menos nas mãos dos milhões de pessoas que, como cientistas, engenheiros, técnicos, operários, empresários, jornalistas, funcionários da administração, militares, políticos etc., ajudam a produzir, por meio de suas contribuições à produção no interior da divisão do trabalho atual, os produtos que tornam possível ou provável a destruição da humanidade ou a situação em que esses produtos poderiam ser utilizados.

Nos dias de hoje, na era da divisão do trabalho em que triunfa a ação indireta e na qual o trato imediato das pessoas umas com as outras e os efeitos deste só compõem uma fração infinitesimal de nossa atividade, é uma hipocrisia sistemática que apenas quem trata imediatamente de seus semelhantes – ou seja, os médicos – se comprometa a jamais prejudicar a vida deles de maneira deliberada, que apenas esses profissionais possam exercer sua atividade somente após terem prometido, por meio do juramento de Hipócrates, sempre ajudar seus semelhantes. A moral é indivisível. Uma "moral" que se realize como monopólio de um pequeno grupo especial ou como dever exclusivo dentro dos limites de um âmbito específico de competência profissional, cuja pretensão para além desses limites valha como indevida, e que, portanto, já seja, ela mesma, vítima da divisão do trabalho – uma tal moral não tem direito a esse nome. Pois aqui esse nome é apenas um pseudônimo para a imoralidade institucionalizada.

A impaciência com essa situação impossível intensificou-se um pouco nos últimos anos, especialmente sob a impressão do perigo atômico. Se isso está acontecendo, é acima de tudo por causa dos cientistas da natureza que – agora já há seis anos – romperam as paredes da república erudita em que estavam acostumados a viver e ergueram suas vozes para alcançar o mundo exterior, especialmente os ouvidos de políticos desprovidos de fantasia. De fato, esses físicos – penso aqui especialmente nos de Göttingen – deram-se conta do que está em jogo hoje: que, permanecendo mudos, estariam participando e seriam corresponsáveis pelos efeitos daquilo que poderia se tornar possível por meio de suas contribuições, mesmo pelos efeitos mais longínquos de suas mais ínfimas contribuições. Jamais houve, na história das ciências da natureza, uma tal *irrupção da "especialidade" para fora de seus próprios limites* – embora, sem dúvida, também a influência da atividade científica jamais tenha sido tão grande quanto é hoje. Mas, seja como for, esse acontecimento é tanto mais impressionante e vexaminoso para os não cientistas porque justamente os cientistas da natureza estavam acostumados a enfatizar com a maior determinação a "ausência de valores" e a "neutralidade" de sua pesquisa. Agora, no momento decisivo, alguns deles, alguns dos mais proeminentes, não assumiram essa "neutralidade", mas, pelo contrário, tomaram a liberdade de enunciar o que tem valor ou não, jurando, com isso, à sua maneira, um juramento de Hipócrates, a saber: o juramento de jamais pôr seu saber e suas habilidades a serviço do armamento nuclear e, com isso, da guerra nuclear.

E, no entanto, por mais sensação e admiração que essa façanha tenha provocado à época, por mais importante que seja o fato de que, com isso, tenha sido estabelecido um exemplo que agora está diante de nós, esse exemplo não acarretou, de modo algum, uma transformação fundamental e universal. A ação dos físicos permaneceu uma empreitada extraordinária, a empreitada de um grupo extraordinário, ela não foi apoiada por todos os físicos e químicos do mundo. E, mesmo que isso tivesse ocorrido, a ação teria permanecido particular, pois, como dissemos, os cientistas da natureza não são os únicos a participar da produção das catástrofes ou da catástrofe final. Ademais – ou sobretudo –, há milhões de trabalhadores que com sua cooperação contribuem, ainda que de maneira indireta e em empregos inferiores, com a preparação da Hiroshima global de amanhã. E, observando esses milhões de trabalhadores, não é possível evitar a impressão de que eles nunca ouviram falar desse exemplo dos físicos. Nunca soubemos de trabalhadores da indústria que tenham entrado em uma polêmica sobre a natureza dos produtos para cuja produção são contratados e remunerados, que tenham protestado contra a produção de coisas desse tipo, ou mesmo entrado em greve por isso. Sem dúvida, a ideia de uma greve que surgisse não de discordâncias acerca do salário ou das condições de trabalho, mas de discordâncias acerca da natureza dos produtos do trabalho e de seus possíveis efeitos, portanto a ideia de uma *greve de produtos*, é bastante insólita.[2] Mas não será uma ideia bastante óbvia? Por que os trabalhadores não a tiveram? Acaso querem demonstrar que eles, justamente eles, nos dezoito anos passados desde Hiroshima, não compreenderam o que está em jogo com esses produtos? Ou que eles nada têm a ver com o que é feito de seu trabalho? Ou que lhes seria indiferente o tipo de mundo que produzem? Ou até mesmo *se* eles contribuem com a produção da catástrofe definitiva?

Não, os trabalhadores estão longe de querer demonstrar algo assim, ou mesmo de querer demonstrar qualquer coisa; sua ausência de reação certamente não se deve a uma "má vontade" de sua parte, mas "somente" à indiferença, à falta de força da imaginação e de desejo de imaginar. Em todo caso, a situação só se transformaria fundamentalmente no momento em que todos aqueles ligados ao processo de produção – e estes são, como já foi dito, milhões – tivessem a efetiva noção de que também eles, por meio de seu trabalho, participam na decisão sobre o ser ou não ser do mundo. Portanto que também eles, na verdade, têm o dever de, como os médicos, assumir um "juramento de Hipócrates". *Também eles* chega a ser uma expressão demasiado reticente, pois a urgência que eles têm de um tal juramento é incomparavelmente maior que a dos médicos. Na vida destes últimos, a tentação de prejudicar ou destruir seus semelhantes em vez de ajudá-los quase nunca aparece e a tentação de ameaçar a humanidade como um todo não aparece jamais. As atrocidades e infâmias dos médicos dos campos de concentração e da eutanásia sob Hitler permaneceram exceções. Cientistas e trabalhadores não têm essa sorte, no caso deles não se trata absolutamente de

---

2. Aliás, ela não é totalmente nova: durante os últimos meses da Primeira Guerra Mundial houve múltiplas greves de trabalhadores em fábricas de munições.

"exceções". Para eles, a tentação é algo cotidiano, tão cotidiano que nem a reconhecem enquanto tal. Afinal, o sistema de produção em que nasceram e com o qual contribuem ativamente por meio de seu trabalho contém em si a produção de prejuízo e destruição como um ramo da produção entre outros, e como um ramo que não tem quaisquer sinais externos especiais – pois a forja de Marte, outrora coberta de fuligem, tem hoje a aparência de uma cozinha cromada –, portanto cuja natureza não é visível. O mesmo vale para os trabalhos na indústria armamentista. Uma vez que o tipo do trabalho atual se tornou "neutro em relação ao produto" (quer dizer: extraordinariamente semelhante em todos os ramos), também esses trabalhos praticamente não se distinguem de outros trabalhos na indústria. O ramo da aniquilação existe ao lado dos outros como homogêneo a eles e dotado dos mesmos direitos, até mesmo com a aparência de maior justificação, já que ele é maior que a maioria, e o tamanho sempre tem um efeito legitimador. E, uma vez que ele se encontra intimamente entrelaçado com esses outros ramos, com a economia e, com isso, com o bem-estar social como um todo, os dirigentes desse ramo da produção nos convencem facilmente de que sua abolição ou destruição conduziria à destruição total, e de que, tendo em vista os interesses do público em geral (o qual eles igualam, como sujeito, ao próprio interesse), não seria responsável arriscar uma tal destruição. Sua famosa expressão tediosamente repetida: *we can't afford it* ("não podemos nos dar ao luxo") significa simplesmente que, para evitar o enfraquecimento ou até mesmo o "apocalipse" de seus negócios específicos, eles consideram indispensável a ameaça constante de apocalipse real do mundo humano. Se, porém, trabalhadores de fábrica repetem essa expressão fatal – e frequentemente a ouvi sair de suas bocas, até mesmo com desenvoltura –, então eles são como condenados à morte que, enquanto ainda vivem, repetem sua sentença em troca de um pagamento diário.

Não apenas é verdade que, na era da possível aniquilação total, muitas produções que à primeira vista nada têm a ver com aniquilação contribuem, sim, indiretamente com sua realização, mas também que, aos olhos de seus funcionários e do mundo, a própria indústria da aniquilação é uma indústria como qualquer outra. Sob essas condições, é natural que milhões de pessoas adentrem essa indústria de maneira despreocupada, como se se tratasse da produção de meias, livros escolares ou leite em pó. O número daqueles que, embora totalmente normais e honestíssimos pessoalmente, vivem da morte, cuja existência repousa sobre a produção da possível não existência do mundo, e que, nos mais diferentes países, com a melhor das consciências, dirigem-se diariamente ao seu trabalho nas fábricas de armamentos é, de fato, inimaginável. É assim que, hoje (1963), por exemplo, nos Estados Unidos, dezoito milhões de pessoas, juntamente com seus dependentes, têm seu sustento garantido pela Defence Industry; e isso embora justamente nesse ramo a automação seja mais avançada que nos outros.[3]

Portanto, milhões de nossos semelhantes amigáveis e honestos estão diligentemente ocupados nessa indústria como trabalhadores ou funcionários de escritório. E sobre todos esses milhões paira constantemente o risco desmedido de participar da aniquilação de si mesmos, do mundo em que vivem e da posteridade, ou melhor, eles participam efetivamente desse trabalho. É evidente que, comparado a isso, o tamanho do perigo moral em que se encontram os médicos é irrisório. E, no entanto, são esses poucos médicos que observam o cuidado – não esses milhões de trabalhadores. São esses poucos médicos que asseguram seu cuidado por meio de um juramento, não os milhões de trabalhadores. Não, é pior que isso: pois a ausência desse cuidado pertence de maneira tão inquestionada aos pressupostos do cotidiano de trabalho e à imagem que esses milhões de pessoas têm das virtudes mais cotidianas, que, se alguém apontar para essa ausência ou designá-la como questionável ou escandalosa,

---

3. *Newsweek*, 7 de janeiro de 1963.

esse alguém se expõe inevitavelmente ao risco de ser ridicularizado como um tolo, achincalhado como um utopista ou difamado como traidor. O que ouço repetidamente é o seguinte: "Por acaso a funcionária que trabalha na fotocopiadora deve se informar sobre as consequências que uma cópia produzida por ela poderia acarretar algum dia, em algum lugar? E o soldador deve quebrar a cabeça pensando em quem, algum dia, poderia vir a ser vítima de suas dobradiças? E os dois devem fazer pesquisa? E tornar sua cooperação dependente dos resultados da mesma? Que exigência descabida! Que utopia!".

Non olet

"Não" (é o que poderíamos responder), "não se trata aqui absolutamente de 'exigências descabidas'. Não é, ao contrário, sinal de arrogância que afirmemos de milhões de pessoas que elas seriam a priori e definitivamente analfabetas morais, portanto pessoas fundamentalmente incapazes de compreender o que é moralmente indispensável hoje? Por que a funcionária ou o soldador deveriam ser menos capazes do que um médico ou um físico de escolher ter em vista os efeitos de suas atividades, de trabalhar com uma 'consciência dos efeitos' e de se recusar a realizar as atividades pelas quais não poderiam se responsabilizar?" É isso que poderíamos perguntar. Não é uma ofensa ao trabalhador considerar, sem mais, que ele não possui a compreensão e a força de que os médicos e físicos são capazes? E no que diz respeito à tal "pesquisa" que supostamente estaríamos exigindo dele, será que algo assim é mesmo necessário? Por acaso existem trabalhadores da indústria armamentista que se convencem de que estão empregados em uma empresa de leite em pó ou de brinquedos? Não é do conhecimento de todos o mínimo decisivo acerca da natureza do próprio trabalho, e será necessário mais que esse conhecimento mínimo para tomar a decisão sobre participar ou não dele?

Como dissemos, é com essas questões que deveríamos responder. Mas não seriam elas demasiado otimistas?

Decerto, é verdade que julgar que a classe trabalhadora não seja capaz de compreender o necessário constitui hoje um voto de desconfiança ofensivo. Mas isso prova que podemos esperar da classe trabalhadora que ela trabalhe com a consciência dos efeitos e que a ideia da "greve dos produtos" esteja viva nela, ou pelo menos em trabalhadores individuais?

Não nos iludamos. Não podemos esperar que isso seja verdade. Eles não apenas não estão conscientes dessas ideias, como elas não têm nem mesmo um efeito latente sobre eles. Excetuando-se os físicos já mencionados não há ninguém que, antes de aceitar um emprego ou uma tarefa, reflita sobre suas consequências possíveis ou prováveis, diretas ou indiretas, ninguém que tente se informar sobre a natureza do trabalho e que condicione sua participação ao teor da informação obtida.

"Sem dúvida", objetar-se-á, "milhares de pessoas não podem se dar ao luxo de tal cuidado e minúcia, pelo menos em tempos de desemprego, naturalmente." Isso é um fato. Mas essa não é a principal razão dessa falta de escrúpulos, ela pode ser igualmente constatada em tempos de ampla oferta de emprego, nos quais os trabalhadores têm muito mais "liberdade" para escolher seus empregos do que em tempos de desemprego. A principal razão consiste, muito antes, no fato de que os trabalhadores *são tornados* inescrupulosos de maneira sistemática. Quer dizer: eles são educados para entender todas as atividades, independentemente das consequências que possam ou devam acarretar, apenas como "trabalhos", como trabalhos que (em última instância porque são fontes indiferentes de remuneração) permanecem indiferentes também no nível moral e que, portanto, encontram-se aquém do juízo moral. Deveras, Nietzsche jamais teria sonhado a quantos milhões de pessoas, e a quais delas, se aplicaria o título honorífico de "além de bem e mal", originalmente concedido ao super-homem. Nos olhos, ou melhor, nos narizes da humanidade trabalhadora inteira o trabalho "não fede", *non olet*, ele absolutamente não pode feder. E ele só pôde chegar a esse odor da falta de odor fundamental porque o sistema da divisão do trabalho que nos integra em si de maneira inelutável também nos exclui, de maneira igualmente inelutável, do conhecimento dos objetivos e das consequências do trabalho, no mínimo da preocupação com esses objetivos e consequências – em suma: porque todos nós, sem exceção, fomos transformados em entes que não devem saber o que fazem, e que, quando porventura ainda o sabem – o que frequentemente é inevitável –, não devem demonstrar nem poder demonstrar interesse por isso.

Sem dúvida, não nos é proibido perguntar pelas consequências funestas de nosso trabalho. Não somos excluídos diretamente do saber. Mas essa proibição é desnecessária, e por duas razões. Primeiramente porque o que aparece aqui como "saber", quando aparece, não é acompanhado de uma representação efetiva do que é sabido, constituindo, portanto, uma relação mutilada e meramente aparente com "o que é sabido", e um tal "saber mutilado", não apresentando nenhum risco, naturalmente nos é concedido de maneira generosa.

E, além disso, não nos é diretamente proibido perguntar pelas consequências de nosso trabalho porque, mesmo que não sejamos excluídos diretamente do saber, permanecemos excluídos do interesse por aquilo que pode ser sabido (o que é muito mais eficaz), ou, mais precisamente: porque somos excluídos dele de maneira metódica e contínua.[4] E, assim que essa exclusão começa – e ela tem início no segundo em que se começa a trabalhar –, nós também somos privados da consciência – o que constitui o objetivo dessa privação. Isso significa que, mesmo quando sabemos de maneira mais ou menos precisa o que fazemos (ao

---

4. Esse processo constitui o verdadeiro antípoda complementar da "publicidade": assim como esta última nos torna proprietários de produtos ao produzir nosso interesse, a "despublicidade" nos priva do interesse naquilo que é "nosso", a saber, dos efeitos de nossas ações.

trabalhar), esse saber permanece totalmente indiferente para nós; seguimos trabalhando com a melhor das consciências, o que, em última instância, quer dizer: sem consciência alguma.

Ou, formulado de outra maneira: *a divisão do trabalho sempre é também uma divisão da consciência.* Uma vez que nossa tarefa no interior da divisão do trabalho consiste em realizar a parte do trabalho que nos cabe, mas somente ela, e isso, porém, da maneira mais conscienciosa, nós excederíamos de maneira inaudita nossas competências caso tivéssemos uma consciência verdadeira, isto é, uma consciência que se referisse não aos nossos movimentos individuais, mas às suas consequências. A conhecida equação molussiana segundo a qual *consciência = desaforo* encontrou sua confirmação total em nosso mundo atual da divisão do trabalho.

E supondo-se que nossa uniformização ainda não funcionasse de maneira impecável e que, com um esforço final, a consciência tentasse mais uma vez se intrometer, ninguém mais haveria de lhe dar ouvidos. Pois foram tomadas providências para uma emergência desse tipo, as justificativas reservadas para tais casos nos são muito mais familiares e soam muito mais críveis e generosas para nós do que os sussurros da consciência já quase extinta. Não há nada mais bem-sucedido que a generosidade vulgar com que a voz do subterfúgio nos absolve de nossos atos, até mesmo antes de os cometermos. "Se não for *você* a trabalhar", assim fala essa voz, "*outra pessoa* trabalhará em seu lugar – e isso não mudará nada nos efeitos." Ou: "O que você fará estará limitado à mera 'participação', de modo que a fração de responsabilidade e de culpa que recairá sobre você será infinitesimalmente pequena. Ora, você não é um pedante tão ridículo a ponto de se recusar a arredondar esse valor infinitesimal para zero." Ou, apelando para nossa masculinidade: "Seria risível não querer arriscar assumir um pouco de culpa de vez em quando."

Em outras palavras: é preciso constatar a realidade de que os exércitos de milhões de trabalhadores da indústria se põem à disposição de toda e qualquer empresa, sem qualquer escrúpulo, e que estão dispostos a "trabalhar sem 'considerar' os produtos" e os efeitos que produzem.

É evidente que precisamos combater esse estado de coisas deplorável com todos os meios imagináveis. Pode parecer infantil fazê-lo e fazer um apelo ao mundo da divisão do trabalho, embora este tenha se tornado um mundo da divisão da consciência, até mesmo de sua suspensão. Mas há objeções piores que essa, e juízes mais competentes que os que nos chamam de infantis. Apesar de todo o escárnio, permanece verdadeiro que nosso discurso sobre a "moral" seguirá sendo hipócrita enquanto mantivermos nossa consciência conscienciosamente calada durante o expediente e limitarmos nossa responsabilidade exclusivamente às ações realizadas fora do serviço, isto é, às ações privadas. Em todo caso, só poderemos voltar a falar com boa consciência quando tornarmos nossa participação ou não em empregos precisamente tão dependente das consequências esperadas dela, mesmo das mais longínquas e indiretas, quanto o fazemos em nossa vida privada.

Dissemos que "nosso trabalho é um agir camuflado". E isso vale mesmo que se trate apenas da participação na ação, e mesmo que seus efeitos permaneçam ausentes e invisíveis enquanto trabalhamos, realizando-se, portanto, apenas *post festum*, através de milhares de mediações. Mas esse caráter mediato não pode servir de pretexto para nos justificarmos. Pelo contrário, ele nos concerne de maneira totalmente imediata, uma vez que também os efeitos indiretos são *nossos* efeitos, isto é, na medida em que ele é algo que precisamos superar. Porém, em primeiro lugar, temos que superar esse caráter mediato *imaginando* os efeitos mediatos, pois é somente por meio de sua representação que os transformamos em efeitos visíveis para nós. Uma vez feito isso, quer dizer, uma vez confrontados de maneira imediata com a imagem dos efeitos mediatos, então é preciso que nos examinemos para determinar se poderíamos nos responsabilizar por eles caso fossem efeitos imediatos de nosso agir. E finalmente temos que decidir se a participação no trabalho depende desse exame –

em suma: a tarefa fundamental dos dias de hoje consiste na luta contra o caráter indireto e em sua superação.

Porém, como já foi dito, não me deixo iludir. Para mim está claro o quão pouco é realizado com a exigência de recusar aquilo pelo que não podemos nos responsabilizar e, portanto, de entrar em greve. Como essa tarefa de entrar em greve poderia se traduzir em ação efetiva é uma questão tática e política que não é respondida por meio de nosso mero discurso sobre a "greve". Por isso enfatizo: o que faço aqui é apenas mostrar que a superação do caráter indireto de nossa vida, portanto, de nosso agir camuflado de "trabalho", constitui a peça fundamental das tarefas morais de hoje.

Um argumento contra a greve? Janicefalia

É verdade que hoje todo mundo pertence mais ou menos ao grupo dos enganados, mesmo a maioria daqueles que na hierarquia do trabalho ocupam cargos muito superiores aos dos milhões que executam o trabalho de que são encarregados "sem 'considerar' os produtos". Também os tecnólogos, os eruditos, mesmo os pesquisadores básicos, pelo menos na maior parte do tempo, "não sabem o que fazem" – nem devem, nem querem saber. Mas o caso deles não se esgota com isso. A "neutralidade" de seu trabalho e sua "ignorância" também têm outra natureza.

Suponhamos que um pesquisador – chamemo-lo de X – tivesse a capacidade de imaginar um uso terrível de um procedimento por ele inaugurado ou de uma descoberta sua (e certamente há poucas descobertas das quais não é possível fazer mau uso). Será que essa imagem assustadora teria um efeito compulsório sobre ele? Teria X, com base nessa possibilidade por ele vislumbrada, o dever de interromper imediatamente seu trabalho e de impedir outros de continuar o trabalho por ele interrompido?

Uma questão delicada que não pode ser respondida de maneira afirmativa sem a devida atenção. E isso porque X, caso desistisse de seu trabalho, talvez jogasse fora a criança junto com a água do banho. O que quero dizer com isso é que, caso condenasse sua ideia científica com base nos perigos nela latentes, ele poderia condenar também as oportunidades que nela dormitam. E será que essa regra não pode ser ampliada de maneira fundamental? Não é verdade que quem recomenda um fechamento parcial da ciência e da tecnologia também recomenda, com isso, o eventual fechamento da ciência e da tecnologia como um todo? "Como um todo" porque não teria sentido, ou pelo menos seria altamente problemático, dividir meticulosamente o trabalho das ciências da natureza em pesquisas funestas de um lado e pesquisas humanitárias de outro, ou impedir as pesquisas funestas e permitir as humanitárias. Uma tal separação rigorosa só parece possível ao mais ingênuo dos leigos. Ela é impossível não só porque todas as pesquisas, portanto tanto as funestas quanto as que nos são bem-vindas, estão interligadas e dependem umas das outras, mas acima de tudo porque a maioria das pesquisas, especialmente as pesquisas básicas em seus primeiros estágios, os quais frequentemente têm uma duração muito longa (sobretudo no caso das descobertas que precedem as invenções), não permitem qualquer julgamento acerca do valor que virão a ter no fim do processo. E por isso a sua relação com seus efeitos permanece sempre indireta. A pesquisa em ciência da natureza é essencialmente condenada à ambiguidade, essencialmente *janicéfala*. Isso quer dizer que, sem que pesquisador algum tenha culpa disso, ela tem sempre duas caras, uma que visa uma "boa aplicação", e outra uma "má aplicação" – se é que podemos falar de "visar" aqui, pois, na maioria das vezes, os dois pares de olhos que aparentemente olham para direções opostas estão fechados, e frequentemente os rostos de Jano são até mesmo desprovidos de olhos. Dito sem metáforas: embora a ambiguidade esteja sempre presente no trabalho em ciência da natureza, ela não é uma qualidade desse trabalho enquanto tal, mas uma qualidade da posição desse trabalho no espaço da práxis. Naturalmente, seria absurdo afirmar que as ciências da natureza, em princípio, perseguiriam objetivos ambíguos. Só é razoável e justificada a tese de sua "ambiguidade passiva", segundo a qual todos os seus métodos e todos os seus resultados podem ser interpretados e aplicados de pelo menos duas maneiras, e todo resultado seu se encontra sob a maldição de poder ser visado, conquistado e explorado em pelo menos duas direções.[5]

Com isso, fica clara a "segunda neutralidade", a dos cientistas da natureza. E, uma vez que essa janicefalia não representa uma deficiência meramente acidental, um mero defeito estético que pode macular algumas pesquisas e outras não, mas uma característica essencial da posição do trabalho em ciências da natureza no mundo da práxis; uma vez que, sem esse defeito, o trabalho em ciência da natureza seria tão pouco trabalho em ciência da natureza quanto a vontade livre seria vontade livre se não tivesse a liberdade tanto para o bem quanto para o mal, parece impossível ao moralista assumir diante dele uma postura moral determinada. Em todo caso seria ingênuo crer que, tendo identificado essa "janicefalia", poderíamos removê-la como uma mancha e então retornar às nossas tarefas com o jaleco limpo, livres da exposição a outras ambiguidades. A boa vontade não é um tira-manchas. E mesmo a boa vontade organizada não o é, também ela não é capaz de simplesmente fazer desaparecer o atributo essencial do trabalho científico. Isso quer dizer que o dilema moral das ciências da natureza também não se resolveria mesmo se lográssemos impor efetivamente a obrigação universal ao "juramento de Hipócrates expandido".

---

5. Às vezes essa maldição também pode se converter em bênção. Pois de vez em quando acontece que os métodos e resultados do trabalho de um pesquisador que perseguia uma finalidade extremamente má lhe sejam tomados e que se faça deles um "mau uso" para fins bons jamais considerados por ele.

Docta ignorantia

Somente o fato de que os resultados de nossos trabalhos científicos se encontram sob a maldição da "janicefalia" confere ao nosso dilema moral a verdadeira agudeza que lhe é própria. Se pudéssemos reconhecer de maneira inequívoca, a cada passo de nosso trabalho científico, se ele serve ao bem ou ao mal, então nossa situação seria incomparavelmente mais fácil. Embora também nesse caso a recusa a trabalhar pudesse eventualmente estar ligada a riscos, até mesmo a riscos extremos, pelo menos saberíamos onde podemos dizer sim e onde devemos dizer não. Não estaríamos expostos nem ao perigo do engano, nem à tentação do álibi. Mas não temos essa sorte, permanecemos ignorantes.

Evidentemente essa ignorância é de um tipo diferente da ignorância dos exércitos de trabalhadores sobre os quais falamos anteriormente. Conforme nos recordamos, a ignorância deles é um produto ideológico. O que quer dizer que aqueles milhões de trabalhadores permanecem ignorantes porque são incumbidos de participar sob uma falsa etiqueta, a saber, como se a participação fosse uma atividade *sui generis*, "trabalho", que não pode absolutamente ser imoral.

Por mais indiscutível que seja o fato de que há milhares de cientistas que também pertencem à hoste dos assim enganados, sua ignorância não se explica com isso. Pois eles permaneceriam "ignorantes" mesmo se não caíssem no conto da "falsa classificação". E, por mais paradoxal que soe, isso ocorre justamente porque seu trabalho visa exclusivamente à verdade, ou melhor, na medida em que seu trabalho visa exclusivamente à verdade. Enquanto visam à verdade e somente à verdade, eles trabalham em uma dimensão em que a possibilidade de avaliação ainda não existe como tal: em uma dimensão pré-específica e com isso "janicéfala". Portanto, eles são e permanecem ignorantes (isto é, ignorantes dos efeitos) porque (e na medida em que) seu trabalho é pura teoria; não apesar de serem teóricos, mas porque (e na medida em que) o são. *Visto de uma perspectiva pragmática, a teoria é uma "docta ignorantia".*

É plausível que a relação entre o trabalho científico e seu uso seja tanto mais indireta quanto mais próximo o trabalho original estiver da pesquisa básica. Enquanto as especulações e descobertas axiomáticas ainda não estiverem inseridas no molde da invenção, permanece impossível prever quais aplicações morais ou imorais elas virão a ter. E não só isso. Muito antes, a maioria das especulações e descobertas são, por si mesmas, realmente "indiferentes" de um ponto de vista moral. E isso, por sua vez, significa que (além do fato de poderem ser usadas tanto para o bem quanto para o mal), na maioria das vezes, o pensamento de uma aplicação ainda não está presente, no primeiro estágio do trabalho intelectual. A relação entre este início do trabalho e seu efeito final é extremamente mediata. A frase *Eles não sabem o que fazem*, quando aplicada a pesquisadores básicos, tem um sentido totalmente diferente de quando a proferimos com referência a montadores de granadas integrados em suas fábricas ou a especialistas em *overkill* que cumprem seus deveres no ministério da guerra. Ela não tem o sentido da falta de responsabilidade pessoal ou da cegueira diante da produção ou do emprego de produtos "imorais", mas sim o sentido de que sua invenção ainda é efetivamente neutra e realmente ainda pertence a uma dimensão que nada tem a ver com a aplicação, de modo que poderia ser usada igualmente para fins bons e ruins. Enfatizo aqui o *poderia*. Pois é esse subjuntivo que torna o cientista politicamente impotente e incapaz de se decidir, portanto incapaz de dizer *não* da mesma maneira inequívoca como seus colegas ocupados com trabalhos mais específicos poderiam dizê-lo se quisessem. De fato, essa neutralidade objetiva perdura tanto que até mesmo produtos prontos ainda participam dela. Afinal, explosivos podem ser usados tanto para cavar túneis quanto para devastar cidades, processos de fissão ou fusão nuclear podem ser usados tanto para a extração de quantidades imensas de energia quanto para o genocídio.

Portanto, a palavra *indireto* significa aqui: a direção da aplicação ainda não está definida. Por isso o inventor (dependendo das circunstâncias também o engenheiro ou o trabalhador) tem algo a ver com o uso bom ou mau que é feito da invenção apenas indiretamente, e isso também no nível moral. De fato, não há cura para essa "neutralidade" e para esse caráter "indireto". E, pior que isso: provavelmente não há absolutamente nenhuma ideia que não seja "neutra" e "indireta" neste sentido, e que não possa ser aproveitada tanto de maneira negativa quanto positiva.

Essa é uma questão crucial que traz consigo grandes dificuldades morais e que parece tornar impossível toda e qualquer formulação de um "juramento de Hipócrates". É preciso que repitamos aqui a questão já antes formulada: alguém que recusa um trabalho porque ele carrega em si perigos pelos quais não nos podemos responsabilizar não estará ao mesmo tempo recusando as oportunidades positivas que ele também poderia trazer em si?

Este dilema não pode ser dissimulado. Se o enfatizamos de maneira tão explícita, naturalmente não é para proteger os cientistas que aproveitam essa "neutralidade" como pretexto para sua indolência, preferindo lavar suas mãos na inocência com base no status pré-moral de seu trabalho. Pois há muitos que se referem com satisfação a tal status, perguntando, com o gesto de quem é incapaz de ser culpado: "Que culpa tenho eu se, mais tarde, fizerem este ou aquele mau uso de minhas invenções?". É verdade que, de início, talvez não tivessem "culpa" alguma. Mas se, em vez de se horrorizar com a possibilidade de um mau uso, seguirem trabalhando porque o que fazem ainda não visa a uma aplicação especial e determinada, então não apenas estão cegos como a maioria daqueles que não compreendem o que produzem em suas fábricas, mas cegam-se a si mesmos, de maneira totalmente consciente, no interesse da continuidade de seu trabalho. "Arte é arte", disse friamente um ferreiro molussiano que produzia espadas quando se louvou o maravilhoso desempenho de suas afiadas espadas em um massacre. "Isso que vocês consideram a comprovação de seu valor não tem nada a ver comigo. Eu as forjei como ornamentos, como peças autossuficientes, e é assim também que forjarei minhas espadas de amanhã e depois de amanhã. Longe de mim imiscuir-me na questão do uso que vocês compradores fizeram ou farão de minhas obras de arte! Eu jamais teria a ideia de me imiscuir e de restringir assim a liberdade de vocês."

Não, a neutralidade sem dúvida inerente a certos trabalhos, especialmente aos trabalhos científicos, não pode ser usada sem mais como motivo de absolvição ou como justificativa para a indolência moral – o que, como já foi dito, infelizmente acontece com frequência, pois, na maioria das vezes, a máxima "ciência é ciência" e o papo furado sobre o amor à "pureza e autonomia da pesquisa" à qual os "ferreiros" de hoje em dia tanto gostam de se referir (embora 99% de seus trabalhos sejam executados por encomenda de firmas ou governos) nada mais são que um pretexto para se esquivar da responsabilidade e um subterfúgio para a renúncia arrogante a uma decisão autônoma.

A consequência de todas essas reflexões não nos faz recuar muitos passos? Se a pesquisa em ciência da natureza realmente tiver que ser "janicéfala" para ser considerada como tal, e se o bom e o mau uso possíveis sempre aparecem *junctim*, a possibilidade de uma paralização parcial da indústria científica e, com isso, a possibilidade de um "juramento de Hipócrates" não parecem desaparecer outra vez? E então não restaria somente a alternativa de suspender ou abolir a ciência como um todo? Mas essa não é ainda menos digna de consideração que as abolições parciais? Não é preciso que nos valhamos de extrema cautela ao lidar com nossa advertência sobre o possível mau uso? Pois, se não formos cuidadosos, não sabotaremos também o bom uso e as possibilidades positivas de aplicação? E isso quer dizer: nossa advertência sobre o mau uso não seria, então, ela mesma um mau uso?

Eis as questões que nos ficam.

Produtos janicéfalos

Naturalmente, não é apenas a atividade dos cientistas que se encontra sob a maldição da ambiguidade. Pelo contrário, essa maldição se alastra, sobe pelos ramos da produção como uma doença, penetrando até suas derradeiras ramificações, isto é, os próprios produtos – em suma: a maldição mantém-se fresca neles de maneira igualmente severa até o momento em que são usados. Para citar um exemplo entre muitos, não existem calculadoras elétricas que não possam fazer tanto o mal quanto o bem, que não sejam igualmente capazes de fornecer tanto uma estimativa do número de *megacorpses* "esperados" no caso de um ataque nuclear contra um país quanto uma apreciação da quantidade de soro necessária para salvar uma população. Uma vez que a única coisa de que essas máquinas não são capazes é de enrubescer, elas naturalmente não teriam inibições que as impedissem de realizar simultaneamente ou em rápida sequência essas duas operações, por mais distintas que sejam, caso o exigíssemos delas.

De maneira análoga, há milhares de preparados que, enquanto estiverem hermeticamente selados, ainda não *olent*, pois realmente ainda não estão predeterminados a nada. Quer dizer: porque a decisão sobre seu uso como remédio ou veneno realmente ainda não foi tomada. Portanto, vale *cum grano salis* também para essas substâncias que elas "não sabem o que fazem". E também que são "janicéfalas".

Naturalmente, este fato não é desconhecido. Pelo contrário. Talvez não haja fato mais universalmente conhecido do que o de que explosivos ou energias nucleares podem ser empregadas tanto para fins perniciosos, quanto para fins úteis. Porém, isso não significa que a busca por uma solução também seja universal. Pelo contrário, estamos habituados a descartar a "janicefalia" como algo inofensivo. E isso tem um sucesso tão grande porque, descontando-se a ignorância, não há melhor meio para pôr e manter em movimento o mecanismo da banalização do que justamente o saber universal. O que quero dizer com isso é que problemas que todos sabem que é do conhecimento de todos logo passam a valer como parte do mundo cotidiano, portanto como triviais e, assim, também como "praticamente resolvidos", no mínimo como questões pelas quais não vale mais a pena quebrar a cabeça. E é essa a atitude que a maioria de nós adota diante da "janicefalia dos produtos".

Não me compreendam mal. Se enfatizamos a ambiguidade desses produtos, naturalmente não queremos com isso negar que a maioria deles, tendo adquirido sua forma definitiva, encontram-se "encaminhados" – isto é: que então eles são incapazes de se mover por outros caminhos em direção a outros fins, a fins certamente previstos. Quanto mais acabado um produto, tanto mais específico ele se torna, e tanto mais estreito será seu potencial de aplicação, tanto mais apertado será o campo de suas funções possíveis. Lançadores de mísseis ou ogivas nucleares não podem realizar nenhuma tarefa além daquela totalmente inequívoca para a qual foram criados. Eles "sabem" muito bem o que têm de fazer e o que farão quando chegar a sua hora de agir, e naturalmente não têm mais o direito de se valer da "janicefalia" como subterfúgio. É principalmente com esses produtos determinados de maneira definitiva, os quais, devido à univocidade de suas finalidades são os mais perigosos – e há milhões deles –, que precisamos nos preocupar. Não podemos deixar que a compreensão da "janicefalia" de nossos produtos paralise nem por um instante nossos esforços para impedir a produção e o emprego de tais produtos. Agora, sem dúvida, é igualmente verdade que não podemos jamais nos deixar convencer de que poderíamos escapar definitivamente do dilema em que nos encontramos suprimindo produtos específicos. Uma vez que a qualidade "janicéfala" é inerente à ciência e à tecnologia, naturalmente não é possível fazê-la desaparecer por meio da eliminação de produtos ou de classes de produtos. Não podemos nos deixar iludir e temos que manter em vista que todos os produtos fatais ainda não abolidos que existem ou venham a existir devem sua existência à mesma raiz, ainda não abolida, a partir da qual surgiram os produtos fatais em cuja supressão venhamos talvez a ter sucesso;

que, portanto, a abolição do produto A não implica a abolição da raiz dos produtos B a Z. Ou, dito de outra maneira: não podemos esquecer nem por um instante que o produto A suprimido não deve sua existência a uma ciência especial ou a uma tecnologia específica malévolas de antemão, e que, portanto, a possibilidade de produtos fatais seguirá existindo enquanto a própria ciência e tecnologia existirem, e que estas – e, com isso, nós – jamais se livrarão de sua acompanhante, a "janicefalia".

O *know-how* e o *not knowing how*

Para antecipar-me ao falso otimismo, há pouco apontei enfaticamente (como já fiz diversas vezes) o fato de que a destruição de todos os estoques de armas nucleares hoje existentes não garantiria a segurança atômica, pelo menos não *à la longue* ou mesmo definitivamente. Ela não garantiria essa segurança porque, como já disse, há uma barreira diante da qual a nossa capacidade destrutiva fracassa, porque "nossa capacidade é limitada por nossa capacidade" – com isso quero dizer que, caso destruíssemos nossos meios de destruição, não destruiríamos com isso sua potencial produção, isto é, nosso *know-how*, que permaneceria como resto intacto.[6]

Mas suponhamos por um instante que essa barreira não existisse; e, mais além, que tivéssemos conclamado todos os cientistas da natureza do mundo a participar da greve antiatômica, e que todos tivessem se comprometido a jamais participar dos trabalhos para a produção de armas de aniquilação, e finalmente que todas as armas de aniquilação tivessem sido realmente liquidadas – teríamos com isso acabado com o perigo? Mesmo com isso ainda não, porque também então ainda haveria um limite, porque nossa boa

---

6. Ou seja, somos capazes dessa "re-produção" porque, dito de maneira platônica, sempre só podemos destruir exemplares concretos, mas jamais suas condições, quer dizer, seus arquétipos ou nossa capacidade. Dito de maneira positiva: sempre estamos em condições de produzir de novo irmãos dos produtos por nós liquidados. Ou melhor, até mesmo ansiamos por destruir os exemplares antigos *para* ter uma justificativa para produzir novos, e só somos economicamente capazes de produzir novos exemplares porque liquidamos os velhos anteriormente.

vontade de evitar aquilo pelo que não podemos nos responsabilizar e de somente promover o que é útil se depararia ainda com uma segunda barreira, que, por sua vez, consiste em uma capacidade que não está em nosso poder destruir. E a capacidade a que me refiro agora é justamente a "janicefalia". Pois com essa expressão designamos o fato de que nossos trabalhos em ciência da natureza e tecnologia são "capazes de tudo", e isso genericamente – portanto, não apenas aqueles trabalhos especiais que visam aberta e explicitamente à aniquilação. Todos os trabalhos, pois não há nem um único trabalho que não esteja pleno de uma potencialidade ainda indeterminada, nem um único que não possa acarretar este ou aquele efeito, nem um único do qual possamos saber quais de seus efeitos e usos possíveis poderão se realizar amanhã, depois de amanhã ou depois de depois de amanhã.

Se, porém – e é isto que está em questão aqui –, não conhecemos o "coeficiente de perigo" de cada um de nossos trabalhos, se permanecemos incapazes de reconhecer em nossas pesquisas (cujas metas preliminares não parecem ter nada a ver com destruição) como elas poderiam ser usadas no futuro, isso significa que não apenas o nosso *know-how* está no caminho de nossa boa vontade, mas também nosso *not knowing how*, ou seja, nossa ignorância sobre a maneira como este ou aquele produto será usado. E, na prática, isso significa que não escapamos ao dilema simplesmente nos desviando de um campo de pesquisa para outro, que seria autoengano crer que, se nos negássemos a realizar pesquisas pelas quais não podemos nos responsabilizar, teríamos a oportunidade de deixar definitivamente o âmbito das coisas pelas quais não podemos nos responsabilizar e de simplesmente nos mudarmos para torres de marfim em que tivéssemos total garantia de que nos limitaríamos às pesquisas em ciência da natureza pelas quais podemos nos responsabilizar. Por mais lamentável que isso soe, enquanto trabalharmos na ciência da natureza e na tecnologia – e não é preciso repetir que isso é inevitável –, não existirá para nós nem uma única "torre de marfim" que não tenha sido construída sobre o mesmo solo que procurávamos deixar.

Somos como pessoas infectadas: para onde quer que nos mudemos, carregamos conosco a maldição de que queremos escapar. Uma vez que jamais podemos prever se o "marfim" da torre que construímos como refúgio de nossa moral permanecerá puro, perdemos o direito de considerá-lo puro – e isso já no momento em que nos mudamos para a torre. Por mais inofensivas que possam parecer as pesquisas às quais venhamos a nos dedicar após nos termos negado a realizar tarefas de aniquilação, por maior que seja nossa satisfação e por melhor que seja nossa consciência ao trabalhar nelas, sendo pesquisas científicas, também elas são "capazes de tudo", também elas ocultam em si potencialidades desconhecidas e incognoscíveis, e portanto também potencial de aniquilação. E, uma vez que nossa recusa a trabalhar, se a jurarmos de maneira "hipocrática", só pode valer para uma classe bem determinada e muito limitada de trabalhos inequivocamente desastrosos, o potencial de aniquilação de nossos novos trabalhos não é com isso recusado, e muito menos dissipado. Uma vez que esse potencial nos é desconhecido, não poderíamos recusá-lo, e muito menos dissipá-lo. Cada fuga da forja de espadas para a forja de arados pode ser uma fuga da culpa indiscutível e imediatamente visível para uma culpa meramente possível e visível apenas de maneira indireta. Sem dúvida, há cientistas – e são estas as figuras tragicômicas da era apocalíptica – que, fugindo da "goteira" A, foram parar embaixo da "goteira" B, que, para não ter mais nada a ver com "espadas", lançaram-se com furor exclusivo sobre o melhoramento de "arados" e que justamente com isso prestaram serviços excepcionais ao melhoramento das espadas. Não há nada mais difícil do que dizer não.[7]

---

7. Mesmo supondo-se que, devido a essa fatalidade, todos os cientistas do mundo decidissem juntos renunciar a seu trabalho como um todo e desmontar todo o mundo tornado possível por meio da ciência e da tecnologia (o que não poderia ser feito por milhares de razões, inclusive porque esse desmonte não poderia ser realizado sem o emprego das mais complicadas medidas científicas e tecnológicas, nem controlado sem a invenção de novos métodos científicos e tecnológicos), a fatalidade não seria definitivamente repelida, pois (cf. acima) a demolição do edifício físico das ciências não implicaria a demolição de nossa capacidade de reconstruir o que foi demolido. Cf. a nota 6.

Portanto, uma vez que, *em primeiro lugar*, só podemos destruir exemplares de nossa produção, mas não nossa capacidade produtiva, quer dizer: uma vez que não podemos nos livrar de nosso *know-how*; e uma vez que, *em segundo lugar*, somos incapazes de avaliar o coeficiente de perigo de trabalhos que ainda parecem inofensivos, quer dizer: uma vez que tampouco podemos nos livrar de nosso *not knowing how*, nossa esperança de encontrar uma saída segura para nosso dilema parece irrealizável, pelo menos a esperança de uma medida de salvamento que pudéssemos tomar no âmbito das próprias ciências da natureza. Evidentemente, enquanto pesquisadores, temos que nos contentar com menos que isso, a saber, com exercer uma resistência ocasional. Mais precisamente: somente entrar em greve nas ciências quando a impossibilidade de responsabilização por um trabalho se tornar realmente manifesta. Somente um tolo prometeria mais do que cem sábios poderiam manter.

Peccatum originale e mãos limpas

Uma vez que o trabalho científico e tecnológico é "janicéfalo", não se pode contestar que os pesquisadores são, em certa medida, inocentes. Seria absurdo dizer que os grandes teóricos, descobridores e inventores das primeiras décadas de nosso século seriam culpados pela atual contaminação radioativa do ar. Os cogumelos atômicos de Hiroshima e Bikini jamais poderiam subir acima do horizonte associativo desses trabalhos básicos. Cientistas da natureza não são profetas.

Mas isso não significa que eles teriam o direito de invocar sua incapacidade de profetizar e de se lançar livres, leves e soltos sobre todo e qualquer trabalho que lhes fosse oferecido, como se essa incapacidade já os absolvesse automaticamente. Seu *ignoramibus* não é nenhuma licença para a indiferença moral. Quando um conhecido meu, o cientista M., infelizmente uma pessoa genial, foi se empenhar em um ramo da indústria de armas atômicas, biológicas e químicas, perguntei como se sentia em seu novo emprego e se o objetivo para o qual agora trabalhava diariamente tornava plena a sua vida, e ele me respondeu com a seguinte pergunta retórica: "Quem sabe se, com esses trabalhos, em algum momento não se produzirá também algo perfeitamente encantador e útil para a humanidade?".

Não, não podemos facilitar as coisas para nós como fez esse sr. M. Pois a inversão da tese da inocência baseada na inevitabilidade de nossa ignorância é igualmente justificada, isto é, a afirmação de que, independentemente das condições, nós, enquanto cientistas da natureza, sempre nos culpabilizamos, que nós, a partir do momento em que fechamos a porta do laboratório atrás de nós pela primeira vez, encontramo-nos em um espaço em que o denso ar do *peccatum originale* já dominava mesmo *antes* de o adentrarmos, e que também somos possuídos automaticamente por esse *peccatum*. Deixo em aberto a decisão acerca desta questão. Mas esta tese contrária não é totalmente injustificada, pois sabemos que as atividades às quais nos dedicamos permanecem mudas – o que significa não apenas que, na maioria das vezes, não revelam o que haverão de aprontar indiretamente alguma vez, mas também que, na maioria das vezes, nem mesmo podem revelá-lo. E isso, por sua vez, significa, formulado moralmente, que, quando começamos a trabalhar, envolvemo-nos em *algo sobre o que sabemos que, se o fizermos, não saberemos o que fazemos*. Se isso não é culpa, então não sei o que significa essa palavra. Apenas que essa culpa, justamente – e por isso recorro à expressão *peccatum originale* –, pertence àqueles *peccata* dos quais participamos *ipso facto* de nossa existência (aqui de nossa existência enquanto cientistas da natureza), que não são engendrados por culpa nossa e pelos quais, portanto, não podemos nos repreender.

Apesar disso é impossível saltar para fora dessa situação culposa. E isso porque não existe nenhuma torre de marfim que possa nos garantir um trabalho limpo.

Mas, por mais importante que seja essa compreensão de nossa incapacidade, é igualmente importante compreender que, mesmo que pudéssemos escapar, e mesmo que escapássemos efetivamente, ainda não teríamos resolvido, com isso, a questão que hoje é decisiva. É verdade que nossas mãos permaneceriam limpas, mas – já levantamos esta questão anteriormente – que significam mãos limpas? Que significa voltar as costas aos incendiários se o perigo segue nos ameaçando? A pureza é um luxo, valorizar a própria pureza é arrogância, a moral é imoralidade. Não é a brasa de nossa participação na culpa que tem que ser apagada, mas o perigo de incêndio em que todos nós nos encontramos, independentemente de sermos ou não culpados por ele.

Naturalmente, o fato de que esse perigo é consequência indireta de nosso trabalho científico não significa que ele tenha que ser combatível no interior de nossa indústria científica. Pelo contrário. O perigo se tornou tão desmesurado justamente porque ele se fez independente de nós, porque ele, como um incêndio florestal, rompeu as barreiras da área em que se originou, porque agora ele existe encarnado em um estoque de milhares de mísseis e ogivas e porque ele quase não precisa mais de nosso auxílio acadêmico para permanecer nessa sua desmesura: pois é sabido que o suprimento já disponível basta para erradicar a humanidade múltiplas vezes, o que quer que essa expressão venha a significar. Uma ameaça de incêndio não pode ser combatida por meio de uma declaração solene do inventor do palito de fósforo dizendo que, daqui para a frente, não mais participará da pesquisa sobre palitos de fósforo, nem do aprimoramento da produção dos mesmos, a qual já funciona de maneira excelente.

E tampouco basta nossa não participação no trabalho científico, isto é, a greve individual. Pois enquanto fizermos esse tipo de greve, a indústria das ciências permanecerá intacta, a produção seguirá seu curso, e naturalmente a política também. Nada adianta simplesmente saltar para fora da indústria. O efeito de nosso trabalho escapou de nós, ele já está "fora", portanto somos nós que temos que correr atrás dele, saltar para o espaço em que ele reina agora. Ou, dito de outra maneira: uma vez que aqueles que, para seus próprios fins (ou para aquilo que, cegos diante do caráter apocalíptico da época, creem ser seus fins), fazem mau uso dos efeitos de nossos trabalhos e estão interessados nesse mau uso são os políticos; e uma vez que o perigo em que nos encontramos é tão enorme justamente porque os políticos são incapazes de ver nos instrumentos de hoje outra coisa que não aparelhos de suas táticas e políticas, por tudo isso o espaço para o qual devemos saltar é o espaço da política. Temos que entrar na política sem rodeios. Se não o fizermos, os políticos nos desconsiderarão como meros queixosos, como queixosos que se imiscuem em questões que não têm "nada a ver" com eles, e não verão em nossos argumentos mais que políticos nem mesmo argumentos políticos.[8] Por fim, esse salto para dentro da práxis política não é um salto excepcional. Uma vez que todo salto (a não ser o do suicídio) leva a algum lugar, não há ninguém que salte para fora de um lugar sem, ao mesmo tempo, saltar para dentro de outro – e os políticos que se consideram os guardiões do mundo prático também veem a coisa da mesma maneira. Ora, é conhecido que as diversas declarações sobre a situação atômica dadas pelos cientistas da natureza movidos por suas consciências foram automaticamente vistas pelos políticos como interferências na política, como interferências ilícitas e incompetentes em seu domínio (isto é, no domínio deles, políticos). A primeira reação de Adenauer ao apelo dos cientistas de Göttingen, a qual se tornou famosa, embora não por sua nobreza, foi apenas um caso entre outros. Sem dúvida, à época, alguns daqueles eruditos realmente não tinham clareza sobre o fato que, com sua declaração, agiram como políticos, e se sentiram incompreendidos por Adenauer. Mas, por mais inverossímil e surpreendente que isso

---

8. Até mesmo a expressão "político" ainda não designa de maneira suficiente o espaço para o qual temos que saltar. Pois, dado que o próprio ser ou não ser do mundo depende eventualmente do emprego de nossos trabalhos, dado que, portanto, algo "metapolítico" está em jogo aqui, é nesse espaço metapolítico que temos que penetrar. A questão do sentido disso não pode ser respondida por nós de maneira positiva. Limitamo-nos à constatação incontestável de que o desaparecimento do gênero humano representaria um acontecimento mais que político.

possa soar, em certo sentido (do qual ele mesmo não tinha qualquer noção), justamente Adenauer, justamente por não ter sido sutil, compreendeu melhor os protestos dos eruditos do que eles mesmos. O que ele não compreendeu neles foi a má compreensão de si mesmos que ainda estava mesclada à sua intervenção. Sua ilusão de que seu passo não representaria um passo político. E ele tampouco entendeu o gesto dos professores, o qual não era o gesto franco de oposicionistas ou mesmo de rebeldes, mas o gesto nobre e cortês de conselheiros à procura de uma audiência.

Como já foi dito, os eruditos não compreenderam a si mesmos ao se apresentarem como apolíticos. Pois quem domina é quem decide, a cada momento, o que é político e o que não é – esse chega a ser o verdadeiro critério da dominação. Inversamente, os que não dominam jamais têm a liberdade de afirmar acerca das próprias ações que elas seriam apolíticas. Portanto, Adenauer desconfiava do tom e do gestual apolítico dos cientistas de Göttingen, e ele nem mesmo era capaz de sentir outra coisa que não desconfiança, uma vez que, dada sua natureza autoritária, ele não seria capaz de apreender como fruto de uma intenção apolítica pensamentos que não correspondessem à sua tática política, ou melhor, que a contradissessem diretamente. Ao que se somou, naturalmente, que a fantasia ou a empatia estavam entre os menos desenvolvidos de seus dotes. Era querer demais esperar que ele se colocasse na situação totalmente nova dos eruditos impulsionados por suas consciências, que não pensavam absolutamente em cálculos políticos ou táticos. E, no que diz respeito aos próprios eruditos, teria sido surpreendente se eles, ao deixar pela primeira vez a esfera de sua competência, tivessem compreendido perfeitamente aquilo em que se transformaram em decorrência do passo que deram. Somente o homem exclusivamente tático, totalmente incapaz de apreender esse passo de outra maneira que não como um passo político de oposição, somente o limitado compreendeu a verdade, e isso justamente devido à sua limitação. Não apenas por meio de sua falta de sutileza psicológica, mas também por causa de sua cegueira autoritária

Adenauer compreendeu o texto dos cientistas de Göttingen como um texto puramente político, com razão, em última instância, enquanto que aqueles que assinaram o texto, não tendo penetrado totalmente no caráter político de sua empreitada, tiveram uma compreensão equivocada de si mesmos.

O que temos que aprender com isso é que aqueles que dominam, que só estão em casa na política, apreendem, sem exceções, a diferença entre o gesto apolítico e a função política efetiva como fraqueza e incompetência políticas. Só poderemos ter alguma esperança de sucesso quando conseguirmos ser levados a sério como oponentes. E isso só será possível se declararmos, sem a mínima ambiguidade, que quando "saltado para fora" também "saltamos para dentro", para dentro da realidade política. Como opositores.

Adendo de 1971

Foi apenas agora, posteriormente, que dei às minhas explicações o subtítulo de *Considerações sobre o problema da "greve de produtos"*, para apontar da maneira mais nítida que meu texto não contém nenhuma resposta, e muito menos respostas definitivas para as questões que hoje urgem; que, muito antes, ele apenas as formula. E não estou bem certo nem mesmo de que tenha tido sucesso *nisso*. Seja como for, trata-se, aqui, de pura aporética, da tentativa de apresentar os problemas.

Isso não é totalmente vão, espero. Mas também não se deve superestimar sua utilidade. Com esta advertência quero dizer que considero demasiado otimista a popular expressão *uma pergunta bem colocada já é meia resposta dada*.

E por duas razões: primeiramente porque não estou nem um pouco seguro de que a calamidade em que nos encontramos hoje possa ser traduzida em questões realmente dotadas de sentido; e em segundo lugar porque não sei (supondo-se que uma tal tradução pudesse ter sucesso ou que eu tenha logrado fazê-la em alguns pontos) se essas questões podem ser respondidas de maneira satisfatória. Ora, é perfeitamente possível que não haja uma saída efetiva para as dificuldades em que nos encontramos hoje. Talvez as fraquezas e os defeitos que aderem às minhas investigações não devam ser imputados somente ao meu fracasso pessoal, talvez eles tenham suas raízes *in re*. Só me resta esperar que esse não seja o caso, e que, portanto, nos pontos onde não consegui prosseguir, outros logrem avançar em direção a compreensões, conselhos ou táticas positivas. É verdade que não temos muito tempo para aguardar elaborações de nosso "tema" mais bem-sucedidas que a minha. Talvez não tenhamos tempo algum, uma vez que a catástrofe pode ocorrer em qualquer dia. Mas talvez nos seja concedido um prazo suficientemente longo para nos dar a chance de prolongá-lo ou até mesmo de evitar a catástrofe. Se minhas reflexões tiverem feito alguma contribuição para tanto, por mínima que seja, então elas não terão sido em vão.

IX

A mais monstruosa das datas[1]

Há fatos que, embora não tenham sido reprimidos de maneira explícita, não parecem ser de conhecimento de nenhum de nossos contemporâneos. Se fossem, nos deixariam sem ar todos os dias devido à sua monstruosidade. O exemplo mais incrível é o fato de que data de 8 de agosto de 1945 a carta do Tribunal Militar Internacional em Nuremberg, portanto o documento em que o conceito de crime contra a humanidade foi codificado juridicamente pela primeira vez, determinando a responsabilidade e punibilidade dos indivíduos envolvidos em crimes dessa espécie.

O que aconteceu no dia 8 de agosto de 1945?

No dia 8 de agosto de 1945, as últimas vítimas da contaminação radioativa de Hiroshima desabaram e pereceram nos arredores de sua cidade, após terem tentado se salvar movendo-se de quatro pelos escombros.

E no dia 8 de agosto de 1945 os habitantes de Nagasaki ainda tinham 24 horas de prazo para passear, deitar, trabalhar, comer, dormir, rir, chorar e amar antes de sua execução, sem qualquer noção do que os esperava. Até que também eles foram atingidos. Em outras palavras: o documento em que os conceitos de crime contra a humanidade e de responsabilidade e punibilidade dos indivíduos envolvidos em crimes dessa espécie se tornou pela primeira vez uma realidade no direito internacional – esse documento foi formulado dois dias após Hiroshima e um dia antes

---

1. Publicado originalmente em 1967.

de Nagasaki. Desde o início, o texto esteve emoldurado por crimes contra a humanidade. E naturalmente por crimes que jamais foram medidos com as medidas desse documento nem jamais punidos com base nele.

Não há nenhuma data na história mundial mais aventurosa que essa. E não deve haver um fato mais profundamente deprimente do que o de que, entre os bilhões de contemporâneos que ouviram falar dos fatos "Nuremberg" e "bomba atômica", não houve um único para o qual a sua coincidência tenha saltado aos olhos.

X

O prazo[1]

*Le monde va finir. La seule raison pour laquelle il pourrait durer,
c'est qu'il existe. Que cette raison est faible, comparée à toutes celles
qu'annoncent le contraire [...], nous périrons par où nous avons
cru vivre. La mécanique nous aura tellement américanisés, le
progrès aura si bien atrophié en nous toute la partie spirituelle, que
rien parmi les rêveries sanguinaires, sacrilèges ou antinaturelles
des utopistes ne pourra être comparé à ces résultats positifs.[2]*

BAUDELAIRE, *Fusées*

A mudança de nosso status metafísico: do *genus mortalium* ao *genus mortale*

Certamente não é verdade que, a partir de 1945, nós, seres humanos, tenhamos nos tornado psicologicamente "novos humanos", que, por meio do evento de Hiroshima, tenhamos passado por uma transformação interna. Lá onde se tornou visível, essa transformação permaneceu rudimentar. Seria absurdo mencioná-la em um só fôlego ao lado das mudanças psíquicas inequívocas que

---

1. Publicado originalmente em 1960.
2. "O mundo vai acabar. A única razão pela qual poderia durar é que ele existe. Como é fraca essa razão, comparada a todas as que anunciam o contrário [...], nós pereceremos por onde crêramos viver. A mecânica nos terá americanizado a tal ponto, o progresso terá atrofiado tanto em nós toda a parte espiritual, que nada dentre as fantasias sanguinárias, sacrílegas ou antinaturais dos utopistas poderá ser comparado a esses resultados positivos." [N. T.]

experimentamos em nossa convivência diária com nossos aparelhos, tais como o carro ou a televisão. A verdade é que, até agora, o novo que nos atingiu mal parece nos concernir, que nos abstivemos de levar em consideração o mundo transformado neste em que agora nos encontramos por meio de uma autotransformação; em suma: o caráter antiquado de nossa psique é *o* defeito de hoje.

Mas nós *somos* outros. Somos entes de uma nova espécie. Eventos da magnitude do de Hiroshima não esperam até que nós nos dignemos a encará-los e nos adequemos a eles. São *eles* que determinam quem é transformado. Portanto: o que em nós foi transformado por meio do evento de Hiroshima?

Nosso status metafísico.

Em que medida?

Até 1945 éramos apenas os atores decrépitos em uma peça sem fim, ou pelo menos em uma peça sobre cuja finitude ou não-finitude não parávamos para pensar. Agora a peça em que fazemos o papel de decrépitos tornou-se, ela mesma, decrépita. Dito de maneira não figurativa: até 1945, éramos apenas os membros mortais de um gênero considerado atemporal, ou pelo menos de um gênero diante do qual jamais levantamos a questão "mortal ou imortal?". Agora pertencemos a uma espécie que, enquanto tal, é mortal. E mesmo que não mortal no sentido de ter-que-morrer (esta diferença não precisa ser dissimulada), ao menos no sentido de poder-morrer. Trocamos a posição de *genus mortalium* pela de *genus mortale*.

Uma alteração realmente profunda. Uma revolução ainda mais elementar do que a que até ontem fora a mais elementar, do que aquela que nossos antepassados tiveram que atravessar devido ao colapso de sua visão de mundo geocêntrica milenar. A desilusão daqueles que, no passado, em sua ingênua megalomania metafísica, acreditaram habitar o centro do universo mas tiveram que reconhecer subitamente que ele também seguiria existindo sem eles, que a cidade em que residiam nada mais era que um lugarejo provinciano incidental e desimportante em outras partes, e que agora tinham que se conformar em seguir levando sua vida como provincianos cosmicamente dispensáveis do sistema solar – sem dúvida, essa desilusão já foi suficientemente ruim.

Mas não fatal. Pois nossos antepassados encontraram um meio para superar esse choque provincializante. Ora, eles lograram compensar a perda do absoluto, lavar a mácula da degradação e adquirir uma nova dignidade antropocêntrica. Sabemos que a medida usada para realizar isso foi a absolutização da *história*. Pois eles confiavam (ou melhor: exigiam) que ela fosse a dimensão pela qual o espírito do mundo esperava para realizar a si mesmo. Essa exigência de ser "o povo eleito do espírito do mundo" quase já não é mais compreensível para nós, contemporâneos. Seja como for, por menor ou mais excêntrico que fosse o lugar em que foram colocados no universo, eles puderam de novo se entregar ao sonho assegurador, no mínimo consolador, de residir em um centro.

Na verdade, deve ter sido previsível que, um dia, esse sonho também teria que se desfazer no nada. E tanto mais que o próprio Hegel, em cuja metafísica essa absolutização alcançou seu ápice, já tinha afirmado o fim da história, ou seja, o encerramento da autorrealização do espírito do mundo. O sistema hegeliano não revela com o que esse espírito, tendo passado no exame de maturidade, ainda poderia se ocupar. E tampouco revela se seguimos sendo indispensáveis ao espírito do mundo como recipientes, ou se ele, tendo nos utilizado para a autorrealização, passou a nos considerar, sem qualquer respeito, um ente entre mil outros, atirando-nos na lata de lixo da contingência. Seja como for, a hora chegou, hoje é o dia da degradação da história. Pois no instante em que ela mesma se revela mortal (tão mortal quanto qualquer outra parte da natureza ou da história), seu caráter excepcional perde a derradeira aparência de plausibilidade. Embora ela tenha sido posta por nossos antepassados na honrada posição central antes ocupada pelo globo terrestre, ela é agora atingida pela mesma sina da qual ele foi vítima, a saber: pela sina de ser apenas uma coisa entre outras, algo incidental.

Se, ainda há poucas décadas, quando proferíamos a expressão banal "tudo é relativo", ainda queríamos dizer: "não há nenhum fenômeno, nem mesmo nenhuma verdade que, em última instância, não seja meramente histórica", esse relativismo histórico parece-nos agora ser apenas uma meia-verdade, reconhecemos nele hoje uma absolutização, a saber, justamente a absolutização da história, uma vez que (independentemente de como designarmos a dimensão no interior da qual ela transcorre e sobre a qual pode ruir) ela mesma é mortal e, assim, algo "relativo".

Para nós, que somos a história, isso significa que estamos na mesma situação que nossos antepassados após o colapso de seu orgulho geocêntrico, isto é, mais uma vez como provincianos cósmicos forçados a encarar o fato de que o universo segue funcionando sem nós.

Não é possível prever se teremos o mesmo sucesso que nossos antepassados, isto é, se superaremos o choque de provincialização por meio de um absoluto substituto. Mas também não é certo que isso seja desejável. Provavelmente seria melhor deixar o trono vago do que reocupá-lo a cada dois séculos com um absoluto diferente. Em todo caso, não deve haver nada que nos faça mais cegos diante da agudeza do perigo em que nos encontramos, do qual só podemos ser salvos se nós mesmos nos salvarmos, do que a coroação de um novo absoluto *ad hoc*.

A situação escatológica - o *kairós* da ontologia

Nossa existência sempre foi efêmera. Mas hoje nos tornamos efêmeros ao quadrado, isto é, "*intermezzi* no interior de um *intermezzo*".

De hoje em diante, a palavra *intermezzo* não designa mais apenas uma existência historicamente individual, um acontecimento entre outros ou uma época histórica entre outras; não mais apenas os interlúdios que transcorrem no interior do meio da história – que parte da história não passaria dessa maneira? Uma vez que, agora, é a própria história que está em perigo de se revelar um evento finito e único, ou seja, individual (como se ela fosse uma parte de si mesma), a palavra *intermezzo* passa a designar a própria história.

Já existiram antes portais sobre os quais estavam gravadas as palavras *Era uma vez*. Mas a inscrição sempre se referia a épocas singulares, a povos singulares ou a pessoas singulares, eram somente estas que eram "anuladas" por ela – e sempre se cuidou para que houvesse entes que pudessem lê-la. Pessoas que tivessem transposto a soleira do portal e que tivessem a oportunidade de lançar um olhar para trás.

Embora sempre fosse comunicado o não ser, tratava-se sempre de um não ser no espaço do ser; esse não ser sempre foi comunicado a entes que eram, sempre se tratou de um "não ser para nós", de um "não ser *ad usum hominum*".

Agora, esse tempo idílico do "não ser para nós" passou. O que nos espera é um "não ser para ninguém". Ninguém mais terá a chance de ler a inscrição. E tampouco haverá narradores que se valham dessa fórmula para relatar sobre a fabulosa ocorrência da humanidade outrora existente. Porque o cemitério que nos espera será um cemitério sem sobreviventes.

Dito de maneira não figurada: pertencerá à "essência" da história passada como um todo que ela (à diferença de acontecimentos no interior dela mesma) não poderá ser lembrada nem transmitida por ninguém. Portanto, seu não ser será um "não ser efetivo", um não ser dotado de uma nulidade tão massiva que, comparado a ele, tudo o que até agora chamamos de não ser quase pareceria uma alegre variante do ser – mas, como foi dito, *pareceria*, dado que pertencerá à "essência" desse não ser que ele não exista para ninguém e que não seja comparado por ninguém com as formas anteriores de não ser.

Se for possível comparar o que antes fora considerado "não ser" com o que agora nos ameaça sob a forma de um "não ser efetivo", então talvez nossa geração será a única capaz de fazê-lo. E isso porque somos a primeira geração dos últimos humanos. Gerações anteriores não eram capazes de fazer essa comparação porque antes a diferença não poderia ter aparecido em seu campo de visão. E gerações futuras (talvez) não mais poderão fazê-la porque (talvez) não existirão mais segundas ou terceiras gerações de últimos humanos.

Decerto, soa confusa a afirmação de que não apenas "existe o não ser" – que, com razão, inquietou a humanidade durante mais de dois milênios –, mas existem também diferentes modos de não ser, e mais: até mesmo diferentes modos de "não ser mais". Mas não há o que fazer aqui, não seremos poupados de nenhum absurdo. A história que não é mais será algo que não é mais de uma maneira fundamentalmente distinta dos eventos históricos que não são mais. Pois, justamente, ela não será mais "passado", mas algo que terá sido (isto é: que "não será") de tal maneira como se jamais tivesse sido.

Quem, por alguma razão, der valor à rememoração do passado e ainda quiser chegar a tempo, isto é, em um tempo em que ainda haja tempo, deveria se apressar para realizar *praenumerando* (antecipadamente) seu trabalho de rememoração, isto é, antecipar agora a tarefa de nossos netos e bisnetos. Não é possível redigir testamentos postumamente. Portanto, é aconselhável a historiadores e romancistas que não apenas veem os sinais dos tempos, mas que também sabem interpretá-los como sinais da ameaça da ausência de tempo, que já hoje introduzam suas histórias com a fórmula: "Terá sido uma vez uma história".

"Terá sido uma vez uma história de uma grande e famosa humanidade. Mas o tempo em que isso terá sido não será tempo algum. E nesse não tempo a humanidade de que falamos não mais será famosa. E a história que estamos a ponto de escrever também não será famosa, pois a fama requer alguém que a conceda, e a história requer alguém que a narre e alguém que a ouça. Mas, então, não existirá nem quem conceda fama, nem quem narre histórias, nem quem as ouça. Pois o futuro que poderia carregar mais além o passado ruirá juntamente com a ruína do passado e tornar-se-á, ele mesmo, um futuro passado, não, um futuro que jamais terá sido. Por isso rememoramos já hoje o passado futuro, no qual também terá ocorrido o que, visto a partir de hoje, ainda pode ser considerado futuro." É assim que deverão falar.

Nas últimas páginas valemo-nos repetidamente de expressões ontológicas. Isso surpreenderá. Certamente, não é comum encontrar digressões ontológicas em considerações sobre questões atômicas. Mas essa surpresa não é justificada. Pelo contrário, podemos considerar o instante apocalíptico, ou melhor: o instante do perigo do apocalipse possível, o momento em que reflexões ontológicas adquirem sua plena justificação, isto é, o *kairós* da ontologia", uma vez que ele nos oferece a oportunidade do encontro com o não ser.

Isso, porém, não quer dizer que esse *kairós* também nos dê tempo para as oportunidades ontológicas que ele nos oferece. Em termos morais: que, no momento em que a ontologia se torna teoricamente legítima, também tenhamos o direito de nos ocupar com ela de maneira despreocupada. Provavelmente não é esse o caso. Por isso limito-me aqui às observações que seguem.

Há mais de trinta anos, Heidegger determinou o "ser-aí" [*Dasein*] como o ente para o qual "se trata de seu próprio ser". Somente hoje, somente desde que viemos parar na situação apocalíptica, esse *tratar-se de* adquiriu pleno sentido, somente hoje ele se tornou verdadeiro no sentido literal, uma vez que, hoje, "trata-se" literalmente de preservar o ser daquilo que ainda está aí, mas que amanhã talvez não esteja mais. Algo análogo vale para a famosa "diferença ontológica" de Heidegger. Uma vez que agora o não ser do ente [*das Nichtsein von Seinendem*] (o qual, evidentemente, não é idêntico ao não ser do que não é) tornou-se realmente possível, e como, comparado com esse eventual não ser de amanhã, o ser atual – a saber, o ainda-seguir-sendo daquilo que é – parece um milagre, essa separação heideggeriana entre o ser e o ente passa a ter um sentido efetivo. Mesmo quem descreve a afirmação "aquilo que é *é* [*das Seiende ist*]" como uma tautologia não pode negar o sentido e o conteúdo da afirmação "aquilo que é *ainda* é". Em outras palavras: a diferença entre aquilo que é e o ser adquire uma legitimidade evidente somente no instante em que o não ser do ente aparece como uma eventualidade no horizonte; a cisão entre o ser e o ente ocorre "graças ao não ser". A diferença ontológica deve sua existência unicamente à sombra gélida que o não ser possível lança hoje sobre aquilo que é. Só há "ser" à diferença "do ente" porque há "não ser".[3]

É apenas com dificuldade que podemos nos decidir a crer que se deve a um mero acaso a simultaneidade da ontologia atual, tão obstinadamente insistente sobre a "diferença ontológica", e da situação apocalíptica (devido à qual, somente, essa diferença se tornou "honesta"). Parece-me muito mais crível que a catástrofe possível já tivesse lançado sua primeira sombra fria sobre aquele tempo em que Heidegger retomou essa antiga distinção, há mais de trinta anos. Há muitos indícios de que a ontologia atual, a qual nada nas águas de Heidegger, seja uma profecia apocalíptica que se interpreta erroneamente como filosofia ou se disfarça como tal.

Se a expressão "suicídio atômico" é justificada

É verdade que nós, que até o momento fomos um *genus mortalium*, estamos agora condenados a viver como os "primeiros últimos seres humanos"; que nós, de agora em diante, na medida em que nos é permitido seguir vivendo, teremos que fazê-lo como *genus mortale*; e que isso designa uma metamorfose metafísica. Mas essa constatação ainda não é suficiente. Ora, não podemos dizer que "passamos por" essa transformação, que tenhamos sido transformados nessa nova espécie. A verdade é que nós mesmos

---

3. Se o mundo fosse um ente parmenídico, isto é, um ente ao lado do qual, por um lado, não houvesse outra coisa que fosse, e muito menos ainda um não ser, e que, por outro lado, estivesse emparedado de maneira tão massiva em seu ser que não pudesse fazer nada contra o mesmo – um tal ser seria, justamente devido à sua "constituição ontológica" [*Seinsverfassung*], incapaz de apreender o pensamento de uma distinção entre ele mesmo enquanto "algo que é" e o seu "ser". E não apenas incapaz de apreender esse pensamento: pois a diferença não *seria*, quer dizer: sob essas condições, não haveria nada que correspondesse a essa distinção.

nos transformamos nessa nova espécie, que a metamorfose é nossa própria obra. Por mais assustador que seja encarar esse fato de frente, isto é, apreender efetivamente que temos que atribuir a nós mesmos a metamorfose de nosso mundo em um mundo apocalíptico, e com isso também nossa própria metamorfose – a ideia de que se trata de uma situação de suicídio parece, no entanto, ser a única que ainda mantém em aberto a possibilidade de uma correção efetiva. Com isso, não viso a uma correção da definição de nosso estado, mas à correção do próprio estado.

O que isso quer dizer?

A resposta é simples: toda situação de suicídio ainda inclui em si o elemento da liberdade. Ser livre significa: eventualmente também poder deixar de fazer aquilo que podemos fazer; eventualmente também poder suprimir aquilo que podemos produzir como nossa própria obra. Uma vez que na situação de suicídio a vítima é ao mesmo tempo o agressor, a decisão sobre a existência ou não de uma vítima, sobre a necessidade de uma tal vítima existir, encontra-se nas mãos da própria vítima. É, portanto, nessa situação que parecemos nos encontrar: nosso tempo do fim já *é* nossa obra. E o fim dos tempos, caso ocorresse, *seria* nossa obra, no mínimo a obra de nossas obras. Por essa razão, parece que não precisamos descartar o impedimento do fim dos tempos e a anulação do tempo do fim como algo impossível. Podemos, portanto, aparentemente, respirar por um instante, aliviados pelo fato de nossa situação catastrófica ser uma situação de suicídio: e gratos pelo fato de que o que nos assombra não nos foi imposto a nós por um superpoder obscuro, inalcançável ou implacável, mas por nós mesmos, e que, por isso mesmo, não é uma imposição.[4]

Com isso, porém, já está dito, ao mesmo tempo, que, em nosso tempo do fim atual, não apenas nos transformamos em uma nova espécie de seres humanos, mas também em uma nova espécie de apocalípticos. Pelo menos que temos a chance de atuar como uma

---

4. Sobre a problemática desta situação de suicídio, cf. também a p. 73.

nova espécie de apocalípticos, a saber, como "apocalípticos profiláticos". Se nos distinguimos dos apocalípticos judaico-cristãos clássicos, não é apenas porque tememos o fim (que eles esperavam), mas acima de tudo porque nossa paixão apocalíptica não conhece nenhuma outra finalidade que não o impedimento do apocalipse. Somos apocalípticos exclusivamente para que não tenhamos razão; exclusivamente para, a cada dia, usufruir de uma nova chance de passar vergonha. Uma tal meta jamais existiu na história das escatologias, e ela provavelmente parecerá absurda diante do pano de fundo das atitudes apocalípticas que conhecemos na história da religião. Mas isso justamente porque reagimos com ela a algo que, em si mesmo, é absurdo.

Dissemos que "eventualmente nós também podemos deixar de fazer aquilo que podemos fazer". Ora, essa tese soa muito animadora, mas ela tem um porém. Pois o que significa, nela, a palavrinha *nós*, aparentemente tão inofensiva, quando a relacionamos com nossa situação atômica? Receio que essa palavrinha não seja inofensiva, que ela apenas soe assim. Pois será que "nós" que pudemos produzir e produzimos os aparelhos da catástrofe e "nós" que somos ameaçados por eles somos realmente os mesmos? Ou será que essa palavrinha não tem um duplo significado? Será que ela não se refere, por um lado, às ciências da natureza, à técnica, à produção e à política, em suma: ao número infinitesimalmente pequeno de pessoas que decidem sobre a produção e a eventual utilização desses produtos? E, por outro, aos zilhões de habitantes do globo terrestre que não estão envolvidos nisso, que são impotentes, desinformados, a nós, as potenciais vítimas? Quando falamos de suicídio, não nos valemos de um modelo que não se aplica de modo algum ao nosso caso presente? Não pensamos em um ente que, embora "duas almas, ai, em seu seio habitem", não deixa por isso de sempre ser *um* e que tem a sorte fabulosa de, quando luta, lutar sempre no interior de suas quatro paredes e sempre apenas consigo mesmo? Em última instância, não será um truque sintetizar sob um único substantivo, ou seja, no singular *a humanidade*, essas duas "humanidades" totalmente distintas, a humanidade A e a humanidade B, e argumentar como se essa humanidade supostamente "uma" fosse até mesmo de uma espécie de "pessoa" capaz de tomar decisões e de agir moralmente?

Levantar a questão já é respondê-la na afirmativa. O singular *a humanidade*, em nosso caso, é um engodo. E, naturalmente, isso também significa que temos que *recusar a expressão suicídio da humanidade* e a esperança associada a essa expressão, por mais sombria que ela possa soar, por mais nítido que seja seu contraste com o pano de fundo incolor do habitual vocabulário de banalização – uma vez que sua origem é devida unicamente ao falso singular *a humanidade*, também ela tem que cair.

Sem dúvida, tanto os produtores da bomba de Hiroshima quanto suas vítimas eram seres humanos. Mas será que, com base nesse elemento comum, a morte que os japoneses sofreram foi um dano que eles infligiram a si mesmos "livremente"? Ou, supondo-se que um humano A liquidasse um outro humano B, ou que um grupo de humanos A liquidasse um grupo de humanos B – será que o fato de o grupo de assassinos e o dos assassinados pertencerem ao mesmo gênero transformaria essas atrocidades em suicídios? Não, mesmo se A também morresse com isso (o que seria o caso em uma guerra atômica atual); mesmo se A incluísse previamente no cálculo a própria morte como efeito colateral de sua ação (o que Jaspers, por exemplo, considera). Não é permitido ignorar essa dualidade, esses atos seguem sendo assassinatos.

Não nos iludamos, portanto. Não temos nenhum direito a uma pausa para respirar. As expressões "autoameaça" ou "suicídio da humanidade" revelam-se inverídicas. Temos que abandonar nossas esperanças mínimas baseadas nelas. Nossa situação de tempo do fim, para não falar do fim dos tempos, contém duas categorias de seres humanos: a dos agressores e a das vítimas. Portanto, em nossa contra-ação, temos que contar com essa dualidade – nosso trabalho chama-se "luta".

Habere = adhibere

Sem dúvida, permanece excepcionalmente obscuro quem são os agressores e quem as vítimas. Naturalmente, o mais fácil seria estatuir que se entende sob *agressores* os proprietários das armas, e sob *vítimas* a multidão avassaladora da humanidade indefesa ou os poderes do *have not*. Isso significaria que os agressores se encontram de ambos os lados da humanidade bipartida pela Guerra Fria. Mas isso não seria demasiado fácil? Podemos equiparar os dois principais proprietários como "agressores"? A União Soviética não é menos culpada (mesmo desconsiderando-se o fato de que ela jamais fez uso da arma)? Ela não foi forçada a se adequar à situação? Ela não se viu coagida a neutralizar a coação sob a qual ela mesma vivia por meio da produção das mesmas armas? E não foi até mesmo uma sorte que ela o tenha feito, uma vez que o monopólio americano que reinou de início teria tido como consequência um desequilíbrio terrivelmente perigoso, desequilíbrio este que teve seu fim por meio da "equiparação" atômica?

Dos pontos de vista histórico e moral isso é correto. Não obstante, hoje é hoje. Hoje, a diferença entre as origens dos armamentos nucleares dos dois lados não pode mais valer como decisiva. Hoje só conta o que existe e é efetivo. E a única coisa existente e efetiva agora é a subsistência da ameaça atômica enquanto tal – independentemente de quando, onde e como ela se originou – e o fato de que esse poder é mais ou menos o mesmo nas mãos de ambos os lados. E essa igualdade traz consigo um novo e altamente peculiar deslocamento das fronteiras, ao qual já aludimos quando falamos da obscuridade da demarcação do limite entre agressores e vítimas.

Para entender o deslocamento de fronteiras a que nos referimos é preciso recordar um fato para o qual já chamamos a atenção anos atrás:[5] o fato de que pertence à essência do poder atômico suspender a diferença, plausível em outras circunstâncias, entre

---

5. *Die Antiquiertheit des Menschen*, p. 256.

ter uma coisa e fazer uso dela, entre *habere* e *adhibere*, e substituí--la pela *equação habere = adhibere, ter = fazer uso.* Não queremos dizer com isso que quem possui a arma vá usá-la por isso, isto é, lançá-la – esse não é necessariamente o caso, conforme demonstram os anos passados desde Nagasaki. Queremos dizer, muito antes, que os proprietários da arma já fazem uso dela pelo simples fato de a possuírem. Da perspectiva dos *have nots*, a validade dessa equação é plenamente evidente. Ora, para eles, basta saber que a arma nuclear se encontra nas mãos deste ou daquele poder para que se sintam e se comportem como se estivessem sendo chantageados, para que *sejam*, portanto, efetivamente chantageados e desapossados. E isso acontece mesmo quando os proprietários não têm o real desejo de fazer chantagem por meio da ameaça com um ataque nuclear. Aqui, nada depende de seus desejos ou da falta deles, eles são impotentes diante do fato de serem chantageadores por possuírem as bombas. Quer queiram ou não, eles já fazem uso de seus aparelhos onipotentes pelo simples fato de os possuírem. *Habendo adhibent.*[6]

É preciso, portanto, que gravemos como uma das lições fundamentais da era atômica que não existe arma nuclear que já não seja, ao mesmo tempo, sua utilização. Ou, dito de maneira mais simples: *não é possível não utilizar de uma arma nuclear existente.*

E essa regra tem validade universal. A diferença dos motivos que levaram ao armamento nuclear em cada lugar é totalmente indiferente para esse princípio, especialmente porque, no caso de uma guerra nuclear, o perigo eclodiria quase simultaneamente de ambas as direções. Assim como aqueles já efetivamente chantageados pelo fato "arma nuclear", também aqueles que já chantageiam efetivamente enquanto proprietários compõem uma categoria única. Portanto, o corte parece se dar entre os *haves* e os

---

6. É verdade que essa equação vale, em maior ou menor grau, para toda e qualquer arma. Mas ela vale de maneira irrestrita para a arma nuclear, uma vez que seu uso efetivo extinguiria o inimigo. E, em certo sentido, essa equação define o "poder" [*Macht*] à diferença da "violência" [*Gewalt*].

have nots. Isso já era reconhecível como tendência mesmo antes das negociações de Camp David, por exemplo, com base na semelhança da postura adotada por cada um dos dois poderes atômicos diante da ameaça de expansão (agora efetiva) do "clube atômico". Agora, porém, torna-se completamente nítido que o corte se dá entre os *haves*, de um lado, e os *have nots*, de outro. Se chamo esse desenvolvimento de "dialético", é porque foi justamente a preparação para o conflito que deu início à união dos dois primeiros poderes atômicos em um campo único.

Agora, era a esse corte entre os *haves* e os *have nots* que nos referíamos quando falamos de "duas humanidades"?

Não, não era a ele que nos referíamos. E isso porque também ele começa a se tornar obsoleto. Pois por meio da posse do poder atômico ou por meio da realização do "desejo do eu também" não se garante absolutamente a salvação ou a segurança. Pelo contrário, chega a ser evidente que a posse do poder atômico traz consigo uma ameaça no mínimo tão grande quanto a insegurança na qual os *have nots* têm que viver. Pois é óbvio que países dotados de armamento nuclear se encontram incomparavelmente mais expostos como alvos de ataques nucleares do que os inofensivos países dos *have nots*. A sentença hoje válida não apenas não é: "Quem tem está seguro". Nem mesmo: "Quem tem também está inseguro". Mas: "Quem tem torna-se, por isso, ainda mais inseguro". Em suma: uma vez que a impotência dos *haves* é no mínimo tão perigosa quanto a dos *have nots*, a impotência se distribui de maneira tão uniforme pela humanidade que não é mais possível falar de um corte efetivo.

Ora, então a gente explode junto

Aqueles homens que, impelidos por seus míopes interesses (mas que interesses não o seriam hoje?), ocupam-se incansavelmente e de maneira verdadeiramente profissional com a banalização da enormidade da ameaça, esses homens encontram auxílio onde jamais teriam sonhado adquirir aliados. Pois a aliada de que falamos é a própria ameaça, uma vez que esta exerce, por si mesma, uma fatal influência banalizadora, e, curiosamente, não a despeito da enormidade de suas dimensões, mas justamente por causa dela.[7]

O que queremos dizer com isso?

Duas coisas.

1. Por meio de sua imensidão, a ameaça sobrecarrega nossa limitada capacidade de apreensão (tanto da percepção quanto da fantasia); ela "não penetra" em nós, ela "permanece fora", nem o indivíduo nem a sociedade são capazes de incorporá-la – em suma: ela não é registrada como existente. Não apenas o demasiado pequeno é inapreensível (no sentido de "subliminar"), mas também o demasiado grande (no sentido de "supraliminar").[8]

2. Podemos ignorar aqui este primeiro ponto, dado que já chamamos a atenção para ele anteriormente,[9] e nos voltar para o segundo ponto, o qual, sem dúvida, é menos conhecido, mas não menos fatal que o primeiro, porque ele nos mostra que não podemos confiar nem mesmo naqueles nossos contemporâneos que parecem ter compreendido de alguma maneira a situação de perigo, e que, portanto, reconhecem o caráter

---

7. Os banalizadores profissionais não incluíram esse auxílio no cálculo de sua agenda, provavelmente nem mesmo chegaram a notar sua existência. Não se pode esperar desses homens a isenção e a presença de espírito necessárias para incluir no cálculo ou mesmo somente observar corretamente coisas que não entendem ou com as quais não contavam. Pelo contrário, eles partem do pressuposto (confirmado, no máximo, pelos discursos angustiados hoje populares) de que o perigo desmedido necessariamente produziria, e que teria de fato produzido, um medo igualmente desmesurado na humanidade – pois sem esse pressuposto sua campanha de banalização não teria objeto. Quem dera tivessem razão! Mas seu pressuposto não se deixa perturbar com nenhuma empiria. Não se observa medo desmedido em parte alguma, e muito menos um medo universalmente disseminado. E o medo está ausente justamente porque a empreitada de banalização já se encontra abundantemente suprida e segue sendo suprida diariamente – como dissemos: pelo próprio perigo.

8. Cf. meu livro *Der Mann auf der Brücke*, p. 117.

9. Id., ibid., pp. 240 e 267.

universal e definitivo da catástrofe como uma possibilidade; mostra-nos que mesmo esses homens compreendem mal a ameaça, e também isto, por sua vez, não a despeito do perigo ser tão grande, mas *porque* ele o é.

O segundo tipo de maus entendedores a que visamos aqui é mais difícil de compreender que o primeiro. Pois a base de sua má compreensão não é simplesmente a limitação de sua capacidade de apreensão (imediatamente plausível), mas um mecanismo complicado, uma *falácia do sentir*. Uma pequena cena cotidiana tornará claro para nós o que queremos dizer com isso. Em uma viagem de trem mencionei a expressão "perigo atômico". A pessoa que estava diante de mim, um senhor pachorrento, evidentemente bem de vida, que estava cheirando seu charuto, levantou o olhar por um momento, deu de ombros e rosnou: "Ora, então a gente explode junto". A expressão marota que seus traços assumiram com isso (e com a qual os rostos dos demais viajantes imediatamente se contagiaram) parecia pertencer a um homem que, com base em seu pagamento regular do seguro de saúde, vivia na pacífica confiança de que jamais precisaria abrir mão de seu charuto, e que, em última instância, nada poderia lhe ocorrer. E, de fato, no mesmo instante, ele voltou a examinar o perfume de seu charuto. O que se passava no interior desse homem?

Prestemos atenção às suas palavras. Evidentemente, ele não pertencia à classe daqueles que não apreendem nada do que deve ser apreendido porque são coisas grandes demais. Pois a possibilidade do fim universal ele não contestou. Ele tampouco afirmou que a catástrofe haveria de poupar justamente ele. Mas se ele não quis dizer nada disso, o que ele quis dizer, então? Como devemos compreendê-lo? A única resposta possível parece ser a seguinte: evidentemente, o defeito de que ele sofria (se é que "sofria" dele) não era uma "cegueira diante do apocalipse",[10] mas antes uma *indiferença diante do apocalipse*. Embora realmente quisesse dizer

---

10. Cf. também *Die Antiquiertheit des Menschen*, pp. 265 ss.

o que disse, sua expressão não lhe pareceu de modo algum tão ruim. E isso porque a própria catástrofe não lhe parecia tão ruim. E esta, por sua vez, não lhe parecia tão ruim porque, devido à sua universalidade, *não ameaçava apenas ele*. O que ele admitiu não é que *ele*, mas que *a gente* explodiria, isto é, que cada um *apenas explodiria "junto"*. E com isso nos vemos diante da falácia anunciada da qual nosso homem foi vítima (sem dúvida não sem prazer). Traduzida em palavras, essa falácia seria assim:

Princípio: " 'A gente' não é apenas 'eu'. 'A gente', tampouco, é 'eu pessoalmente'."

Aplicação: "Um perigo que não ameaça apenas a mim, mas a *todos*, não me ameaça pessoalmente. Portanto, no nível pessoal, nada tenho a ver com ele. Consequentemente, não tenho que me inquietar ou mesmo me atordoar com ele pessoalmente."

Parece-me que, com isso, o rosto de nosso homem começa a adquirir alguns traços. Pelo menos a sua falta de traços vai se tornando mais nítida. Ainda que ele tenha total clareza de que terá que morrer junto no caso de uma catástrofe, esse saber nada é para ele no nível emocional. Muito antes, a catástrofe é tão grande que ela não paira sobre ele, mas também sobre ele; ela é tão grande que ele não precisa mais se preparar para a sua morte, mas apenas para morrer junto; não, ela é tão grande que, pessoalmente, ele não precisa ter medo algum dela. Pelo contrário, justamente devido ao seu tamanho, ela parece dizer respeito no máximo àquele que ela tem a intenção de atingir como vítima, isto é, à humanidade como um todo. Portanto, *ela* que se inquiete. Mas dizemos *no máximo* – com o que queremos dizer que, para ele, provavelmente, a humanidade como um todo é algo tão abstrato que ele nem mesmo é capaz de pensar que ela possa ou deva ou tenha que se inquietar.

Seja como for, a catástrofe universal já devorou sua pequena morte privada antes mesmo de eclodir. E, antes de tomar sua vida, ela o aliviou do fardo de sua morte e de seu medo de morrer. E, agora, com essa expressão "alívio", esse homem torna-se realmente familiar para nós, um contemporâneo normal. Pois se há algo que caracterize nossa época como um todo, um traço que represente um denominador comum para os mais diversos fenômenos atuais, do conforto à falta de liberdade, da televisão ao campo de concentração, esse traço é precisamente esse "alívio": o fato de que nós, por meio da forma tecnológica de funcionamento (comum ao nosso trabalho, ócio e consumo) fomos aliviados da maioria dos fardos, e também dos mais importantes entre eles – e isso quer dizer: que a maior parte e o mais importante nos foi "tomado". Por exemplo, fomos "aliviados" da responsabilidade por nossos atos e do remorso por eles, uma vez que não somos mais absolutamente agentes, mas apenas "coagentes [*Mit-Tuende*] mediatos".

É conhecido que a situação que nos alivia de tudo, inclusive da liberdade, transmite-nos segurança, ou pelo menos a ilusão dela, como uma forma de compensação.[11] No caso da mera participação [*Mit-Tun*] isso é evidente: sempre que nos limitamos ou somos limitados a apenas participar, seja da canalização de uma cidade ou da instalação de um campo de concentração, imediatamente a larga correnteza dos grandes acontecimentos que já nem são mais reconhecíveis como "agir" começa a nos levar; e o sujeito da ação, que se subtrai quase totalmente à identificação, do qual, porém, cremos saber que ele assumiu sozinho a responsabilidade, não precisando, por sua vez, responsabilizar-se diante de nenhuma outra instância, esse sujeito começa a emanar uma sensação de proteção sob a qual nos sentimos seguros. A sensação de segurança é a indenização que recebemos por permitirmos que nos aliviem de nossa responsabilidade e, portanto, que nos tomem nossa liberdade. E esse pagamento chega a nós de maneira tão espontânea e automática quanto a água, o gás, a visão de mundo ou tantas outras coisas que fluem diretamente para dentro de nossas casas.

---

11. Por vezes a compensação chega a ser ainda mais generosa. Pois a indiferença que diz: "Ninguém pode nada contra mim, pois não há nada que eu tenha feito (enquanto eu mesmo)" chega a se confundir frequentemente com a liberdade. Quer dizer: a ilusão de liberdade desenvolve-se justamente a partir da privação de liberdade.

Com isso quase chegamos ao fim. Pois o último passo que ainda resta dar, o de nossa atividade para nossa passividade, de nosso fazer para aquilo que fazem conosco, não requer esforço algum, uma vez que consiste simplesmente na seguinte fórmula: o que vale hoje para nossa atividade vale hoje também para nossa passividade. E isso quer dizer concretamente: *não apenas os golpes que distribuímos, e não apenas os efeitos desses golpes não nos dizem mais respeito, mas tampouco os golpes que temos que suportar e os seus efeitos.* Isso para não falar do fato de que, quando esses golpes forem dados ou tiverem sido dados, nós não mais os sentiremos – mesmo hoje, quando eles ainda estão por vir, já não são mais *our business*, mesmo hoje já não temos mais que temê-los.

Em suma: devido às suas proporções enormes (isto é, por ela ser demasiado grande para ser apenas minha ou sua), a catástrofe alivia-nos de nossa angústia da mesma maneira que as grandes indústrias e ações em larga escala das quais só participamos como trabalhadores nos aliviam da responsabilidade. E também a indenização paga é novamente a mesma, a saber, a sensação de segurança. Não surpreende, portanto, que o homem sentado diante de mim no compartimento do trem emanasse essa sensação de maneira tão convincente, e que essa irradiação tenha migrado imediatamente para o semblante dos demais.

Recapitulemos: a mutilação da alma que experimentamos tornou-se completa. Se até agora apenas sabíamos que, de agentes, nos tornáramos participantes, entes que não precisam mais se preocupar com as consequências do que fazem e que não estão mais em condições de fazê-lo, hoje torna-se visível que, com a mesma irreflexão, de entes capazes de sofrer, tornamo-nos indolentes, isto é, entes que não têm mais a necessidade de sentir o que os espera e que também não são mais capazes de fazê-lo. Sem dúvida, na linguagem oficial, esse fato é virado de ponta-cabeça: pois se há hoje algo que valha como coragem, maturidade ou imperturbabilidade, é justamente essa indolência, isto é, o estado em que nos aliviaram completamente do sentir e do direito ao sentimento.

E se aí há algo que valha como "covardia", não é outra coisa senão a força daqueles poucos que não permitiram sem opor resistência que se arrancasse de seus corações a liberdade de seu sentir.

A tese com que começamos estes parágrafos encontra-se, agora, comprovada.

Por mais terríveis que sejam as mutilações provocadas em nossas almas pelos banalizadores profissionais – e ainda há muito a ser dito a respeito –, a primeira mutilação não deve ser imputada a nenhuma parte interessada, pelo contrário, ela é uma consequência do tamanho da própria ameaça.

Se, porém, a ameaça, por si só, já carrega em si o grão peçonhento da banalização, então isso significa também que nós, até mesmo nós, alarmistas profissionais, ainda subestimávamos suas proporções.

Donde ainda haveremos de extrair algumas conclusões.

A lei de inversão

A lei da inofensividade: quanto maior o efeito, tanto menor a maldade necessária para causá-lo. A medida do ódio exigido para uma atrocidade é inversamente proporcional à medida do ato. Se esta lei não se encontra em éticas acadêmicas, é porque o abismo que separa essas éticas das realidades atuais se tornou tão amplo que suas margens já não podem ser vistas, na verdade, já nem se tenta mais fazê-lo.

A quantidade de ódio e maldade necessária para que uma única pessoa seja abatida por seu semelhante pode ser desconsiderada no caso do funcionário no painel de controle. Um botão é um botão. Se, operando meu painel de controle, eu ativo uma máquina de sorvete de frutas, aciono uma central elétrica ou desencadeio a catástrofe final, isso não faz diferença alguma do ponto de vista da atitude. Em nenhum desses casos se espera que eu tenha sentimentos ou atitudes de qualquer espécie. Enquanto apertador de botão, estou absolvido tanto da bondade quanto da maldade. Ao exercer minha atividade, não devo nem preciso odiar, não, nem mesmo sou capaz disso.[12] Não devo ser ruim, nem preciso ser ruim, não, nem mesmo sou capaz disso. Mais precisamente: não devo ser capaz disso. E isso porque então também "não posso mais dever", isto é: porque então permaneço excluído da moralidade – e é justamente isso que eu devo fazer. Em suma: a ignição para o arranque do apocalipse será idêntica a todas as demais e (caso isso não ocorra de maneira completamente automática, ou seja, como reação de um aparato à reação de um outro aparato) será acionada tediosamente por um funcionário inofensivo qualquer que estará seguindo a instrução de um sinal luminoso. Se há algo que simbolize o caráter diabólico de nossa situação, é essa inofensividade. E se a situação atual se torna mais diabólica a cada dia, isso ocorre justamente porque a lei que acabei de formular regula a relação atual entre o tamanho das atrocidades e a maldade necessária para cometê-las, e porque a clivagem formulada na lei se amplia cada vez mais por meio do incremento de poder diário dos aparatos tecnológicos.

Nenhum dos pilotos de Hiroshima teve que angariar a quantidade de maldade de que Caim necessitou para poder matar à pancada uma única pessoa, seu irmão Abel.[13] E a quantidade de maldade necessária para a execução da derradeira e imensurável atrocidade haverá de ser igual a zero. Portanto, encontramo-nos diante do "fim da maldade", o que, repito, naturalmente não significa o fim dos atos maus, mas sua pérfida facilitação. Pois não há nada mais dispensável agora do que a maldade. No instante em que os agressores não necessitam mais de maldade para levar a cabo suas atrocidades, eles perdem também a oportunidade de ponderar

---

12. "Não se pode ranger os dentes apertando botões." (*Der Mann auf der Brücke*, p. 144)

13. E vice-versa no caso dos Abéis: quanto maior a atrocidade que eles têm que suportar, tanto menor o medo diante dela. Aqueles que vivem sob a ameaça atômica não têm nem de longe o mesmo medo dela que Abel teve do punho de Caim. Entre nossos contemporâneos conheço apenas muito poucos cujo medo do possível apocalipse se iguala ao seu medo de perigos irrisórios, como, por exemplo, a perda de prestígio. Com o quê, aliás, também se encontra exposta uma das raízes da divisa atual "antes morto que vermelho". Em todo caso, aqueles que sabem reagir de maneira adequada ao tamanho do perigo compõem uma minúscula (e universalmente desdenhada) *elite do horror*.

sobre elas ou revisá-las. A ligação entre o ato e o agente é, então, destruída. O que resta são duas margens definitivamente divergentes e impossíveis de reconectar por meio da construção de uma ponte: aqui, a margem do ser humano (talvez até mesmo – e por que não? – do ser humano bom), e, lá, a do efeito aterrador do ato. A alienação entre ato e agente é perfeita, e isso já há quinze anos, desde 1945, pois também os pilotos de Hiroshima tinham o dever de não identificar mais seu ato como "ato", e de modo algum como "seu" ato. E, na maioria das pessoas a quem foi confiada essa missão – *missão* era o termo oficial para o voo aniquilador –, esse estrangulamento da identificação (com o resultado de sua "missão") logrou de maneira tão plena que dura até hoje. Esse caso de Hiroshima, porém, é o caso de todos nós. Pois todos nós, enquanto trabalhadores, estamos condenados a não saber o que fazemos. E como "fazemos o mal" sem qualquer inibição, talvez até mesmo "querendo o bem", tornamo-nos todos, em certa medida, "Mefistófeles negativos". Como eram bons os velhos tempos em que a maldade ainda era a condição dos atos maus!

É conhecido que, nos quinze anos decorridos desde Hiroshima e Nagasaki, o ex-presidente dos Estados Unidos, Truman, não refletiu sobre nada, não se deu conta de nada, não lamentou nada, não, até mesmo entregou explicitamente ao público sua ausência de consternação sob a forma de *news*. Essa mentalidade não pode ser explicada pelo fato de que Truman teria sido um homem especialmente maldoso, cruel ou empedernido (mesmo se, por acaso, houver indícios que apontem para um tal caráter), mas simplesmente porque ele não necessitou de maldade, nem mesmo para sua decisão de levar a cabo seu crime. De fato, Truman não pôde refletir sobre ou lamentar Hiroshima porque atos que não exigiram maldade permanecem impermeáveis à compreensão e inacessíveis ao remorso. É inútil repreendê-lo. Se quisermos ter algum sentimento diante dele, será no máximo a compaixão, a compaixão pelo homem vítima de uma trapaça que tomou dele o próprio sofrimento.

Vivenciamos o clímax da esquizofrenia moral depois da exposição das condições nos campos de extermínio de Hitler, supostamente desconhecidas até então. Ocorreu que até mesmo aqueles que participaram ativamente na liquidação asseverassem nos interrogatórios que teriam *apenas feito* o mal sem jamais tê-lo *desejado* – é difícil imaginar um *apenas* mais horrível que este. Seja como for, essas criaturas da divisão do trabalho consideravam autoevidente que suas boas intenções (cuja inexistência permanece impossível de provar) e o efeito de seus atos (que não foi precedido por nenhuma vontade de sua parte, mas tampouco por nenhuma resistência) representam duas grandezas totalmente estranhas uma à outra, as quais não podem ser comparadas entre si. E, evidentemente, com base nessa incoerência entre as intenções e os efeitos dos atos, eles consideravam seu direito – em certa medida seu direito fundamental em uma existência desprovida de direitos – ser classificados como inocentes, não, ser já de antemão absolvidos da culpa – em suma: não poder absolutamente se tornar culpados.

Mas até mesmo esse clímax ainda é superado na situação atômica atual. E isso justamente por meio da introdução do aperto de botão. Neste ponto, é indiferente se com isso pensamos em um agente "direto" ou "indireto", isto é, em alguém que executa o movimento que desencadeie imediatamente a catástrofe ou em um dos incontáveis trabalhadores que tocam as teclas necessárias para o cálculo e a produção dos aparelhos. A única coisa decisiva é que agora o agente não apenas não sabe mais *o que* faz (que ele não o saiba já nos é conhecido), mas que ele *nem mesmo sente que faz algo*. Pois seu agir é camuflado como "trabalho", e este, ainda por cima, como um trabalho que requer um esforço tão infinitesimalmente pequeno que ele nem mesmo pode mais ser reconhecido como "trabalho". Um exemplo clássico de um trabalho "camuflado" dessa maneira é o trabalho transformado em *fun* por meio do acompanhamento musical, por exemplo, o daquelas montadoras de granadas da última Guerra Mundial que, inflamadas pelos hits que ressoavam nas oficinas, puderam elevar o ritmo de sua produção a um alegre prestíssimo. Assim como a ação não deve ser ação, e sim trabalho, também o trabalho não deve ser trabalho, mas diversão. É essa a engenhosa *camuflagem de dois níveis* que já se impõe aqui e ali no atual processo industrial.

Se, porém, não sabemos mais que fazemos algo, então podemos justamente *fazer o mais terrível.* E assim aplica-se a regra que formulei sob o nome de "lei da inofensibilidade".

Assim como uma grande parte dos efeitos de hoje em dia, também a catástrofe final não será consequência de um querer, de uma "ação", de um "trabalho", mas de um movimento dos dedos totalmente incidental, talvez divertido. Nosso mundo não ruirá devido à ira ou à obstinação, mas ele será desligado como um interruptor. O número daqueles que, neste caso, permanecerão não envolvidos, "com as mãos limpas" (na medida em que se pode dizer isso dos sangrentos *megacorpses*), será incomparavelmente maior do que o número dos que, em qualquer uma das guerras anteriores, puderam se manter não envolvidos e imaculados. Vivemos na era das massas de mãos limpas, a inflação de pessoas benevolentes é imensurável. Afogaremos em um dilúvio de inocência. À direita e à esquerda do único apertador de botão cujo movimento dos dedos, igualmente não sangrento, bastará para desencadear a catástrofe, estender-se-á, num raio imenso, o oceano de sangue daqueles que, independentemente da medida em que participaram, não tinham má intenção alguma, e que não sabiam que estavam participando.

Diz um texto molussiano:

> Parece que o Mau se permitiu uma brincadeira: pois é como se ele, para impor seu triunfo, tivesse inventado tipos de ação que não podem mais absolutamente ter relação com a bondade ou a maldade, tipos de ação que não têm mais qualquer semelhança com as ações no estilo de nossos antepassados e que não são mais reconhecidos como ações pelos que agem. Por meio desse truque engenhoso ele torna as pessoas submissas, de modo que elas podem agora provocar o mal sem serem más, sem querer o

mal, sem saber que fazem o mal, ou melhor, sem saber sequer que fazem alguma coisa. Não é possível que exista para o Maligno uma satisfação mais doce, uma crueldade mais duradoura, um triunfo mais bem-vindo do que o de provocar o mal com o auxílio dos que não são maus ou até mesmo dos bons, e não por meio de pessoas cuja inocência ele tinha primeiro que corromper e que ele tinha primeiro que tornar más para seus propósitos, como acontecia nos tempos antiquados em que reinava. Agora ele esfrega as mãos sem que ninguém o incomode, pois agora ele tem a improvável oportunidade de se instalar nos próprios efeitos dos atos e, neles, fazer o que bem entender. Onde o homem está livre do mal, o Mau está livre do homem. Ele venceu.

A lei da oligarquia: quanto maior o número de vítimas, tanto menor o número de agentes necessários ao sacrifício

A tendência embutida nas máquinas atuais, sem a qual nenhuma máquina seria uma máquina, tem o objetivo de maximizar o efeito e a concentração de poder com investimento mínimo de força humana. É essa a ideia da técnica. E é esse o objetivo de nosso pensamento utópico atual, o qual trocou sua fantasia política por uma fantasia tecnológica, ou melhor, o qual apreende o próprio estado político ideal como algo tecnológico. O ideal não é mais o melhor Estado, mas sim a melhor máquina. E a melhor máquina seria aquela que tornasse supérflua não apenas a participação de seres humanos (ou no mínimo a participação de seres humanos *enquanto tais*), mas também a existência de outras máquinas, de todas as demais máquinas – para combinar em si e executar, como um Beemote único e déspota absoluto, todas as tarefas imagináveis.[14]

14. Está na hora de conceber uma "sociologia dos produtos", mais especificamente uma "sociologia dos aparelhos". Assim como nós, seres humanos, não funcionamos como mônadas, mas como *zoa politika*, também os aparatos "individuais", por sua vez, são *erga politika*, ou seja, peças que têm que estar abertas ao mundo e trabalhar conjuntamente com outras peças, que dependem de outras e tornam outras dependentes – em suma: que só encontram sua *raison d'être* no interior do todo da fábrica. Um aparato, não importa qual, só é perfeito se sua coordenação, isto é, a empresa, também funcionar como um

Em certo sentido, esse aparato seria idêntico à própria humanidade, uma vez que todo mundo viveria em relação com ele e pertencendo a ele – seja como uma parte sua, como sua matéria-prima, como seu consumidor ou como lixo –, uma situação cuja protoforma conhecemos sob o nome de "Estado totalitário".

Em todo caso, não há dúvida de que o princípio de concentração de poder é inerente à técnica e, com ele, o princípio do domínio oligárquico ou até mesmo monopolístico. E parece inevitável que o desenvolvimento ulterior da técnica transcorra como um desenvolvimento de minorias concentradoras de poder.

Apliquemos essa tese ao problema atômico:

Uma vez que, *em primeiro lugar*, aparatos são fundamentalmente construídos para realizar o máximo de efeitos com um dispêndio mínimo em termos da equipe de serviço, e, *em segundo lugar*, a utilização do aparato se encontra nas mãos de minorias dominantes que podem investir em aparatos individuais de um poder que beira a onipotência (negativa), então a onipotência encontra-se hoje nas mãos de grupos que constituem minorias (independentemente de qual for a proporção numérica de tecnólogos e políticos em cada caso singular).

Portanto, não nos iludamos: o fato chamado *técnica* não é neutro em relação às formas de domínio político. Crer que a técnica poderia ser utilizada igualmente por todos para os fins de cada um seria

aparato. Seu funcionamento só tem sentido no interior do aparelho chamado *empresa*. E não apenas dele. Pois também para este último (isto é, para o aparato 2) vale o mesmo que para o aparato individual 1: também ele tem que estar aberto para o mundo e trabalhar em conjunto com outros, e também ele funciona de maneira ideal somente quando está orientado para o mundo (da produção, da demanda, das matérias-primas, da oferta, do consumo) como um todo (e este, em certa medida, orientado para ele), quando "o aparato inteiro" funciona. Ou, mais corretamente: ele só funcionaria de maneira ideal se o "todo" funcionasse à maneira de um aparato. Naturalmente isso está fora de questão. Mas é certo – e não apenas por meio do fato das economias planejadas – que a tendência vai nessa direção, isto é, na direção do aparato totalmente monocrático, no interior do qual cada aparato individual encontraria sua justificação e sua segurança, tornando-se, com isso, uma parte de outro aparato. O aparato da publicidade, que produz compradores de produtos, e o aparato que produz produtos a serem comprados pertencem a um macroaparato maior, que é de natureza ao mesmo tempo tecnológica e social e que torna literal o vocábulo *aparato*, utilizado apenas de maneira metafórica até agora. A ideia do *homme machine* do século XVIII foi substituída hoje pela ideia da *humanité machine*.

autoengano. Muito antes, o "princípio da oligarquia" é inerente à técnica. E isso significa que ela favorece formas de domínio político--oligárquicas. Dito de maneira negativa: ela vai essencialmente contra à democracia, pelo menos na medida em que reconhecermos o domínio da maioria como seu princípio, base de todas as suas variantes históricas. De fato, a contradição entre esses dois princípios é tão extrema que sua coexistência no longo prazo é duvidosa. É esse o verdadeiro problema da coexistência de hoje.

Evidentemente, esse pensamento encontra-se intimamente ligado à afirmação de Marx de que o maquinário do capitalismo conduziria a um poder cada vez maior em cada vez menos mãos. Ou, expresso de outra maneira: de que a pretensão de um Estado a ser uma democracia, mesmo que ele garanta constitucionalmente a igualdade política e jurídica, se reduziria à ideologia, e que ela só se tornaria verdadeira quando ele também garantir uma democracia econômica, quer dizer, o socialismo. *Mutatis mutandis*, hoje essa compreensão é mais verdadeira que nunca. Hoje ela vale acima de tudo para o poder tecnológico e não se aplica apenas a Estados capitalistas – pois as leis do desenvolvimento tecnológico são relativamente independentes das formas econômicas –, mas também àqueles Estados que introduziram ou afirmam ter introduzido a "democracia econômica". Independentemente de a humanidade atual identificar-se como "democracia" ou como "socialismo" – despreocupada com essas etiquetas, a vida do mundo tecnológico desliza ao encontro das formas de domínio oligárquicas ou monocráticas.[15] Se um único aparelho – uma única bomba de hidrogênio – está em condições de decidir acerca do ser ou não ser de milhões de pessoas, então aqueles que têm esse aparelho em mãos têm à sua disposição uma quantidade de poder que reduz de maneira terrorista a maioria da humanidade a uma *quantité négligéable*, e o discurso sobre a "democracia" a mero falatório. Naturalmente é uma piada –

---

15. Isso vale também na política externa. A tentativa de poderes pequenos de adquirir a onipotência atômica não tem outro sentido que não o de poder violar a maioria a qualquer momento por meio da ameaça.

e coisas do tipo já devem ter acontecido vez ou outra – levar a maioria a lutar em prol da própria impotência por meio do uso dos meios de comunicação de massa. Mas isso não quer dizer nada além de que a alavanca não democrática ou antidemocrática já foi introduzida em uma camada mais profunda. A situação não democrática não se torna mais democrática porque produziu adicionalmente o consentimento. De fato, na sociedade massificada, a liberdade de opinião consiste exclusivamente na liberdade de expressão da opinião; a própria opinião, que antecede a expressão, em contrapartida, é como o costume, quer dizer: ela não é minha ou sua, mas uma opinião cunhada em mim ou em você por meio do trabalho incessante dos meios de comunicação de massa, portanto, um preconceito. Não há nada mais hipócrita do que o escárnio que os meios de comunicação de massa de Estados conformistas vertem sobre os resultados de 99% nas votações nos Estados totalitários. Em um certo sentido estes últimos chegam a ser mais sinceros do que os Estados não totalitários; e, por mais terrível que isso soe, é altamente provável que a era totalitária dos regimes de Hitler e Stalin não tenha sido um *intermezzo*, mas a realização daquilo em direção a que a época realmente se dirige. Em todo caso, nesses regimes, ela mostrou, nu e desmascarado, seu rosto tecnológico francamente inescrupuloso, isto é, um rosto que, no nível político, não falava mais de maneira essencialmente diferente do que pensava no nível tecnológico.

O domínio oligárquico ou monocrático estaria plenamente estabelecido quando o aparato, para fazer o papel de destino, não precisasse esperar pelo sinal de uma minoria de seres humanos para desencadeá-lo e conduzi-lo (como ainda acontece hoje), quando, muito antes, fosse capacitado para iniciar sua atividade por meio da própria reação (ao aparato inimigo que ele observa sem fôlego e pelo qual é observado da mesma maneira). Então o aparato seria o Caim autocrático, e a humanidade seria a vítima aterrorizada – e nessa ocasião um último estágio teria sido alcançado, o estágio em que a execução de atrocidades não apenas não necessitaria mais de agentes (para não mencionar agentes maléficos), mas tampouco de apertadores de botão. Em todo caso, a tendência aponta para uma situação em que um apertador de botão irrevogavelmente último, por meio de um aperto de botão irrevogavelmente último, entregue aos próprios botões a atividade de apertar botões, para então, com essa solene "entrega das chaves", finalmente, definitivamente e até o fim próximo, pôr um ponto final naquela era mista, indigna e arcaica em que apertadores de botão de carne e osso ainda eram necessários.

Naturalmente não estamos dizendo de modo algum que, com isso, os aparelhos adquiririam a maioridade ou autonomia. Mas sim que, por meio da produção desses aparelhos, nós liquidaríamos definitivamente nossa maioridade e autonomia. E com isso alcançamos mais um ponto importante.

Nada seria mais míope do que crer que a possibilidade de nossa liquidação seria apenas um efeito colateral incidental de alguns aparatos especiais, como as armas nucleares, por exemplo. Muito antes, a possibilidade de nossa liquidação é o princípio que conferimos a todos nossos aparatos independentemente da função específica que confiamos a cada um deles para além disso, o princípio que nos interessa quando os construímos. Pois nosso objetivo é sempre produzir algo que possa prescindir de nossa presença e de nosso auxílio e funcionar de maneira imperturbada sem nós – e isso nada mais quer dizer que aparelhos por meio de cujo funcionamento nós nos fazemos supérfluos, nos eliminamos, nos "liquidamos". É indiferente que esse estado visado por nós como objetivo seja sempre alcançado apenas de maneira aproximativa. O que conta é a tendência. E seu lema é, justamente: "sem nós".

Não seria nem ridículo nem exagerado – pelo contrário, apenas consequente – se nós, em um romance utópico, descrevêssemos uma era epilógica, pós-apocalíptica em que (não menos conscientes de seus deveres que o "mensageiro do rei morto" de Kafka) certos aparatos seguissem fazendo seu trabalho. Assim, para salvar algo dos belos dias de nossa existência terrena na noite do futuro e para impedir que os vestígios de nossos dias na

Terra sejam completamente extintos, mesmo que para ninguém, os aparatos poderiam seguir brincando de fazer guerra durante alguns consoladores anos póstumos, isto é: reagir uns aos outros, encontrar uns aos outros, lançar-se uns sobre os outros e matar uns aos outros. Lê-se na crônica molussiana sobre a disputa entre duas tribos inimigas:

> A batalha decisiva dos Montes de Penx já tinha aniquilado todos os combatentes. Mas, para nosso consolo, ainda restavam milhares de elefantes e búfalos adestrados para o combate, touros leais, rebanhos confiáveis, que sabiam a razão de estarem lá. Eles prosseguiram tão obstinadamente com a guerra e ainda encharcaram por tanto tempo o campo de batalha com o sangue de seus corpos que só depois de décadas as terras de Penx puderam voltar a ser consideradas habitáveis.

Em nosso caso, talvez nossos fiéis aparelhos cuidarão para que tenhamos essa sobrevida consoladora. Suponhamos por um instante que, como as tribos molussianas, dois continentes A e B já tivessem exterminado um ao outro. É perfeitamente plausível que, apesar disso, fosse possível a um dos dois – digamos: ao continente A – triunfar postumamente sobre o continente B; que, por exemplo, os mísseis nucleares de A, cumprindo diligentemente seu dever, seguissem zunindo durante semanas por cima da vala comum dos *megacorpses*, enquanto o estoque de B já tivesse se esgotado e seus escombros estivessem entregues, desprotegidos, à destruição por A (ele mesmo já destruído). Deveras, o triunfo de A seria pleno. Pois o fato de que não estaríamos mais lá para presenciá-lo só representaria um defeito insignificante, um defeito estético que os mísseis, já hoje educados para trabalhar sem nós, não notariam absolutamente. É verdade, contudo, que nós teríamos que celebrar antecipadamente essa vitória e já erigir hoje os seus monumentos.

Em outras palavras: uma vez que logramos construir nossos aparatos de tal maneira que um estímulo partido de um aparato A desencadeie a reação do aparato B, estes podem nos aliviar dos atos de Caim. Assim, a desumanidade desses atos pertence a uma classe inesperada de desumanidade. Pois, se atrocidades no velho estilo eram desumanas porque seus atores suspendiam, *in acto* ou *ante actum*, sua humanidade, as novas o serão porque os atores humanos suspenderão a si mesmos enquanto atores. *Atos desumanos são hoje atos sem seres humanos.* Dessa forma, na verdade, não se trata mais de "atos" no sentido tradicional do termo, mas muito antes de acontecimentos. A *Crítica da razão prática* parece estar condenada à morte. Pois Kant a escreveu para estabelecer de maneira inequívoca que atos morais não pertencem aos "acontecimentos ligados necessariamente em uma sequência temporal", portanto não ao reino da natureza.[16] Por mais orgulho que tenhamos de ter extrapolado os limites da "natureza" ou do "fenômeno" por meio da "causalidade por liberdade" e de ter, assim, nos encaminhado para a liberdade – o caminho nos desorientou, pelo menos enquanto *homines fabros.* Ele não nos levou adiante, como esperávamos há dois mil anos, mas em círculos ou, se assim quisermos, em espiral, em todo caso *para trás*, de volta àquele ponto de partida para além de bem e mal do qual partimos quando nossa humanidade teve início. Se a região pré-humana de onde provimos era a da *animalidade total*, então a região pós-humana que estamos prestes a alcançar será a da *instrumentalidade total. O humano parece se revelar um intermezzo entre essas duas fases da desumanidade* (que são semelhantes, pelo menos no aspecto negativo).

Se nossas atrocidades não são mais nossas, se a sua desumanidade se deve ao fato de que não há mais nenhum ser humano por detrás delas, então elas parecem se transformar em espetáculos estranhos a nós, se não até mesmo em espetáculos catastróficos da natureza diante dos quais nos limitamos a lavar nossas mãos na inocência e a observá-los como curiosos, ou que observaríamos como curiosos

---

16. A situação atual desenvolveu-se muito além das possibilidades imagináveis para Kant. Se Kant enfatiza que tudo, exceto o ser humano, poderia ser tratado como meio, isto é, como coisa, ele não podia imaginar que o próprio agir seria tirado das mãos do ser humano enquanto tal (*Crítica da razão prática*, primeira parte, livro I, capítulo 3).

se pudéssemos encontrar algum lugar para observar em cima ou atrás da cerca que não fosse atingido pelos efeitos dos espetáculos, isto é, pela radioatividade. Como, porém, não nos é possível achar um tal lugar, teremos que antecipar também o deleite de nossa curiosidade e nossa lavação de mãos. De fato já o fazemos, pelo menos os milhões de pessoas que, com as palavras anteriormente citadas na boca ("então a gente explode junto"), não chegam a negar o perigo mas tampouco resistem a ele.

É desnecessário enfatizar que o discurso das "catástrofes naturais", o qual deve extinguir a responsabilidade moral, é mero falatório. Nosso crime consiste justamente em permitirmos que nossos crimes assumam a forma de catástrofes naturais.

Em outras palavras: no momento decisivo, nós mesmos ou nossa maldade não estaremos mais em jogo. Deixamos tantas coisas a cargo dos aparatos que agora eles começam a agir em nossas costas como um segundo quadro de funcionários da humanidade – com o que eles não apenas destruirão seus semelhantes (esse "segundo quadro"), mas também o primeiro quadro a mando do qual eles supostamente agem. É assim, sem dúvida, que "a coisa" se dará. Por meio da inclusão dos robôs no circuito, os assassinos já se desativaram enquanto seres humanos, e eventualmente eles serão tão surpreendidos pelo ato dos robôs quanto suas vítimas, também eles serão "vítimas" desse ato.

E também isso não é suficiente. Tomemos como exemplo uma situação simples em que cada um dos dois partidos em conflito A e B só tivesse preparado para o caso de uma guerra um único míssil nuclear e um único míssil de defesa. Uma vez que com a eclosão da guerra o lançamento do míssil de A dispararia o antimíssil de B (ou vice-versa), do ponto de vista técnico, o míssil A e o míssil de defesa B (ou o míssil B e o míssil de defesa A) comporiam um único aparato. Por mais distantes geograficamente que pudessem estar no instante do disparo, e por mais inimigos que fossem, eles funcionariam exatamente como duas peças harmônicas de um único aparato, como as peças engrenadas de um motor, por exemplo. Portanto, o que, nessa situação, eclodiria e tomaria seu curso como suposta guerra não apenas não seria uma guerra entre inimigos, nem uma guerra entre aparatos (uma vez que cada par de aparatos se completaria para formar um só), mas antes um conjunto de processos de aparatos combinados, nos quais *cada dupla de peças antagônicas* (isto é, uma peça do partido A e uma do partido B) *comporia um todo combinado*. Com esse fato, portanto, o princípio da dualidade estaria suspenso. É desnecessário enfatizar que o que vale para a situação mais simples que acabamos de supor vale também para a mais complicada (correspondente à realidade) em que cada partido tem um grande número de mísseis e antimísseis à disposição. *A guerra* que eclodiria nesse caso, e na qual também poderiam participar, *ad libitum*, mísseis, antimísseis e antimísseis antimísseis, *não seria mais guerra alguma, mas sim um processo harmônico*.

Esta tese, que à primeira vista pode soar absurda, talvez perca esse caráter se nos lembrarmos de um certo fato (já conhecido) que corresponde estruturalmente a ela, a saber: o fato de que também o efeito da guerra nuclear não revelará mais dualidade alguma, uma vez que os inimigos confluirão para formar uma única humanidade vencida. Em todos os aspectos, a "fissão" de fato levou à "fusão". Agora trata-se de cuidar para que, em vez da "fusão" dos aparatos ou das vítimas, logremos uma outra espécie de "fusão" que impeça as outras duas.

Não vivemos em uma era, mas em um prazo

Entre as centenas de *terribles simplifications* de nosso passado, provavelmente não há nenhuma que nos encha posteriormente de tanto horror quanto a expressão *Peace in our time*, cunhada logo antes da eclosão da última guerra. Se a consideramos com atenção hoje – hoje, que sabemos ou pelo menos devíamos saber que ela foi aclamada por pessoas pelas quais as valas comuns já esperavam; em cidades que já eram compostas de escombros futuros; e que ela foi transmitida pelo rádio aos quatro cantos de um mundo que, na verdade, já se encontrava em meio à guerra (uma vez que sua abertura, a chamada Guerra Civil Espanhola, já se encontrava no passado) –, então a fórmula soa como um escárnio infernal. Sem dúvida, essas duas coisas, ingenuidade e escárnio, têm uma conexão íntima. E também só apreendemos plenamente esse instante de então se ouvirmos a cândida voz do homem que pousava no aeroporto de Londres e a voz sarcástica do outro, que já tinha no bolso de seu sobretudo a ordem de mobilização alemã, como um texto da história mundial composto à maneira bitonal.

Essa expressão soa ainda mais absurda quando utilizada hoje ou ainda quando aparece com a pretensão de formular a tarefa atual. Pois hoje ela realmente vira de ponta-cabeça o estado de nosso mundo. Ora, desde o instante em que – *ex oriente lux* – o lampejo de Hiroshima irradiou o globo terrestre, nossa situação mudou fundamentalmente mais uma vez. Pois, agora, falar de "paz em nossos tempos" tornou-se absurdo porque absolutamente não pode mais existir um tempo que siga transcorrendo, a não ser na paz. Se quisermos dar aos nossos contemporâneos uma fórmula, podemos no máximo oferecer a inversão da primeira: "tempo em nossa paz". O que isso quer dizer?

Há poucas suposições mais ingênuas que a de que "haveria" tempo para nós, contemporâneos, no mesmo sentido em que outrora "houve" tempo: que o tempo representaria um receptáculo paciente e indiferente ao seu conteúdo, no qual nós, sem afetá-lo com isso, poderíamos inserir uma ação qualquer; uma cavidade dentro da qual este ou aquele acontecimento qualquer poderia transcorrer sem que ela sofresse com isso. Isso acabou. Ou há tempo de paz, ou não há tempo algum. Tempo de paz e tempo tornaram-se idênticos. Isso significa:

1. da perspectiva do tempo: este parou de ser uma "forma condicionante" no sentido kantiano. Ele se tornou, muito

antes – o que certamente soará horripilante a alguns ouvidos filosóficos –, algo condicionado. A saber, algo que depende da paz, e cuja existência está atrelada a ela;

2. da perspectiva da paz: esta parou de ser um estado histórico empírico entre outros. Muito mais, ela agora é a condição enquanto tal: a condição da humanidade, da história e do tempo.

Mas isso não é suficiente. Pois tampouco há hoje o "nosso tempo" no sentido de "nossa era". A não ser que definamos essa era como o "tempo" que está incessantemente em perigo de terminar, levando consigo também *o tempo*. Portanto, dito de maneira teológica, como o *tempo do fim*. Porém, esse tal tempo do fim não é uma "era" no sentido usual, pois, enquanto "houver" tempo, ele jamais poderá ter fim, isso só acontece com o fim do próprio tempo (o que não vale para nenhuma outra era). Embora ele tenha um ponto de partida externo incontestável (seu marco zero situa-se no ano de 1945), e embora ele seja tão frágil, isto é, embora esteja sempre "acabando", ou justamente por estar sempre acabando, ele também é infinito no sentido de definitivo. E graças a essa sua curiosa ligação entre proximidade do fim e ausência de fim ele distingue-se de todas as outras eras. Porém, infinito ele é – o que soa ainda mais curioso – porque depende de nós, ou, mais precisamente – e isso é o mais curioso de tudo –, porque ele depende de uma incapacidade nossa, a saber: porque somos incapazes de voltar a não poder algo que já podemos (a saber, pôr fim uns aos outros), portanto, porque nos encontramos "condenados à nossa capacidade".

Independentemente de por quanto tempo o mundo ainda siga de pé, de quais brincadeiras e sensações a história ainda ocultar em sua caixa de Pandora, ela não mais poderá nos surpreender com uma nova era. E isso não porque ela estaria esgotada em algum sentido, mas, pelo contrário, porque ela haverá de sustentar o máximo de sua potência – a autoextinção da humanidade –, porque ela permanecerá incapaz de não sustentar esse máximo. E isso quer dizer, justamente, porque não é possível imaginar nenhuma mudança que possa competir, como critério mais forte para uma nova era mundial, com o critério atual da possível autoextinção da humanidade. Quintuplicação do número de habitantes da Terra? Possível. Triplicação do tempo de vida médio? Imaginável. Viagens interestelares? Por que não? Mas todas essas orgulhosas conquistas não mudarão uma vírgula na permanência de nossa mesma era, também elas apenas haveriam de pertencer a ela, não tomar o seu lugar.

É este, pois, o "nosso tempo", o qual, contudo, é nosso em um novo sentido. Justamente porque a decisão sobre sua permanência ou não como um tempo que prossegue está em nossas mãos e seguirá nelas; porque nele o tempo que, como dimensão do possível, até agora só representara o *campo de ação de nossa liberdade*, tornou-se *objeto de nossa liberdade*.

Se, porém, a ameaça, reconduzida diariamente até o limite do sustentável, se realizasse alguma vez, ou se a guerra eclodisse devido a um erro técnico, essa guerra não seria apenas "uma guerra em nosso tempo", mas a última guerra. E, enquanto tal, ela seria também a guerra contra todos os tempos de até agora em que existiram seres humanos. Pois então esses tempos se combinariam *sub specie* desse último evento, portanto posteriormente, em uma única época. Com isso não se extinguiria apenas a "paz em nosso tempo", não apenas a paz em geral, mas a "era do ser humano", na qual houve guerras e tempos de paz.

Portanto, nosso apelo atual à paz tem um conteúdo completamente diferente do das gerações anteriores. E um grau de urgência que elas não poderiam imaginar. Plenos de respeito, sem dúvida, rememoramos o grito de "guerra nunca mais!", com o qual a geração de nossos pais, os combatentes de trincheira do Somme e os sobreviventes da Galícia, exigiu a "paz eterna". Mas também plenos de comoção e inveja. Pois seu apelo alcança-nos como que de um mundo mais feliz, mais seguro. Por mais indignados que tenham sido seus gritos de então, por mais efusiva que tenha sido sua esperança, sua indignação e sua efusividade puderam permanecer no interior de um espaço do qual eles não tinham razões para desconfiar e do qual não precisavam duvidar nenhum instante que ele lhes fosse dado, isto é, no interior do mundo que "existia" e cuja permanência estava garantida – um mundo que lhes permitia limitarem-se a exigir um estado melhorado no lugar do "estado ruim", que era o atual, senão até mesmo o melhor de todos os mundos.

Para nós, em contrapartida, até mesmo essa alternativa entre um "mundo ruim" e um "mundo bom" é objeto de inveja. Uma vez que o fim nos ameaça, nossa alternativa agora é a seguinte: *mundo ou não mundo*. E o mundo atual já quase aparece para nós como o "melhor de todos os mundos", contanto que permaneça. Ou não. Não. Pois, ainda que seja verdade que nossas opções são seguir sendo ou não, não se trata da mera substituição de uma alternativa pela outra. E isso porque nunca houve uma situação em que tantas coisas dependessem de o mundo melhorar como hoje, porque, por mais paradoxal que isso soe, a preservação do mundo só pode ter sucesso por meio de sua transformação, porque seguir sendo só é possível se o mundo seguinte não continuar sendo como o mundo de hoje. Portanto, as esperanças e exigências de nossos pais não se encontram, de modo algum, anuladas. Pelo contrário, podemos dizer que só agora elas se tornaram atuais.

Apocalipse sem reino

Hoje, temos a tarefa de pensar o conceito do *apocalipse nu*, quer dizer: do apocalipse que consiste na mera ruína e que, portanto, não representa um prelúdio de um estado novo e positivo (do "reino"). Esse *apocalipse sem reino* mal foi pensado até hoje, a não ser por aqueles filósofos da natureza que especularam sobre a morte térmica. Pensar esse conceito é mais difícil para nós, na medida em que estamos acostumados ao seu contraconceito, ao conceito do *reino sem apocalipse*, e porque durante séculos a validade desse contraconceito nos foi absolutamente autoevidente. Penso, com isso, não tanto em imagens utópicas de estados do mundo justos e ezequielinos em que as fontes do mal fossem consideradas extintas, mas antes na metafísica da história que reinou sob o título de *fé no progresso*. Pois essa fé, ou melhor, essa teoria que se tornara segunda natureza para todos nós ensinou que a melhora constante estaria na essência de nosso mundo histórico, inexoravelmente. Uma vez que o estado alcançado supostamente contém em si desde sempre o germe do inescapavelmente melhor, vivíamos em um presente no qual o "futuro melhor" já tinha começado; não, em certa medida, já vivíamos no "melhor de todos os mundos", pois não era possível imaginar nada melhor do que a melhora inescapável. Em outras palavras: para os fiéis do progresso, o apocalipse era supérfluo enquanto condição prévia do "reino". O presente e o futuro encontravam-se entrelaçados da maneira mais engenhosa. O reino estava sempre chegando, pois ele sempre já tinha chegado. E ele sempre já tinha chegado porque estava chegando continuamente. É quase impossível imaginar um credo mais distante do apocalipse, para não dizer um afeto mais radicalmente antiapocalíptico (e, com isso, uma mentalidade mais estranha ao cristianismo apostólico). Não é de modo algum por acaso que a América, a clássica terra da vulgarização da fé no progresso, gostava tanto de se chamar de *God's own country*. Pois a expressão designa, justamente e sem rodeios, o já ter chegado do reino de Deus; é impossível não ouvir ressoar aqui a expressão *Civitas Dei*. Sem dúvida, as palavras *apocalíptico* e *antiapocalíptico* não tinham nenhum papel na discussão da categoria do progresso; não obstante, apesar da diluição, é possível ainda reconhecer na popular distinção entre *evolutivo* e *revolucionário* o par de opostos *apocalíptico* e *antiapocalíptico*. Quem sabe se, originalmente, a repulsa com que os americanos reagiram ao bolchevismo e à Rússia soviética não se dirigia tanto ao comunismo enquanto tal, mas ao fato de que a Revolução Russa – que evidentemente tinha algo de apocalíptico – ofendeu profundamente a sua crença de que um evento apocalíptico seria desnecessário. Em todo caso, nada impõe um obstáculo mais sério aos nossos esforços para pensar esse conceito hoje urgente do que a tese do "reino sem apocalipse". E é indiscutível que a exigência feita ao nosso pensamento é realmente descabida, uma vez que se trata com ela de um verdadeiro salto *in contrarium*.

Isso, porém, não quer dizer que a dificuldade seria significativamente menor do lado dos revolucionários, por exemplo, ou que eles, retomando ou continuando a herança apocalíptica (independente da maneira secularizada como o faziam), teriam que se esforçar menos para chegar ao pensamento do "apocalipse sem reino" que nos ameaça. Pois, ainda que o conceito de apocalipse (transformado no conceito de revolução) estivesse muito vivo para eles, o conceito de reino também estava. O modelo de pensamento da escatologia judaico-cristã – "queda e justiça" ou "fim e reino" – transparecia nitidamente através da doutrina comunista, uma vez que nela não apenas a revolução fazia o papel de apocalipse, mas a sociedade sem classes o papel de "reino de Deus". A isso soma-se que, com a revolução que ocupava o lugar do apocalipse, eles não se referiam a um acontecimento que simplesmente ocorre, mas a uma ação, a qual não teria sentido pôr em prática sem o objetivo chamado "reino". Portanto, também aqui não podemos falar de uma afinidade com o conceito do "apocalipse nu sem reino" hoje necessário. Pelo contrário, a partir da perspectiva atual da possível catástrofe total, Marx e Paulo parecem tornar-se contemporâneos. E as diferenças que até agora marcaram o fronte – até mesmo a diferença fundamental entre teísmo e ateísmo – também parecem estar condenadas à morte conjuntamente.

Apesar disso, parece estranho afirmar que o pensamento do apocalipse que dá no puro nada seria inaudito e que seríamos os primeiros a ter que ensaiar seu uso. E isso porque, afinal, há quase um século encontramo-nos rodeados pelo niilismo, um movimento que trouxe o *nihil* para o primeiro plano, e que portanto deveria ter-nos acostumado com o pensamento da aniquilação. Será que esses niilistas não nos prepararam para aquilo que agora temos que encarar e aprender (para podermos impedi-lo)?

Não, absolutamente. E, comparada com a posição que nós, contemporâneos, ocupamos, por coerção, não por impulso próprio, a deles parece ser a de *good old nihilists*, sim, até mesmo de otimistas. E não apenas porque eles viam aquilo que aniquilavam como *delendum*, isto é, como digno de aniquilação, afirmando, portanto, esta última, mas acima de tudo porque deixavam as ações ou os processos de destruição ocorrer no interior de um quadro que tinham a certeza de ser indestrutível. Em outras palavras: eles consideravam *delenda* "apenas" Deus e "apenas" os chamados valores. E podemos dizer aqui "apenas" porque eles não incluíam o próprio mundo na classe dos "delenda", porque o pensamento que para nós, contemporâneos, é *o* pensamento que precisa ser pensado – o pensamento da aniquilação do mundo – não podia aparecer em seu horizonte, o horizonte daquilo que eles eram capazes de temer ou de esperar.

Pelo contrário: se esses niilistas advogavam pela destruição, sua paixão era nutrida por sua afirmação do mundo. Sua proveniência do naturalismo, das ciências da natureza e da técnica de seu tempo é inequívoca. Ainda que alguns dentre eles considerassem o otimismo das ciências da natureza duvidoso ou mesmo vil – de maneira indireta eram quase tão otimistas quanto os advogados do progresso desprezados ou ridicularizados por eles, e certamente não menos mundanos. O que lhes deu a coragem para o Grande Não foi o fato de que compartilhavam, de maneira mais ou menos consciente, do Grande Sim de seu tempo, da confiança das ciências da natureza no mundo e em sua dominação total, em suma: da confiança no "progresso". Penso aqui principalmente nos niilistas russos.

A ambiguidade do prazo cristão

Embora a história só tenha se desenvolvido para se tornar "história" no sentido moderno, isto é, uma história com um senso de direção, porque a expectativa cristã estava voltada para a salvação, e embora seus anos sejam contados como "anos da salvação", a história factual não transcorreu como um processo de salvação. Muito antes, na medida em que não estávamos acostumados com seu prosseguimento, tendo esquecido a expectativa, ela correu como uma cadeia de decepções da salvação, como um não vir do "reino" diariamente novo e incessante, como constante exercício de se contentar com a existência continuada $τούτου\ τοῦ\ κόσμου$.[17]

Do ponto de vista do cristianismo primitivo, os últimos dois mil anos são um escândalo, na verdade eles jamais poderiam ter existido – a não ser que os compreendêssemos da mesma maneira que Jesus compreendeu o tempo entre a emissão dos discípulos e sua morte ou em que Paulo compreendeu o seu tempo apostólico: como *prazo*, como a peça intermediária que se insere ou precisa se inserir entre a anunciação (ou a crucificação) e a parusia, portanto, como o último tempo de convulsões ou do triunfo de Satã antes da decisão. Visto da perspectiva cristã, portanto escatológica, o cristianismo vive *post Christum natum*, mas, não obstante, na era "ante".

Uma situação ambígua. Simplesmente dar por perdida, com base em sua decepção, a expectativa que foi para Jesus a expectativa do reino de amanhã, e negar *expressis verbis* o que é esperado – isso só deve ter sido possível àqueles capazes de desistir da fé como um todo. Pois quem abria mão do "Venha a nós o Vosso reino, seja feita a Vossa vontade assim na Terra como no Céu" desistia do cristianismo como um todo. Mas, pelo menos antes de o cristianismo se tornar uma religião de Estado, talvez esses não tenham sido tão poucos assim. E também Paulo e Pedro não terão proferido em vão as suas advertências. Em contrapartida, para

---

17. "Deste mundo aqui."

aqueles que, apesar da decepção da parusia, persistiram na fé e demonstraram sua fé para si mesmos justamente pela paciência, a qual se desenvolvia como a virtude cristã dos cristãos decepcionados – para estes a situação era de uma ambiguidade extrema, quase inaceitável. Não apenas na teologia cristã, mas também na alma cristã havia – e às vezes até simultaneamente – convicções contraditórias entre si:

Em primeiro lugar, a de que o apocalipse (ou o reino de Deus, a justificação) ainda hoje estaria por vir;

Em segundo lugar, a de que a parusia não se passaria sob a forma de uma catástrofe global, mas como um acontecimento *no* homem. (Se Paulo e os seus, no batismo, experimentavam *com* Cristo a morte e a ressurreição, portanto, se eles acreditavam já ser uma peça do reino de Deus, então o instante decisivo já teria sido antecipado, e isso no interior do tempo do mundo.)

Ou, em terceiro lugar, a de que o reino, mais uma vez sem apocalipse, já existiria sob a forma da Igreja. Neste caso, por mais paradoxal que isso soe, o apocalipse, embora não tenha ocorrido de maneira alguma, teria sido relegado ao passado.

Descontando-se os indivíduos que não conseguiam abrir mão de descobrir sua situação efetiva, e que, então, insistiam em uma interpretação determinada, a história do cristianismo foi, em grande parte, a história da fricção entre essas possibilidades que se contradiziam e se excluíam mutuamente.

Há agora um perigo imenso de que uma ambiguidade escatológica semelhante venha a dominar novamente, de que também nossa posição se torne tão *clair-obscure* quanto a situação escatológica dos cristãos. Nada seria mais fatal do que a incerteza sobre se devemos considerar que a catástrofe ainda nos espera (e nos comportar de maneira correspondente); ou se podemos nos dar ao luxo de nos instalar no mundo como se o pior já tivesse passado; ou, ainda, se nos é permitido considerar o fim como algo que "acontece constantemente" (e, por isso, em última instância, como algo não tão terrível). Talvez seja necessária a franqueza de um infiel, de alguém tão infiel quanto o autor destas linhas, para articular com toda nitidez que a incerteza, caso ela se impusesse hoje, teria efeitos ainda mais funestos do que outrora. Antes se tratava de uma ameaça meramente imaginária, conforme demonstram os dois mil anos passados entrementes. Mas desta vez estamos diante de uma ameaça inequívoca, real no sentido técnico rotineiro, que vai se realizar se não nos anteciparmos a ela com uma ação de resposta também inequivocamente real.

O que ficou para trás – mas no sentido daquilo que agora vale de uma vez por todas – é o pressuposto que possibilita a catástrofe.

O que nos espera é a catástrofe possível.

O que está sempre presente é a possibilidade do instante catastrófico.

Uma analogia: assim como, outrora, referindo-se ao prazo, os fiéis tentavam se manter na fé (no advento), tenta-se, hoje, mais uma vez referindo-se ao prazo, manter os descrentes na descrença (no advento).

Outrora dizia-se: "Não podemos esperar o reino para agora, pois o advento constitui um drama cósmico; na Terra, a vitória leva tempo, ainda que já tenha sido alcançada no céu; e ela só pode ocorrer depois que Satã tiver gozado de seu último e convulsivo triunfo." Pois ele não vem a não ser que a queda venha antes" (2 Tessalonicenses 2, 3). Em suma: o próprio não advento do reino até agora era apresentado como prova do advento.

Em contrapartida, hoje diz-se: "Não temos que esperar o advento (da catástrofe) para agora, não, de modo algum. Pois o fato de que ele não chegou até agora, portanto o prazo transcorrido até o momento, demonstra que somos capazes de conviver com o perigo (com a bomba) e de comandá-lo. Isso é tanto mais certo uma vez que o perigo apocalíptico era mais agudo no início do 'prazo', isto é, no tempo da inexperiência atômica e do monopólio atômico, do que hoje, no tempo do equilíbrio atômico, e pudemos resistir até mesmo ao clímax do perigo de então. *Ergo*: a provação já ficou para trás."

O fim do fim

Enquanto a marcha do tempo foi entendida como cíclica, considerava-se inevitável que o ponto de partida fosse alcançado e o mesmo caminho fosse trilhado repetidamente. O conceito de fim não era possível. Onde ele aparecia, como na teoria estoica da ecpirose, "fim" sempre significava ao mesmo tempo "começo".

Por meio da expectativa do fim definitivo, portanto por meio do medo e da esperança escatológicos, a história tornou-se uma "via de mão única" que exclui a repetição. Mas, uma vez que ela não apenas não pôde alcançar um ponto de partida antigo, e tampouco um fim, aconteceu que justo ela, a história, que devia sua existência ao conceito de fim, tornou-se o princípio do "e assim por diante", justo ela deu fim ao princípio do fim. Nada nos era tão garantido por toda eternidade quanto o prosseguimento eterno do tempo. Agora essa garantia se desfez.

Excurso sobre os apocalipses cristão e atômico

Repetidas vezes meu uso das expressões "escatológico" e "apocalíptico" foi contestado. Não seria adequado, dizia a objeção, brincar com expressões teológicas e dar, por meio de seu uso metafórico, um falso ar de seriedade e horror à apresentação de uma situação que nada tem a ver com religião.

A única réplica sincera a essa crítica soará chocante. Mas, em nome da seriedade supostamente violada por nós, toda e qualquer ambiguidade está proibida. Eis a resposta.

Por mais respeito que a antiguidade da história das esperanças e medos escatológicos inspire, das interpretações dos sonhos de Daniel até a espera pelo reino de Deus do socialismo, naturalmente, apesar da seriedade subjetiva com que os profetas falavam desse perigo, um perigo efetivo do fim do mundo jamais existiu. Somente o atual perigo do fim é objetivamente sério – e não poderia ser mais sério do que é. Sendo assim, a resposta à pergunta de qual uso das expressões *fim do mundo* e *apocalipse* seria literal e qual seria meramente metafórico tem que ser a seguinte: *esses termos adquirem seu sentido sério e não metafórico somente hoje*, ou melhor, desde o ano zero (1945), uma vez que só agora designam a ruína realmente possível. Em oposição a isso, o conceito de apocalipse usado na teologia até hoje se revelaria mera metáfora, ou melhor aquilo a que o conceito se refere se revelaria – digamo-lo com franqueza –, como uma *ficção*. Como disse, isso soa provocador. Mas sem razão. Pois não somos absolutamente os primeiros a reduzir a escatologia ao status de "ficção". Em certo sentido, essa degradação é quase tão antiga quanto a própria escatologia, afinal, ela tem uma longa história atrás de si. Na verdade, ela tem início no instante em que os discípulos que Jesus enviou com as palavras "Não tereis percorrido todas as cidades de Israel antes que venha o filho do homem" (Mateus 10, 23) retornaram sem que o filho do homem tivesse chegado, pois o velho mundo ainda seguia existindo e funcionando. A decepção com a não parusia e com o não acontecimento do fim, ou com o prosseguimento do mundo, foi o modelo da decepção que haveria de perdurar por séculos, até que finalmente a parusia fosse reinterpretada como algo já ocorrido.[18]

Mas, embora o apocalipse parecesse tornar-se ficção ao longo dos séculos de contínuas decepções da esperança – não podemos tratar aqui dos meios, por vezes ardilosos, usados para manter a esperança apesar da demora sem fim da parusia –, ele não era ficção porque, subitamente, apareceu uma ameaça de apocalipse real e de espécie totalmente diferente. Muito antes, a previsão, na medida em que não foi alterada teologicamente, parecia simplesmente ser falsa profecia. Já o chefe da igreja de Ponto moderou

---

18. É esse o caso das representações da ressurreição e do fim do mundo nos séculos III e IV que eram feitas de tal maneira *como se* o esperado *tivesse* ocorrido e, portanto, o futuro já fosse passado. Cf. a respeito Martin Werner, *Die Entstehung des Christlichen Dogmas*. Berna, 1941, p. 90.

sua profecia com as seguintes palavras: "Se não ocorrer como eu disse, então tampouco creiais mais nas escrituras, mas que viva cada um de vós conforme queira".[19]

Isso quer dizer que não apenas a questão "quando?" estava viva desde o começo, mas também a dúvida sobre se a ruína profetizada haveria mesmo de acontecer.[20] Porém, essa dúvida não se devia ao surgimento de uma ameaça efetiva da espécie da que hoje apareceu, mas muito antes à existência continuada do mundo, que refutava diariamente as expectativas apocalípticas, para não dizer que as desacreditava.

No que concerne aos cristãos atuais, na medida em que ainda têm alguma fé na ruína, eles ainda se referem ao fim que lhes foi ensinado na aula de religião. Com isso quero dizer que eles não enxergam um presságio na situação atual, produzida por nós mesmos.[21] Mas limito-me aqui ao *na medida em que*, pois, na verdade, o apocalipse como artigo de fé tornou-se inverossímil há 1500 anos com a não parusia de Cristo. A substituição do cristianismo escatológico por um cristianismo "existencial" feita por Bultmann é apenas a mais recente formulação de uma neutralização do apocalipse que, na verdade, já existe desde Agostinho, uma vez que este já via na existência da Igreja a *Civitas Dei*, isto é, o reino presente, o qual, uma vez advindo, tornava sem sentido a esperança de seu advento. Não, a ambiguidade da imagem e do conceito do apocalipse já estava presente em Paulo, e não apenas a imagem que o apóstolo tinha do apocalipse era ambígua, mas também os seus "sentimentos apocalípticos" (permitam-me o uso dessa expressão), quer dizer: a sua postura diante do apocalipse.[22] Com isso refiro-me não apenas à ambivalência, bastante

---

19. Hipólito. Comentário de Daniel iv, 18 ss. Apud. Werner, op. cit., p. 107.

20. ii Pedro, cap.3 , 3 ss.

21. Naturalmente, é totalmente insuficiente falar de *omina* [presságios] hoje. Pois nossa produção do fim do mundo, que ameaça com o perigo da maneira mais direta e não requer nenhuma exegese, é muito mais do que um mero sinal que requer interpretação.

22. Quanto mais aumentava o papel do sacramento na história do cristianismo, tanto menos potente e convincente tornava-se o pensamento escatológico. Pois se o sacramento tem força para decidir sobre a ressurreição ou a condenação, então a sentença do juízo

precoce, de esperança e medo em face ao apocalipse esperado, que finalmente se consolidou como medo inequívoco, mas à ignorância sobre se o apocalipse deveria ser entendido como algo iminente ou como algo presente.

Os "diferimentos da parusia" – que, com razão, têm um papel decisivo na história da religião atual, especialmente na protestante – são a situação da geração de Paulo, especialmente do próprio Paulo.[23] Ela é enormemente instrutiva como modelo para nossa própria situação, pois essa geração foi a única antes da nossa que, para não desistir de seu principal credo, viu-se forçada a insistir firmemente no advento da catástrofe anunciada como imediata apesar de ela não ocorrer, isto é, conceder que a catástrofe realmente ainda não chegou, mas também que, em certa medida, ela já chegou. Em suma: tratava-se de uma situação que tinha que ser entendida como *prazo*, como um espaço de tempo que tinha que se definir por meio de sua limitação e sua impermanência, portanto por meio de seu *finis*; como um espaço de tempo finito sobre o qual o *finis* não apenas já lançava sua sombra ou sua luz, mas que já estava preenchido com ele. Isso quer dizer que era preciso compreender o advento (do fim e do reino) como um processo que exigia e ocupava um certo tempo, como um processo dentro do qual já se estava – mais ou menos como um trenó que corre de maneira irrefreável em direção a um abismo: ele já está na catástrofe mesmo antes de despencar efetivamente. E é assim que também nós vemos o que nos espera.

---

final já está antecipada em vida, tornando desnecessário, assim, o próprio juízo. Como, porém, o juízo final constitui uma peça integrante essencial do drama escatológico, ou, mais corretamente, como o fim apocalíptico, em certo sentido, é idêntico a ele, resta apenas um pensamento apocalíptico inverossímil e mutilado.

23. Primeiro em Schweizer, depois em Werner e outros.

Sinopse dos apocalipses cristão e atômico

Uma comparação sinóptica da expectativa do apocalipse no cristianismo apostólico com a expectativa do fim atual irá torná-las mais nítidas. Lhes é comum:

1. Outrora a tarefa principal parecia consistir em tornar claro aos contemporâneos que eles não viviam em uma época qualquer, mas em um *prazo* (e isso significa *eo ipso*: *no prazo*). O mesmo acontece hoje.

2. Outrora o fim a ser esperado foi recebido com descrença generalizada ou até mesmo com escárnio: "E sabei [...] que nos últimos dias virão escarnecedores [...] e dizendo: 'Onde está a promessa da sua vinda?'". O mesmo acontece hoje.

3. Outrora (para Paulo) a existência do mundo no tempo entre a morte na cruz e o retorno era um mero ainda-existir. O mesmo acontece hoje. O mundo entre Hiroshima e a guerra nuclear total ainda *existe*, mas somente *ainda*.

4. Outrora foi necessário evitar que a ausência do retorno e do reino fosse interpretada erroneamente (ou melhor: corretamente) como testemunho contra a verdade da anunciação. Por isso todos os esforços mentais, especialmente os de Paulo, tinham o objetivo de renegar o ser-ainda e o ser-inalterado do mundo, de demonstrar que a situação escatológica já estava ali, e de explicar aos fiéis que a transformação já se iniciara ou que cada um que morre para o mundo já estaria em Cristo e salvo. O mesmo acontece hoje. Pois também hoje é necessário evitar que a ausência da catástrofe até agora seja interpretada erroneamente como testemunho contra sua possibilidade real, evitar que o "ainda não" seja tomado como prova do "nunca". E também hoje temos que concentrar todos os nossos esforços mentais na tarefa de renegar o ser-ainda e o ser-inalterado

do mundo, de tornar os fatos atuais reconhecíveis como *omina* [presságios] e de demonstrar "que já adentramos a situação escatológica."

As diferenças são as seguintes:

1. A expectativa da ruína de outrora (que, afinal, não se realizou) era, dito de modo grosseiro, infundada. A atual, em contrapartida, é objetivamente justificada. Diante da expectativa de ruína atual, o discurso apostólico do apocalipse torna-se mera fantasia. Não estamos falando metaforicamente quando chamamos de apocalíptico o que nos espera; do nosso ponto de vista, metafórico era o discurso de então sobre o "fim".

2. Outrora o fim foi considerado apenas como algo pelo qual o ser humano era culpado. Desta vez, em contrapartida, ele é algo feito diretamente pelo homem. Outrora considerava--se que o fim esperado era causado por nossa culpa. Desta vez, em contrapartida, a culpa consiste na produção do fim.

3. A mensagem de outrora era uma boa-nova. Ela dizia: "O futuro já começou". A mensagem atual, em contrapartida, é a mensagem terrível em si. Ela diz: "A ausência de futuro já começou".

4. Outrora a esperança escatológica constituiu a "história", pois a antiga ciclicidade do tempo que impedia toda e qualquer historicidade encontrava-se suspensa porque o que ainda nos esperava iria correr adiante em uma rua de mão única, a saber ao encontro do "reino". Nós, em contrapartida, vislumbramos, com a expectativa do fim, o fim da história. Ou dito de outra maneira: uma vez que somente a morte sacrificial de Cristo garantia o reino de Deus, essa

morte transformou todo o tempo anterior a essa garantia em algo antigo. A história tornou-se possível porque o curso do mundo agora se articulava em duas eras (ou, se contarmos o próprio prazo até o juízo como mais uma era, teremos três eras). Para nós, em contrapartida, por meio da possibilidade do fim, o passado já absolvido torna-se algo que existiu como se nunca tivesse existido. Quer dizer: ele é posteriormente des-historizado, senão até mesmo – *sit venia* verbo – *desontificado*.

5. Outrora foi necessário assegurar aos "irmãos" decepcionados com a ausência do fim de que quem morreu para o mundo já tem seu fim atrás de si, já vive em Cristo e já está salvo. Em contrapartida, nossa tarefa atual consiste em evitar, por meio da informação sobre o fato de que já nos encontramos efetivamente na situação escatológica, que o *eschaton* ocorra.

6. Por termos que viver sob a ameaça do apocalipse feito por nós mesmos, o problema moral se coloca de maneira totalmente nova. Encontramo-nos diante de uma tarefa moral não porque (conforme esperado por todos os apocalípticos desde Daniel), com o início do reino esperado, teríamos que passar pelo juízo de Deus ou de Cristo, mas porque nós mesmos, e por meio de nosso próprio agir, decidimos acerca da permanência ou não de nosso mundo (embora não sejamos julgados por isso); de um mundo após cujo fim – e isso, como foi dito, é algo jamais visto – não esperamos nenhum reino de Deus, mas simplesmente nada.

Enquanto a expectativa escatológica foi mera "imaginação", o apocalipse, compreendido como prazo curto ou como um milênio, só valia como prelúdio do reino de Deus. Hoje, uma vez que o apocalipse é tecnicamente possível e até mesmo provável, ele se tornou o único futuro possível: ninguém mais conta com um "reino de Deus" subsequente. Nem mesmo o mais cristão dos cristãos.

Ou, dito de outra maneira: do ponto de vista moral a situação é nova porque a catástrofe, se ocorresse, seria obra humana. Se ela ocorrer, será obra humana. Até agora os apocalipses sempre tiveram uma relação indireta com o agir humano (por exemplo, como castigo pela corrupção), ou como a catástrofe final (que precederia a eclosão do reino tanto no céu como na terra). O apocalipse atual, em contrapartida, seria não apenas a consequência de nosso estado moral, mas um resultado direto de nosso agir, um produto nosso.

* * *

Ainda é incerto que já tenhamos alcançado o *fim dos tempos*. Em contrapartida, é certo que vivemos no *tempo do fim*, e de maneira definitiva. Ou seja, o mundo em que vivemos é incerto.

"No tempo do fim" significa: na época em que podemos evocar seu fim a cada dia. E "de maneira definitiva" significa que o que ainda nos restar de tempo permanecerá sendo o "tempo do fim", pois esse tempo não pode mais dar lugar a um outro tempo, mas somente ao fim. Ele não pode dar lugar a um outro tempo porque não é possível que nós não saibamos mais o que sabemos hoje (a saber, dar fim uns aos outros), nem amanhã, nem nunca.

É possível que consigamos seguir sempre adiando o fim – não temos mais o direito de esperar uma felicidade maior –, sempre ganhar a luta contra o fim do tempo, isto é, tornar *infinito* o *tempo do fim*. Mas, supondo que conquistássemos essa vitória, é certo que, também então, o tempo permaneceria sendo o que é, a saber: tempo do fim. Pois somente o Hoje estaria garantido com isso, jamais Amanhã. E mesmo o Hoje não o estaria, nem mesmo o Ontem, pois, com a queda do Amanhã, o Hoje, aparentemente garantido, cairia também, e com ele também o Ontem.

Porém, é certo que, apesar de todas as incertezas, ganhar a luta entre tempo do fim e fim do tempo é *a* tarefa incumbida a nós hoje e a todos os nossos descendentes em todo o Hoje que ainda nos aguarda, e que não temos tempo de adiar essa tarefa, e que também eles não terão tempo para isso, pois (conforme é dito em um texto mais antigo que, porém, só agora se torna plenamente verdadeiro) "no tempo do fim os tempos andam mais depressa do que em tempos anteriores e as estações e os anos começam a correr".[24]

É certo, portanto, que temos que andar mais rápido do que as pessoas de tempos anteriores, sim, até mesmo mais rápido do que esses próprios tempos, para que os ultrapassemos e asseguremos seu lugar no Amanhã antes que eles mesmos o alcancem.

24. IV Esdras 4, 26.

XI

Posfácio
Educação após Hiroshima

FELIPE CATALANI

1

"A história que irei ler agora possui o seguinte contexto: no ano de 1961, ou seja, três anos depois de minha estada em Hiroshima e um ano após a publicação da minha correspondência por cartas com o piloto Claude Eatherly, recebi da Alemanha Ocidental uma carta de uma jovem que me pediu para escrever algo sobre a situação atômica para uma coletânea." Assim começa Günther Anders em uma das raras filmagens disponíveis, de 1987 – ele já com quase noventa anos de idade, as mãos bastante deformadas pela artrite com a qual sofreu ao longo de décadas. Na filmagem, ele lê em voz alta a fábula "O futuro pranteado", a mesma que abre o presente livro – único fragmento de ficção em meio a artigos e ensaios. Ele começa contando brevemente a origem do texto. A coletânea à qual se refere foi publicada com o título *Gegen den Tod: Stimmen deutscher Schriftsteller gegen die Atombombe* [Contra a morte: vozes de escritores alemães contra a bomba atômica], e traz textos de Anna Seghers, Hans Magnus Enzensberger, Oskar Maria Graf, Max Brod, Bert Brecht, entre outros – o escrito de Anders é utilizado como abertura do livro. Continua:

243

"No tempo que passou, a organizadora morreu, ou, para honrar a verdade, ela 'foi morrida'. O nome dessa moça que nunca vi era: *Gudrun Ensslin*. Sem ela, nunca teria surgido essa história que lerei para vocês".[1]

Como se sabe, junto com Ulrike Meinhof e Andreas Baader, Gudrun Ensslin foi uma das fundadoras da RAF (Fração do Exército Vermelho, em português), que simbolizou, após o refluxo de 1968, um dos momentos mais dramáticos de radicalização política na Alemanha do pós-guerra. Portanto, a questão já estava no ar quando, em uma entrevista de 1986 a Manfred Bissinger, Anders choca os leitores, os companheiros de luta antinuclear e a opinião pública germanófona em geral ao legitimar o uso da violência contra os poderes dominantes, criticando enfaticamente as "pseudoações" e os *happenings* em que, por exemplo, manifestantes abraçam edifícios públicos e dão flores a policiais, entre outras performances.[2] Ele anuncia o "fim do pacifismo", embora o movimento "pacifista", tanto o antinuclear quanto o de oposição à guerra do Vietnã, seja justamente aquele com o qual se envolveu durante décadas. Em um pequeno livro organizado por Bissinger sobre o problema da violência, que contém inclusive uma "entrevista imaginária" e inúmeras respostas indignadas do público, diz Anders que "aqueles que preparam ou que ao menos aceitam o extermínio de milhões de pessoas, hoje e amanhã, esses devem desaparecer, eles não podem existir".[3]

---

1. Vídeo disponível em: https://vimeo.com/37359723.

2. "É igualmente insuficiente, não, sem sentido, fazer greve de fome pela paz nuclear. Isso produz um efeito somente naquele que jejua, a saber, fome; e talvez a boa consciência de ter 'feito' algo. A Reagan e ao lobby nuclear não interessa se nós comemos um pãozinho a mais ou a menos. Isso realmente são somente *'happenings'*. Nossas ações atuais, supostamente políticas, assemelham-se a essas pseudoações, que surgiram nos anos 1960, realmente estarrecedor. Aqueles que as executavam acreditavam mesmo ter ultrapassado a barreira do somente-teórico, mas permaneceram no entanto *'actores'* só no sentido de atores do palco. Eles faziam somente teatro. E faziam isso, a saber, por medo de agir de verdade. Na realidade eles não dispararam nenhum tiro, mas somente um choque. Até mesmo um choque que deveria deleitar. Teatro e não violência são intimamente ligados." Günther Anders, *Gewalt – ja oder nein. Eine notwendige Diskussion*. (org.: Manfred Bissinger). Munique: Knaur, 1987, p. 24. Doravante: Gew.

3. Gew, p. 104.

Se ligarmos uma coisa à outra, deduziríamos – ainda que apressadamente – que Anders era um entusiasta irrestrito da RAF. Na data de 20 de setembro de 1977, Anders escreve junto com Robert Jungk[4] uma "carta aberta à RAF". Naquele momento, a confrontação entre o Estado alemão e a RAF (a essa altura, militantes já da "segunda geração") escalava níveis estratosféricos. Ulrike Meinhof havia morrido no ano anterior, Gudrun Ensslin e Andreas Baader estavam na prisão desde 1972 e, em abril de 1977, haviam sido condenados à prisão perpétua. No dia 5 de setembro daquele ano, visando à liberação de seus presos políticos, membros da RAF sequestram Hanns-Martin Schleyer, então presidente da União dos Empresários Alemães e da Associação da Indústria Alemã, além de ex-*Untersturmführer* da ss durante o regime nazista. Na mídia, os partidos conservadores clamavam pela pena de morte aos presos, e o Estado montou uma verdadeira operação militar de "caça aos terroristas", sem a mínima intenção de fazer a troca do resgate. Anders e Jungk iniciam aquela carta aberta de 20 de setembro com um *Liebe Freunde* ("Caros amigos"), para algumas linhas abaixo escreverem em letras garrafais: PRECISAMOS LHES DIZER QUE ENCARAMOS COM PERPLEXIDADE E HORROR A CEGUEIRA DE VOCÊS E O ESTILO DAS SUAS AÇÕES![5] Ao longo da carta, dizem que tais atos iriam produzir o contrário do que visavam e contribuir para um novo Estado autoritário, e pedem para que cessem os atentados e liberem Schleyer. Menos de um mês depois dessa carta, na noite de 18 de outubro de 1977, morrem "suicidados" na prisão de Stammheim, em Stuttgart, Jan-Carl Raspe, Andreas Baader e Gudrun Ensslin. Diante disso, Schleyer é executado no dia seguinte com três tiros na cabeça, e deixado dentro de um carro na cidade francesa de Mulhouse, na fronteira com a Alemanha. Assim termina o "outono alemão".[6]

---

4. Jungk era amigo próximo de Anders e dedicou também uma série de livros à questão tecnológica e nuclear.

5. Günther Anders, "Offener Brief an die RAF", Literaturarchiv der Österreichischen Nationalbibliothek, 237/W186/4.

6. Sobre os eventos do "outuno alemão", uma das melhores elaborações é ainda o filme

Em 1981, quatro anos depois desses eventos, o livro *Endzeit und Zeitenende* [Tempo do fim e fim dos tempos] (1972) é republicado com o título inequívoco *Die atomare Drohung* [A ameaça atômica]. Este é provavelmente o livro mais político e mais afiado de Anders, e também um desdobramento do primeiro volume de *A obsolescência do homem* (1956), que termina com um extenso ensaio intitulado "Sobre a bomba e as raízes de nossa cegueira diante do apocalipse". Sua análise será sempre dupla, focada ao mesmo tempo na bomba e na "cegueira" por ela produzida, isto é, tanto na bomba "em si" quanto na bomba "para nós", tornando visível o vácuo da gigantesca discrepância entre o que a bomba de fato *é* e aquilo que é apreendido por nossas limitadas faculdades de percepção, cognição, imaginação etc. De forma bem mais enfática que n'*A obsolescência...*, há um embate politicamente situado também contra figuras contemporâneas específicas. Por exemplo, Karl Jaspers, que em 1957 publica um livro de quinhentas páginas intitulado *Die Atombombe und die Zukunft des Menschen: Politisches Bewußtsein in unserer Zeit* [A bomba atômica e o futuro do homem: consciência política em nossa época],[7] aparece como um antípoda constante (na correspondência com Hannah Arendt, Anders conta suas impressões de leitura com uma irritação crescente).[8] Jaspers adere à falácia do "axioma dos dois infernos" (equiparando a ameaça atômica à ameaça "totalitária" – no caso, soviética) e deixará estarrecido também Maurice Blanchot, que em *L'apocalypse déçoit* [O apocalipse decepciona] se impressiona com o fato de que o "que o preocupa é o fim da humanidade, mas

---

Deutschland im Herbst (1978), dirigido por um grupo de cineastas, incluindo o *enfant terrible* de sua geração, Rainer Werner Fassbinder, junto com Alexander Kluge e outros. A entrevista feita na prisão em 1997 com Stefan Wisniewski, que participou do sequestro de Schleyer, é também um dos materiais mais interessantes sobre o assunto. Stefan Wisniewski, *Wir waren so unheimlich konsequent... Ein Gespräch zur Geschichte der* RAF. Berlim: ID-Verlag, 1997.

7. Karl Jaspers, *Die Atombombe und die Zukunft des Menschen. Politisches Bewußtsein in unserer Zeit.* Munique: Piper und Co. Verlag, 1960.

8. Hannah Arendt, Günther Anders. *Schreib doch mal hard facts über dich. Briefe 1939-1975.* Munique: Piper, 2018.

mais ainda o avanço do comunismo".[9] Para além do desvario do anticomunismo, Jaspers faz a comparação filosoficamente absurda entre um fato histórico – a existência da União Soviética –, que a qualquer momento pode acabar (como acabou), e o perigo do fim irreparável e irreversível da humanidade. O veredito de Anders é claro: "Se Jaspers ganhou o prêmio da paz, foi principalmente porque ele deixou Adenauer em paz" (p. 63).

Em *A ameaça atômica*, Anders coloca em prática seu método, que é, segundo sua curiosa definição, "um híbrido *cruzamento de metafísica e jornalismo*".[10] Os fatos mundanos não aparecem para "ilustrar a metafísica", eterna por excelência – mas o contrário: é mergulhando no fato histórico casual (na "ocasião", como diz ele) que o pensamento filosófico ganha consistência; assim funciona sua *Gelegenheitsphilosophie*, ou "filosofia ocasional".[11] E de fato há algo de único em seu estilo – em uma entrevista já tardia, de 1982, refletindo sobre sua obra e sua geração, Anders responde: "Só fiquei conhecido porque todos de minha geração já estão mortos. [...] Não nego que reagi de forma mais contemporânea que meus amigos às questões de filosofia da técnica; a maioria deles era incapaz de saltar as problemáticas e o vocabulário do marxismo ou da psicanálise e mergulhar nos novos problemas da era atômica. Em vez de ler os clássicos, eu li jornais. Mas justamente *modo philosophico*".[12]

É claro que não se trata de um ingênuo salto na imediaticidade. Para compreender seu procedimento, é necessário levar em conta também sua educação de fenomenólogo na lida com os objetos do mundo. Contra a filosofia voltada para si mesma,

---

9. Maurice Blanchot, "L'Apocalypse déçoit" in *L'Amitié*. Paris: Gallimard, 1974.

10. Günther Anders, *Die Antiquiertheit des Menschen I*. Munique: Beck, 2010, p. 8. Doravante: AdM I.

11. As considerações de Anders sobre seu "método" são poucas e despretensiosas, em larga medida formuladas *a posteriori*, com um olhar retrospectivo em relação à própria obra. Elas se encontram de maneira mais concentrada na introdução do primeiro volume d'*A obsolescência...*, e no final do segundo volume.

12. Günther Anders, *Günther Anders antowrtet: Interviews & Erklärungen*. (org.: Elke Schubert). Berlim: Edition Tiamat, 1987, p. 79. Doravante: Gaa.

degenerada em eterno discurso do método e sempre formulando novas "epistemologias" (etc.), Anders tentou pensar partindo das "coisas elas mesmas" – sejam elas a televisão ou a bomba atômica. Quem tem o olho fixo no método de explicação acaba cego para a coisa explicada, um pouco como o cão Castor que, em vez de ver a salsicha, só vê o dedo que a aponta:

> Quando apontei a Castor o pedaço de salsicha que eu havia colocado do lado da árvore, ele, pulando loucamente, olhou para o meu dedo, em vez de olhar para o que estava sendo indicado. Aparentemente, animais não entendem o indicar. [...] Será que nós filósofos não nos comportamos como Castor? Sempre pulando alto, olhando para o dedo indicador? Em vez de olhar para o que é indicado?[13]

Junta-se a isso o fato de a vida intelectual e a produção de Anders terem se desenvolvido, em grande parte, à margem da filosofia acadêmica. Há nessa história um misto de convicção política ("a bomba não paira só acima dos telhados das universidades", repetia ele) e acaso (tragédia da emigração). Se nos anos 1920 Anders era um "queridinho" da universidade e um aluno brilhante, filho de intelectuais bem estabelecidos e frequentador da grande filosofia da sua época (tendo estudado com Husserl, Heidegger etc.), no exílio americano ele passa a viver da mão para a boca, e será desde auxiliar de limpeza de estúdio em Hollywood até operário de fábrica, após ter dado algumas aulas de filosofia da arte na New School for Social Research em Nova York.[14] Ao voltar para a Europa, após catorze anos nos Estados Unidos, chega a pedir ajuda a Helmuth Plessner para conseguir uma vaga em universidade, e diz ter vontade de voltar a lecionar. Ernst Bloch também

---

13. Günther Anders, *Ketzereien*. Munique: Beck, 2022, p. 142.

14. Em carta, Horkheimer chega a se referir do seguinte modo a Anders: "Marcuse e eu poderíamos, por exemplo, escrever ensaios articulados sobre o progresso. Além disso, o faminto Günther Stern [Anders] poderia entregar um trabalho complementar por um pequeno honorário". Brief Max Horkheimer an Gretel und Theodor W. Adorno, 4.8.1941, in: Theodor W. Adorno/Max Horkheimer, Briefwechsel 1927-1969, Band II: 1938-1944. Frankfurt/M, 2004, p. 179.

tenta lhe arranjar algo na Alemanha Oriental.[15] Em nenhum caso deu certo. Anos mais tarde, a Universidade Livre de Berlim lhe oferece uma cátedra, convite mediado por Jacob Taubes. Já nesse momento, o convite é recusado – duas vezes.[16]

Independentemente desses fatos biográficos, é notável em seus textos o esforço consciente e constante de romper o "esoterismo" do jargão filosófico (questão frequentemente tematizada por ele), o que faz com que desenvolva um estilo de escrita bastante particular e uma dicção própria.[17] Ele busca ao máximo uma linguagem sem rodeios que interpele o leitor de frente, com um uso bastante incomum na prosa alemã de frases curtas e sintaxe direta, livre de toda ornamentação. Se seu estilo eventualmente se aproxima da força própria dos discursos religiosos (chega a ser impressionante como consegue formular, de maneira convincente e sóbria, tanto "mandamentos" como a necessidade

---

15. Günther Anders, *Gut, dass wir einmal die* hot potatoes *ausgraben*. Briefwechsel mit Theodor W. Adorno, Ernst Bloch, Max Horkheimer, Herbert Marcuse und Helmuth Plessner. Munique: Beck, 2022.

16. A correspondência por cartas com os membros da FU é amigável, e Anders sempre responde ao convite lisonjeado e agradecido, mas falando da impossibilidade de reconciliar suas outras atividades políticas (que envolviam muitas viagens, sobretudo ligadas ao Tribunal Russel) com as obrigações acadêmicas. Após certa insistência, Anders chega a mencionar o fato de que justamente naquele momento havia sido tornado público o financiamento e apoio indireto da CIA a "instituições culturais" na Alemanha Ocidental – entre elas, a FU – o que definitivamente lhe impossibilitava de se tornar membro da faculdade. (Carta de G. Anders a Margherita von Brentano, 25/02/1967 – Literaturarchiv der ÖNB, 237/B41.)

17. Há um pequeno fragmento, em homenagem a Walter Benjamin, em que Anders fala sobre a relação entre "verdade e dicção". G. Anders, "[Wahrheit und Diktion] (1950)" em *Schreib doch mal...*, cit., p. 181. Também na correspondência entre Adorno e Anders, há uma discussão sobre estilo e a relação com o leitor e o objeto que é de alto interesse filosófico e político. Vale notar que nem sempre essa tentativa de Anders de sair da prosa conceitual e "universalizar" seu pensamento de forma literária é bem-sucedida. Há vários diálogos filosóficos de ficção, que parecem emular algo dos diálogos socráticos, que são simplesmente ruins, pedagógicos no mau sentido do termo, e que ficam muito aquém de seus ensaios. Nesse aspecto, *Die Kirschenschlacht* (e em alguma medida, também as *Ketzereien*) acaba sendo uma obra menor, por mais interesse que possa suscitar. Já em seus diários (*Die Schrift an der Wand. Tagebücher 1941-1966*), a matéria da experiência pessoal é finamente combinada com a reflexão filosófica (moral, histórica etc.) – mais um exemplo alemão do fragmento como forma. Em uma carta a Helmuth Plessner, Anders diz que seu "emprego de todas as formas literárias tem intenção de precisão". Günther Anders, *Gut, dass wir einmal...*, cit., p. 221.

de "juramentos"),[18] é porque de fato há ali algo que o interessa. A certa altura da correspondência com Hans Jonas, em que falam da relação com a religião, Anders conta: "Na verdade, escuto no rádio toda manhã às seis horas os discursos do padre local, pois neles há uma tradição da linguagem direta [*Direktansprache*] que se perdeu totalmente na filosofia".[19]

2

É conhecido o ensaio de Adorno "Educação após Auschwitz", que começa da seguinte maneira: "A exigência que Auschwitz não se repita é a primeira de todas para a educação. De tal modo ela precede quaisquer outras que creio não ser possível nem necessário justificá-la. Não consigo entender como até hoje mereceu tão pouca atenção. Justificá-la teria algo de monstruoso em vista de toda a monstruosidade ocorrida".[20] Günther Anders partilhava com Adorno a intuição de que, a partir de certo momento, certas exigências morais (as decisivas) prescindiam de justificação: "A questão sobre se deve haver humanidade ou não faz sentido no máximo no âmbito da razão teórica (caso seja possível respondê-la), para a 'razão prática' ela é desinteressante".[21] Forçando uma analogia (nem tão forçada, visto o parentesco estrutural entre o campo de extermínio e a bomba atômica, digamos que "irmãos históricos"),[22] poderíamos resumir boa parte da obra de Anders sob a rubrica: *Educação após Hiroshima*. E por mais que Anders não esteja preocupado com questões pedagógicas em sentido estrito (isto é, naquilo que se refere ao âmbito escolar propriamente dito), é possível extrair de sua obra uma noção enfática

---

18. Cf. "Mandamentos para a Era Atômica" em Günther Anders, *Hiroshima está em toda parte*. São Paulo: Elefante (no prelo) e "O juramento de Hipócrates", aqui, p. 157.

19. Carta de Günther Anders a Hans Jonas, 24/09/1976. Literaturarchiv ÖNB, 237/B1494.

20. T. W. Adorno, "Educação após Auschwitz". *Educação e emancipação*. São Paulo: Paz e Terra, 2008, p. 119.

21. AdM II, p. 390.

22. Cf. Anders, "A mais monstruosa das datas", p. 183.

de educação – uma educação pela catástrofe, por assim dizer, *antiapocalíptica*, que encare a mutação antropológica à qual somos submetidos. Uma educação centrada na mais fundamental das faculdades humanas segundo Anders, a saber, na *imaginação* (desde seu primeiro ensaio sobre a bomba, é colocado o imperativo da *formação da fantasia moral*).[23] Não por acaso, precisamente a faculdade que ficou aquém de todo o desenvolvimento técnico civilizatório, que, por sua vez, conduziu a seu contrário, na exata medida em que o inimaginável foi produzido: *o "nada não imaginado"*[24] *é obra humana*. Já no início dos anos 1940, no esboço do que viria a ser sua "Filosofia da cultura" (jamais publicada), Anders definiu: *Barbárie é a diferença entre o homem e seus produtos.*[25]

Uma educação cujos fins são próximos aos visados por Adorno, mas que por sua vez é formulada em outros termos, pois a teoria psicológica de fundo possui outro vocabulário – sim, há uma psicologia em Anders (que inclusive era filho de dois célebres psicólogos, Clara e William Stern), cujos pressupostos, entretanto, ele não explicita, de modo que ela não é tão facilmente classificável. Se Adorno tem em mente a dialética do processo civilizatório, mais ou menos tal qual pensada por Freud em *O mal-estar na cultura*, Anders não está pensando tanto na questão das pulsões mal direcionadas ou mal contidas, tampouco no problema da agressividade individual (vinculada, evidentemente, a suas formas coletivas). Seu problema é, antes, o vácuo imaginativo, resultado da "discrepância prometeica", e produtor da "indiferença diante do apocalipse".[26] Portanto, a questão nem chega a ser tanto o ódio ou a frieza – Anders fala inclusive de uma sinistra abolição do ódio e da inimizade[27] – mas a apatia moral e mental que sustenta uma monstruosa normalidade, cimentada pela

23. AdM I, p. 271.
24. Aqui, p. 114.
25. G. Anders, "Kulturphilosophie", ÖNB Literaturarchiv, 237/W52.
26. Aqui, p. 206.
27. Aqui, p. 117 e G. Anders, *Die Antiquiertheit des Hassens*. In: Kahle/Menzner/Vinnai (org.),

cegueira do *trabalho como forma universal da atividade* (alienada e alienante, decerto) e que funciona como um enorme sistema de colaboração.[28]

Anders dirige seu esforço didático, na acepção brechtiana do termo, contra essa normalização, que é seu verdadeiro objeto – não seria um exagero ler a obra de Anders como uma grande *teoria do conformismo* (no caso, da mudança de como tal "conformismo" funciona). Não é um acaso que o título original d'*A obsolescência...* fosse *O terror suave e outros estudos sobre o conformismo*. Essa peculiar mistura entre horror e conforto Anders viu em Kafka, que decifrou a macabra normalidade do século xx: daí a peculiaridade de sua forma literária, que opera uma espécie de estranhamento às avessas, porque, na técnica brechtiana de estranhamento, tratava-se de mostrar o que era "natural" como sendo na verdade artificial (isto é, histórico e portanto *transformável*), revelando o normal como sendo *estranho*, e Kafka faz o inverso. Ele apresenta o estranho como sendo normal; coisas incomuns ou mesmo pavorosas ocorrem com a maior naturalidade porque, justamente, o "espantoso em Kafka é que o espantoso não espanta ninguém"[29] – o espantoso que não espanta, ou o horror que não causa angústia nem medo: eis o problema a ser investigado. Por isso Anders falará do "antissensacionalismo" do tom kafkiano e de um princípio formal que ele chama de *explosão*

Haß. Die Macht eines unerwünschten Gefühls. Reinbeck: Rowohlt, 1985. Em grande medida, Anders viu com algumas décadas de antecedência o que seria a guerra de drones. Sobre o assunto, ver também Gregoire Chamayou, *Teoria do drone*. São Paulo: Cosac & Naify, 2015.
28. Cf. G. Anders, *Nós, filhos de Eichmann*. São Paulo: Elefante, 2022. Embora ele evite o termo, diz Anders no discurso de quando recebeu o "Prêmio Adorno": "A 'alienação' [*Verfremdung*] era o tema de todos nós, o tema de Marcuse, de Horkheimer, de Adorno, e meu. Certamente era diverso o acento que colocávamos". Gaa, p. 173. Para o fenômeno da alienação, em algumas passagens Anders diz ser mais adequado o termo *Verfremdung* que o clássico *Entfremdung* (provavelmente devido ao prefixo *Ent-*, uma negação equivalente a "de-" ou "des-" nas línguas latinas).
29. Günther Anders, *Kafka, pró e contra. Os autos do processo*. São Paulo: Cosac & Naify, 2007.

negativa, uma explosão surda ao invés de estrondosa, que permanece sem consequências dramáticas. Algo como um alarme de incêndio às avessas.[30]

A manutenção da normalidade, à revelia do que já ocorreu e do que pode vir a ocorrer, está também na base da desesperadora comicidade de um Beckett, que, em *Fim de partida*, desenvolve um diálogo como: "Clov: *Há tantas coisas terríveis*. Hamm: *Não, não, agora não há tantas* [pausa]".[31] Analisando a peça *Esperando Godot*, Anders interpreta Vladimir e Estragon como *guardiões do conceito de sentido em uma situação manifestamente sem sentido*,[32] isto é, eles não são "niilistas", e são incapazes de ser niilistas mesmo em uma situação absolutamente sem esperança. "Uma parte da tristeza miserável que a peça irradia surge não tanto da situação sem perspectiva dos dois heróis, mas justamente do fato de que eles, por continuarem esperando, não estão à altura dessa situação, ou seja, do fato de *não* serem niilistas. E a essa incapacidade eles devem a força de sua comicidade."[33]

Como deve estar claro, a educação para a angústia de Anders passa pela tomada de consciência da situação apocalíptica de nossa época, cuja temporalidade é analisada por extenso no ensaio crucial "O prazo" (p. 185), inclusive traçando as distinções (e aspectos em comum) entre o apocalipse nuclear e as escatologias tradicionais. Haveria ainda a questão da duração, pois o prazo é também um tempo "abreviado",[34] mas não necessariamente breve, pode inclusive ser longo o suficiente a ponto de fazer entediar (daí o contrassenso, formalizado por Beckett, de um tempo apocalíptico vivido como entediante, um tempo essencialmente

---

30. Em 2 de agosto de 1914, Kafka narra da seguinte forma o início da Primeira Guerra Mundial: "A Alemanha declarou guerra à Rússia. À tarde, aula de natação." Franz Kafka, *Diários: 1909-1923*. São Paulo: Todavia, 2021, p. 387.

31. Samuel Beckett, *Fim de partida*.

32. AdM I, 221.

33. Idem.

34. Sobre expectativas apocalípticas e abreviação do tempo, cf. Reinhart Koselleck, "Abreviação do tempo e aceleração. Um estudo sobre a secularização" in *Estratos do tempo*. Rio de Janeiro: Contraponto/PUC-Rio, 2014.

"destemporalizado"). Mas para além de nosso "apocalipse sem reino", isto é, deste fim que é puro fim (e que não é, como no apocalipse de João, ao mesmo tempo um *começo*), há de se considerar também a *não escatologia* em tempos apocalípticos, que por sua vez se vincula àquele mecanismo ideológico de manutenção da normalidade – também conhecido como progressismo. *Não se crê no fim, não se vê o fim – o conceito de progresso nos tornou cegos diante do apocalipse.*[35] Essa cegueira também não é casual, em larga medida é ideologia no sentido marxista mais rudimentar, isto é, visão de classe dominante. Quem está por cima não vê nem tem interesse em ver "o fim", pois também vê o que deseja, isto é, a continuidade do mundo tal como ele é, ficando cada vez melhor. Esboçando o que seria uma "sociologia dos tempos do fim", Anders observa que

> [...] jamais houve expectativas apocalípticas que devessem sua origem a poderes dominantes. [...] Quem domina insiste na própria permanência e, com isso, na permanência do mundo. Somente quem está "no fim" pensa no fim, espera pelo fim, consola-se com o fim. Formulado positivamente: concepções apocalípticas sempre devem sua existência a grupos que se encontram condenados à impotência por meio de uma pressão quase absoluta [...]. Somente tais grupos precisam (ou melhor: precisavam) pensar no fim, pois com a ajuda disso puderam transpor a humilhação que suportavam neste mundo. (p. 136)

Portanto, escatologia é, historicamente, coisa dos condenados da terra, que passam do desespero à esperança (e vice-versa), enquanto as concepções de continuidade constituem a visão dos grupos dominantes e de quem se satisfaz com esse mundo. Na situação em que nos encontramos, tanto antes como agora, os que zombam do "catastrofismo" como algo "irracional" se convertem necessariamente naqueles guardiões da normalidade, assim como as figuras beckettianas. Mas é igualmente necessário ver o lado B dessa visão, isto é, o uso do apocalipse como *chantagem* para a manutenção da normalidade, que passa a funcionar somente sob

---

35. AdM I, p. 276.

a tensão constante de uma ameaça permanente. O grande perigo (na maioria das vezes com um lastro real) se converte em retórica da obediência, ou, na pior das hipóteses, em lógica sacrificial: nos dias atuais, vemos surgir uma "colapsologia" de direita, que, por exemplo, converte a ameaça real do colapso climático em base para misantropia racista – contra a imigração e o pânico demográfico, até a morte se torna "ecológica" (atualmente, na França, já se tornou corrente falar de "ecofascismo"). O próprio Anders viveu para ver algo desse tipo na primeira metade do século xx, com a revolução conservadora na Alemanha e os "apocalípticos da contrarrevolução".[36]

Se o apocalipse gera também discursos mistificadores, a posição andersiana seria talvez aquela que Jean-Pierre Dupuy definiu como "catastrofismo esclarecido".[37] Anders não se acanha em se declarar racionalista, embora o modo como o faça seja bastante heterodoxo, por assim dizer. Da tradição filosófica da ilustração, Anders preserva seu lado herético e negativo na mesma medida em que se apresenta como um crítico feroz do progressismo. Anders reivindica até mesmo um rigor moral análogo ao de Kant – talvez para espanto dos próprios kantianos, Anders se diz kantiano no mesmo parágrafo em que defende a necessidade da violência: *"Estado de emergência justifica legítima defesa, moral quebra legalidade.* Não é necessário fundamentar essa regra duzentos anos depois de Kant. O fato de kantianos como nós sermos etiquetados de 'baderneiros' não precisa nos perturbar [...], isso é somente um sinal do analfabetismo moral daqueles que nos etiquetam assim".[38] Enxergar o limite da razão (comunicativa ou

36. Com o termo "apocalíptico da contra-revolção", Jacob Taubes designava Carl Schmitt. Cf. Jacob Taubes, *Ad Carl Schmitt. Gegenstrebige Fügung.* Berlin: Merve Verlag, 1987. Outro aspecto regressivo das visões apocalípticas se vincula também a certa pulsão suicida, distante de qualquer perspectiva de transformação social, que se expressa em fenômenos que vão desde a escatologia da nova extrema direita (analisada por Adorno já no fim dos anos 1960) até o novo fundamentalismo islâmico jihadista – em ambos os casos, expressões ideológicas de um colapso objetivo.

37. Jean-Pierre Dupuy, *Pour un catastrophisme éclairé. Quand l'impossible est certain.* Paris: Seuil, 2002.

38. Gew., p. 93.

não...) e não esperar o esclarecimento moral de quem dispõe de poderes apocalípticos é algo, em si, racional: *"Somente idealistas sentimentais superestimam o poder da razão!* A primeira tarefa do racionalismo consiste em *não* se iludir com o poder da razão e sua força de convencimento".[39]

Anders se define como um "moralista" (*A ameaça atômica* é, em larga medida, um livro de filosofia moral), com a consciência plena de que "o espaço para o qual devemos saltar é o espaço da política" (p. 178). Evidente que não se trata do mundo da política em sentido trivial – para se opor a ela, Anders chega a falar em "metapolítica". Por um lado, as boas e velhas revoluções parecem pertencer a outra temporalidade histórica; por outro, se trata ainda de algo semelhante a elas, talvez com outra concepção de história e outra noção de "transformação", pois, para que o mundo seja transformado, é preciso que ele ainda exista. Nesse sentido, Anders se filia à tradição dos apocalípticos revolucionários, que remonta pelo menos a Rosa Luxemburgo e Walter Benjamin. Em todo caso, esse âmbito "metapolítico" se refere à política como luta e decisão, visto que é o "ser ou não ser" da humanidade que está em jogo.

É por aí que passa a "educação após Hiroshima".

---

39. Gew., p. 104

Dados Internacionais de Catalogação na Publicação (CIP) de acordo com ISBD

A544a   Günther Anders

       A ameaça atômica: reflexões radicais sobre a era nuclear / Günther Anders ; traduzido por Gabriel Valladão Silva.
       - São Paulo : n-1 edições, 2023.
       260 p. ; 14cm x 21cm.

       ISBN: 978-65-81097-91-2
       1. Filosofia I. Silva, Gabriel Valladão. II. Título

2023-3410   CDD 100
                                                  CDU 1

Elaborado por Odilio Hilario Moreira Junior - CRB-8/9949

Índice para catálogo sistemático:

       1. Filosofia 100
       2. Filosofia 1

n-1

O livro como imagem do mundo é de toda maneira uma ideia insípida. Na verdade não basta dizer Viva o múltiplo, grito de resto difícil de emitir. Nenhuma habilidade tipográfica, lexical ou mesmo sintática será suficiente para fazê-lo ouvir. É preciso fazer o múltiplo, não acrescentando sempre uma dimensão superior, mas, ao contrário, da maneira mais simples, com força de sobriedade, no nível das dimensões de que se dispõe, sempre n-1 (é somente assim que o uno faz parte do múltiplo, estando sempre subtraído dele). Subtrair o único da multiplicidade a ser constituída; escrever a n-1.

Gilles Deleuze e Félix Guattari

n-1edicoes.org

v. 22e8182